超基礎からの
TOEFL®テスト
入門

アゴス・ジャパン
岡田 徹也
松園 保則 著

著者プロフィール

アゴス・ジャパン
独自のテスト攻略法と個々の能力を最大限に引き出す出願指導対策で，圧倒的な合格実績を誇る海外大学・大学院留学準備指導の専門校。海外トップスクールへ1万件以上の合格実績（2000年以降の累計）を築くそのノウハウは，多数の大手企業からも高く評価されている。近年では，国内の大学（東京大学，明治学院大学等）に講師を派遣し，TOEFL®テストをはじめ国際教育の支援も行っている。www.agos.co.jp/

◀ リーディング・リスニング担当

岡田徹也 (おかだ てつや)

UCLA，早稲田大学大学院，ジョージ・ワシントン大学大学院で国際関係学を専攻。留学して一番良かったことは「新しい自分」に出会えたこと。学部時代を過ごしたロサンゼルスの話をするだけでいまだにテンションが上がる。TOEFL®テストを中心に，GMAT®テスト，GRE®テストも担当する，講師歴15年以上の留学試験対策のスペシャリスト。趣味は留学時代に始めたゴルフとスノーボード。

ライティング・スピーキング担当 ▶

松園保則 (まつぞの やすのり)

英国ウォーリック大学大学院修士課程（英語教授法）修了。社会人・大学生を中心に約6,000人以上（累計）に対してTOEFL®テストの指導を行い，アゴス・ジャパンオリジナル教材やオンラインクラスも多数開発。「実践的かつ熱心な指導でモチベーションがグンと上がる授業」が特徴。「今まで行ったことがない国を旅すること」をライフワークとする。現在までに25か国訪問。

はじめに

本書は，これからTOEFL iBT®に向けて勉強を始めようとする皆さんが，2006年のTOEFL iBT®開始当初から教えてきた我々著者の授業を実際に受けているような気持ちで学習できるように作成した「TOEFL入門書」です。

TOEFL iBT®は，アカデミックな環境で求められる高度な英語力を測る試験で，多くの方が「難しい」という印象を持つと思います。市販の参考書でTOEFL iBT®のサンプル問題に触れたり，実際に試験会場でTOEFL iBT®を受験したりした方の中には，「今の自分の英語力だと全く太刀打ちできない」，「基礎から英語力を身につけなければならない」といった思いを抱いた方もいるかもしれません。そのような「基礎から英語力を身につけたい！」という方を対象とし，本格的にTOEFL iBT®の対策をするために必要な英語の基礎を固めることが本書の狙いです。

本書は，「リーディング→リスニング→ライティング→スピーキング」の順で学習する構成になっています。英語をoutput（ライティング＆スピーキング）するにはinput（リーディング＆リスニング）が欠かせません。inputでは「難易度の高いリーディングで基礎英語力を強化する」，「読めないものは聞けない」という考えから「リーディング→リスニング」の順で学習します。さらに，4技能の中でも基礎となるリーディングを最も厚く扱い，基礎的なものから順番に積み上げることで，無理なく，無駄なく，基礎力を伸ばすことができます。次にoutputへ進みますが，ここでは「ライティングの学習をスピーキングに発展させることができる」という発想から，「ライティング→スピーキング」の順に学習します。outputに対しては不安な思いを抱いている方が多いかもしれませんが，実際に取り組んでみると面白い発見が多々あり，楽しさを感じられると思います。

本書を使って学習を終えた頃には，「よし！ これでTOEFL iBT®対策に本格的に取り組める！」と胸を張って言える状態になっているでしょう。そんな「自信に満ちた自分」を想像しながら，一緒にがんばっていきましょう！

アゴス・ジャパン
岡田徹也
松園保則

これが，TOEFL®テストだ！

※TOEFL iBTテストは，2019年8月1日と2023年7月26日に変更があり，以下のように変わりました。本書は変更前（2019年7月31日まで）の問題数・時間に基づいて執筆されています。

TOEFL iBT®は，以下のような内容で構成されています。

セクション	問題数・形式	時間	スコア
リーディング	2パッセージ（1パッセージ　約700語） ・選択問題 ・文を挿入する問題　など	35分	0－30
リスニング	2会話（1会話 約3分） 3講義（1講義 約3-5分）	36分	0－30
スピーキング	Independent Task (1題) ・話す（準備:15秒　解答:45秒） Integrated Task (3題) ・読む→聞く→話す（準備:30秒　解答:60秒） ・聞く→話す（準備:20秒　解答:60秒）	16分	0－30
ライティング	Integrated Task (1題) ・読む→聞く→書く（150-225語程度）	20分	0－30
	Academic Discussion Task (1題) ・読む→書く（100語以上）	10分	
合　計		約2時間	0－120

●学習の進め方

本書では「リーディング→リスニング→ライティング→スピーキング」の順に学習を進めていきますので，前セクションでの学習が次セクションの基礎作りになります。さらに，確実にステップアップを実現するために最適な学習内容と分量になっています。例えば，リーディングでは，センテンス→パラグラフ→実際の試験の半分程度のパッセージという流れで学習します。以下，各セクションの具体的な学習内容です。

▶リーディング

まず，文法の基礎をしっかり学習します。英文の主役と脇役が見極められれば英文が格段に読みやすくなります。その後，「実際の試験の半分程度の長さの英文が読める」力を養成するための訓練を行っていきます。「読める英文が増える」ことでリーディング力が身についていきます。音声を使ったトレーニングもあり，リスニングの基礎作りにもつながります。また，試験中の「読み方と解き方」も体感してもらいます。

▶ リスニング

文字と音のギャップを認識し，そのギャップに少しずつ慣れることから始めます。その後，音声トレーニングを交えながら「実際の試験の半分程度の長さの英文が聞ける」力を養成します。「聞ける英文が増える」ことでリスニング力がアップしていきます。また，会話問題と講義問題の重要ポイント（問われやすいポイント）を確認し，試験中の「聞き方」も学習します。

▶ ライティング

Independent Task に的を絞り，「エッセイ作成に必要な土台作り」を行います。最初にエッセイの基本構造やよく見られる間違いの特徴を学習した後，「5文型」「関係代名詞」などの文法を基にした英文作成演習や，「人物紹介」などのテーマに沿った文章作成演習を行い，「アイデア出し」「具体例作成」といった演習で仕上げます。Lesson 5以降では，書くことが楽しく感じられる「英借文」というアプローチを紹介します。

▶ スピーキング

Independent Task に的を絞り，「話し方（Delivery）」の質を高めることを大きな目的とします。最初にスピーキングで重視すべき項目を確認した後，「日本人が克服すべき項目」に重点を置いて「発音」と「リズム」の強化演習を行い，最後に演習を行います。「スピーキングに自信がない」といった不安を感じる方が多いと思いますので，自信を持って話せるようにたくさん発声する機会を作ります。

● 学習を進める上でのアドバイス

▶「自分用のまとめノート」を作る

本書は，我々著者の授業を実際に受けているような気持ちで学習できるように作成しています。授業に出たらどのように学習しますか？ 重要なポイントや例文はノートをとりますよね？ 同じように，授業を受けているつもりでまとめノートを作りましょう。

▶「3回で卒業！」を目指す

1回で完璧を目指すあまり挫折してしまう人がいます。1回目はとりあえず最後までやり切ることを心がけましょう。2回目は，1回目より少し丁寧に学習します。その後，少し期間をあけてから，復習がてらもう一度本書に取り組み，「3回で卒業！」を目指しましょう。

> 私たちが皆さんの学習をお手伝いします。
> 一緒にがんばっていきましょう！

Contents

はじめに
本書の利用法 ……… 8
TOEFL iBT® Information ……… 9
TOEFL iBT® 受験ガイド ……… 10

📖 Reading

Lesson 0	英文法の超基礎 ……… 14
Lesson 1	英文法の基礎① ……… 18
Lesson 2	英文法の基礎② ……… 26
Lesson 3	パラグラフのリーディング① ……… 34
Lesson 4	パラグラフのリーディング② ……… 42
Lesson 5	パッセージのリーディング基礎編①歴史学 ……… 50
Lesson 6	パッセージのリーディング基礎編②天文学 ……… 60
Lesson 7	パッセージのリーディング実践編①美術史 ……… 70
Lesson 8	パッセージのリーディング実践編②動物行動学 ……… 82

🎧 Listening

Lesson 1	会話のリスニングの基礎① ……… 96
Lesson 2	会話のリスニングの基礎② ……… 108
Lesson 3	会話のリスニング①教授と学生 ……… 120
Lesson 4	会話のリスニング②学生同士 ……… 128
Lesson 5	講義のリスニング①生物学 ……… 136
Lesson 6	講義のリスニング②映画史 ……… 146

Writing

Lesson 1	エッセイの基本構造	……… 158
Lesson 2	よくある間違いレビュー	……… 162
Lesson 3	構文①基本5文型&接続詞	……… 168
Lesson 4	構文②関係代名詞&仮定法	……… 174
Lesson 5	テーマ別作文①人物紹介	……… 182
Lesson 6	テーマ別作文②経験談	……… 188
Lesson 7	アイデア出し	……… 194
Lesson 8	具体例作成	……… 202

 ## Speaking

Lesson 1	スピーキング・セクションで大切なこと	……… 214
Lesson 2	発音&リズム①基礎編	……… 218
Lesson 3	発音&リズム②実践編	……… 226
Lesson 4	Task 1 実戦演習	……… 232

リーディングパッセージの基本を知ろう！ ……… 242

キャンパス用語を覚えよう！ ……… 246

装丁デザイン●内津剛（及川真咲デザイン事務所）　　本文デザイン●尾引美代　　イラスト●あべかよこ
編集協力●株式会社 カルチャー・プロ / 藤田理子（株式会社ターンストーンリサーチ）
英文作成協力●Lance Morreau（アゴス・ジャパン）
ナレーション●Chris Koprowski / Greg Dale / Julia Yermakov　　録音●有限会社 スタジオ ユニバーサル

本書の利用法

本書は TOEFL iBT® 対策の学習が基礎からできるように構成されています。

■各レッスンのページ

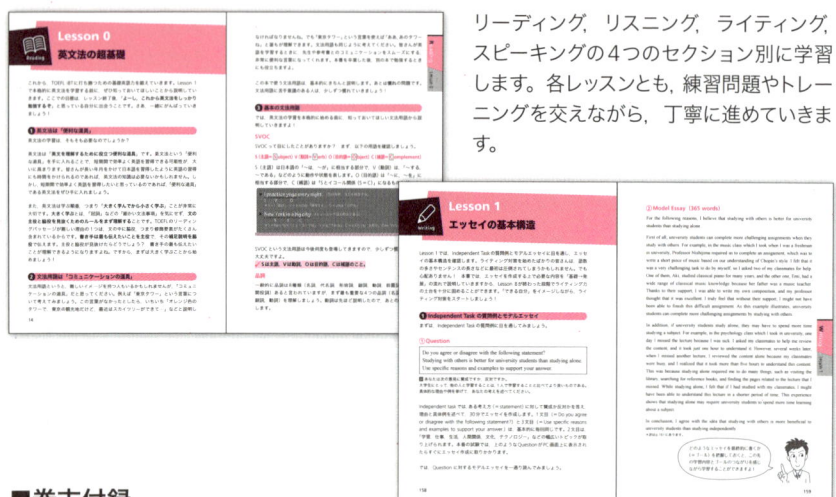

リーディング，リスニング，ライティング，スピーキングの4つのセクション別に学習します。各レッスンとも，練習問題やトレーニングを交えながら，丁寧に進めていきます。

■巻末付録

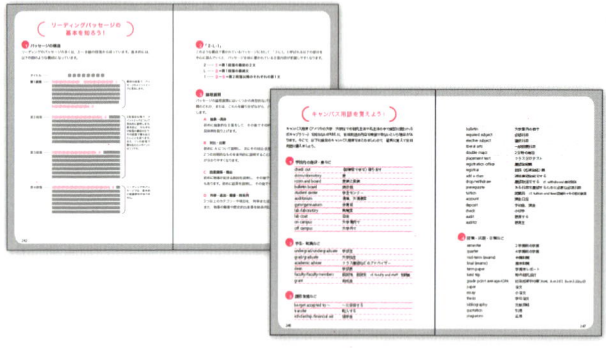

巻末には，知っていると問題がぐんと解きやすくなる「リーディングパッセージの基本」と「論理マーカー」，「キャンパス用語」を付録としてまとめました。

付属CDについて

本書にはCDが1枚ついています。CDのトラック番号は 🔴1 で示しています。

セクション	トラック
Reading	1～19
Listening	20～63
Speaking	64～89

〈ご注意〉ディスクの裏面に指紋，汚れ，傷などがつかないよう，お取り扱いにはご注意ください。一部の再生機器（パソコン，ゲーム機など）では再生に不具合が生じることがありますのでご承知おきください。

TOEFL iBT® Information

❶ TOEFL®テストとは？
TOEFL®テスト (Test of English as a Foreign Language) とは，主に北米の大学で学ぼうとする，英語を母語としない人を対象に実施される英語能力試験のことです。この試験は，アメリカの非営利教育機関であるEducational Testing Service (ETS) によって運営されています。現在では世界約160か国以上，11,500以上の大学・教育機関などで利用されています。また，試験は主にインターネット上で受験するTOEFL iBT® (Internet-Based Testing) という方式で実施され，日本では2006年7月より導入されています。

❷ TOEFL iBT®の構成
TOEFL iBT®の構成は以下のようになっています。

リーディング	2パッセージ	35分
リスニング	2会話 / 3講義	36分
スピーキング	4題	16分
ライティング	2題	29分

※2023年7月26日から問題数・時間が上記のとおり変更

❸ TOEFL iBT®のスコア
スコアの配点は，右の表のようになっています。また，希望者には，実際のスコアが後日ETSより送付されますが，受験日の4～8日後からオンラインでも確認できます。なお，TOEFL®テストのスコアは受験日から2年間有効とされています。

セクション	配点
リーディング	0－30
リスニング	0－30
スピーキング	0－30
ライティング	0－30
合計	0－120

❹ スコアの目安
留学先の大学，大学院で必要とされるスコアのレベルは以下のとおりです。スコアはあくまで目安です。

一般大学レベル	難関大学, 大学院レベル	超難関校レベル
61－80点	80－100点	105点

TOEFL iBT® 受験ガイド

※すべて2024年7月現在の情報です。最新の情報はETS TOEFL®テスト公式ウェブサイト (www.ets.org/toefl/) でご確認ください。

❶ 受験申し込みにあたって

まず、TOEFL® Information and Registration Bulletin(受験要綱)を入手しましょう。TOEFL®テストの受験に関する情報が記載されています。こちらはETS Japanのウェブサイトまたは ETSのTOEFL®テスト公式ウェブサイトからダウンロードすることができます。

❷ 受験日・受験会場

年間50日以上、土曜、日曜に試験日が設けられ、受験会場は全国各地に設定されています。複数回受験する場合は、間に3日間空けなければなりません。受験日・受験会場の詳細は、ETSのTOEFL®テスト公式ウェブサイト上のMy TOEFL Home内で確認できます。My TOEFL Homeとはすべての受験者が作成する必要がある個人専用アカウントページです。

❸ 受験料

Regular registration(試験日の7日前までの通常の申し込み)とLate registration(オンラインは試験日の2日前まで、電話は試験日の前営業日17時までの申し込み)の2つの申し込み締切日があり、以下のとおり締切日によって受験料が異なります。ただし、Late registrationは、空席がある場合のみ可能です。

　Regular registration：US$ 245　Late registration：US$ 285

支払いは、申し込み方法により異なりますが、クレジットカード(日本円での支払いはVISA, Master)、PayPalアカウントのいずれかの方法になります。詳細はTOEFL®テスト公式ウェブサイトをご覧ください。

❹ 申し込み方法

オンラインで申し込みます。日本円での申し込みが可能です。

ETSのTOEFL®テスト公式ウェブサイト上のMy TOEFL Homeから登録できます。試験日の7日前までRegular registration、試験日の2日前までLate registration受付が可能で、受験料の支払いはクレジットカードまたはPayPalアカウントです。

❺ 受験当日の注意

① 試験開始30分前までには，テストセンターに入りましょう。
② 有効な「身分証明書」と申し込み時に伝えられるAppointment Numberを用意しましょう。「身分証明書」は，原則として，テスト当日に有効なパスポートです。

規定の時刻に遅れた場合，または必要なものを忘れた場合，受験ができなくなります。

❻ 問い合わせ先

■ TOEFL iBT® 申し込み，および受験に関わる一般情報について
　プロメトリック株式会社 RRC予約センター
　〒101-0062　東京都千代田区神田駿河台4-6　御茶ノ水ソラシティ アカデミア5F
　☎03-6204-9830（土日祝祭日を除くAM 9：00 ～ PM 6：00）
　ウェブサイト：http://www.prometric-jp.com/

■ TOEFL iBT®スコアレポート発行・発送について
　Educational Testing Service (ETS)
　TOEFL®テスト公式ウェブサイト：https://www.ets.org/toefl/
　Customer Support Center in Japan
　☎0120-981-925（フリーダイヤル）（土日祝祭日を除くAM 9：00 ～ PM 5：00）
　Eメール：TOEFLSupport4Japan@ets.org

■ TOEFL iBT® 一般情報について（ウェブサイト）
　ETS Japan合同会社　TOEFL®テスト日本事務局
　ウェブサイト：https://www.etsjapan.jp/

※2020年4月より，自宅受験が可能になりました。詳細は公式サイト等をご確認ください。

Reading

Lesson 0	英文法の超基礎
Lesson 1	英文法の基礎①
Lesson 2	英文法の基礎②
Lesson 3	パラグラフのリーディング①
Lesson 4	パラグラフのリーディング②
Lesson 5	パッセージのリーディング基礎編①歴史学
Lesson 6	パッセージのリーディング基礎編②天文学
Lesson 7	パッセージのリーディング実践編①美術史
Lesson 8	パッセージのリーディング実践編②動物行動学

Lesson 0
英文法の超基礎

これから，TOEFL iBTに打ち勝つための基礎英語力を鍛えていきます。Lesson 1で本格的に英文法を学習する前に，ぜひ知っておいてほしいことから説明していきます。ここでの目標は，レッスン終了後，「**よーし，これから英文法をしっかり勉強するぞ**」と思っている自分に出会うことです。さあ，一緒にがんばっていきましょう！

❶ 英文法は「便利な道具」

英文法の学習は，そもそも必要なのでしょうか？

英文法は「**英文を理解するために役立つ便利な道具**」です。英文法という「便利な道具」を手に入れることで，短期間で効率よく英語を習得できる可能性が，大いに高まります。皆さんが長い年月をかけて日本語を習得したように英語の習得にも時間をかけられるのであれば，英文法の知識は必要ないかもしれません。しかし，短期間で効率よく英語を習得したいと思っているのであれば，「便利な道具」である英文法をぜひ手に入れましょう。

また，英文法は学ぶ順番，つまり「**大きく学んでから小さく学ぶ**」ことが非常に大切です。**大きく学ぶ**とは，「冠詞」などの「細かい文法事項」を気にせず，**文の主役と脇役を見抜くためのルールをまず理解する**ことです。TOEFLのリーディングパッセージが難しい理由の1つは，文の中に脇役，つまり修飾要素がたくさん含まれているからです。**書き手は最も伝えたいことを主役で，その補足説明を脇役で伝えます。**主役と脇役が見抜けたらどうでしょう？　書き手の最も伝えたいことが理解できるようになりますよね。ですから，まずは大きく学ぶことから始めましょう！

❷ 文法用語は「コミュニケーションの道具」

文法用語というと，難しいイメージを持つ人もいるかもしれませんが，「コミュニケーションの道具」だと思ってください。例えば「東京タワー」という言葉について考えてみましょう。この言葉がなかったとしたら，いちいち「オレンジ色のタワーで，東京の観光地だけど，最近はスカイツリーができて…」などと説明し

なければなりませんね。でも「東京タワー」という言葉を使えば「ああ、あのタワーね」と誰もが理解できます。文法用語も同じように考えてください。皆さんが英語を学習するときに、先生や参考書とのコミュニケーションをスムーズにする、非常に便利な言葉になってくれます。本書を卒業した後、別の本で勉強するときにも役立ちますよ。

この本で使う文法用語は、基本的にきちんと説明します。あとは**慣れ**の問題です。文法用語に苦手意識のある人は、少しずつ慣れていきましょう！

❸ 基本の文法用語

では、英文法の学習を本格的に始める前に、知っておいてほしい文法用語から説明していきますよ！

SVOC

SVOCって目にしたことがありますか？　まず、以下の用語を確認しましょう。

S（主語＝Subject）V（動詞＝Verb）O（目的語＝Object）C（補語＝Complement）

S（主語）は日本語の「〜は、〜が」に相当する部分で、V（動詞）は、「〜する、〜である」などのように動作や状態を表します。O（目的語）は「〜に、〜を」に相当する部分で、C（補語）は「Sとイコール関係（S＝C）」になるものなどです。

> ▶ **I practice yoga every night.** （私は毎晩、ヨガを練習する）
>   S   V   O
>   ＊S＝I「私は」、V＝practice「練習する」、O＝yoga「ヨガを」
>
> ▶ **New York is a big city.** （ニューヨークは大都市である）
>   S   V   C
>   ＊S＝New York「ニューヨークは」、V＝is「である」、C＝a big city「大都市」（New York＝a big city）

SVOCという文法用語は今後何度も登場してきますので、少しずつ慣れていけば大丈夫ですよ。

✓ **Sは主語、Vは動詞、Oは目的語、Cは補語のこと。**

品詞

一般的に品詞は8種類（名詞、代名詞、形容詞、副詞、動詞、前置詞、接続詞、間投詞）あると言われていますが、まず最も重要な4つの品詞（名詞、形容詞、副詞、動詞）を理解しましょう。動詞は先ほど説明したので、あとの3つを説明します。

名詞

desk「机」，family「家族」，New York「ニューヨーク」，Mike「マイク」など，人やものの名前を表します。

> - I bought a desk yesterday. （私は昨日，机を買った）
> - New York is a big city. （ニューヨークは大都市だ）
> - Mike, a friend of mine, is smart. （私の友人であるマイクは賢い）

形容詞

beautiful「美しい」，necessary「必要な」など，人やものの様子・性質を表し，名詞を修飾（説明）する働きをします。

> - Nancy is beautiful. （ナンシーは美しい）　　＊Nancy の性質を beautiful で説明しています。
> - Tom is a smart student. （トムは賢い学生だ）　　＊名詞 student を修飾しています。

副詞

very「非常に」，simply「簡単に」，probably「おそらく」など，主に動詞・形容詞・副詞を修飾（説明）する働きをします。

> - The team fought bravely. （そのチームは勇敢に戦った）
>   ＊bravely が動詞 fought を修飾しています。
> - The hotel was very expensive. （そのホテルはとても値段が高かった）
>   ＊very が形容詞 expensive を修飾しています。
> - I walked really slowly. （私は本当にゆっくり歩いた）
>   ＊really は副詞 slowly を，slowly は動詞 walked を修飾しています。

✓ 品詞は「動詞」「名詞」「形容詞」「副詞」をまず押さえよう。

句

句というのは，ずばり「カタチ」のことで，どのような「カタチ」かというと，**SV を含まない2つ以上の語が集まったもの**です。そのカタチが名詞の働きをしていれば**名詞句**，形容詞の働きをしていれば**形容詞句**，副詞の働きをしていれば**副詞句**と呼ばれます。

▶ I drive sports cars. （私はスポーツカーを運転する）
　　　　　名詞句
＊sports carsというSVを含まない2つ以上の語の集まりが，名詞と同じ働きをしています。

▶ I do not like the pizza at that restaurant. （私はあのレストランのピザが好きではない）
　　　　　　　　　　　　　　形容詞句
＊at that restaurantというSVを含まない2つ以上の語の集まりが，形容詞と同じように名詞the pizzaを修飾しています。

▶ Read it at your own pace. （あなた自身のペースでそれを読みなさい）
　　　　　　副詞句
＊at your own paceというSVを含まない2つ以上の語の集まりが，副詞と同じように動詞readを修飾しています。

✓ 句は「SVを含まない2つ以上の語が集まったもの」。役割によって，名詞句，形容詞句，副詞句と呼ばれる。

節

節という文法用語も句と同様に，うまく使いこなせない人が多いようです。節も単純に「カタチ」を意味しているだけで，**SVを含む2つ以上の語が集まったもの**が節，SVを含まない語の集まりが句です。節はそのカタチが名詞の働きをしていれば**名詞節**，形容詞の働きをしていれば**形容詞節**，副詞の働きをしていれば**副詞節**と呼ばれます。

▶ I am sure that this is the right house. （確かに，これは希望通りの家だ）
　　　　　　　　　　名詞節
＊that this is the right house「これは希望通りの家であるということ」というSVを含む2つ以上の語の集まりが，名詞と同じ働きをしています。

▶ She is the editor that my boss hired. （彼女は私の上司が雇った編集者だ）
　　　　　　　　　　　形容詞節
＊that my boss hired「私の上司が雇った」というSVを含む2つ以上の語の集まりが，形容詞と同じように名詞the editorを修飾しています。

▶ I saw the smoke after the fire was put out. （火が消された後に，私は煙を見た）
　　　　　　　　　　　　副詞節
＊after the fire was put out「火が消された後に」というSVを含む2つ以上の語の集まりが，副詞と同じように動詞sawを修飾しています。

✓ 節は「SVを含む2つ以上の語が集まったもの」。役割によって，名詞節，形容詞節，副詞節と呼ばれる。

以上で準備完了です！　勉強しながら「あれ，この文法用語は何だっけ？」と思ったら，このレッスンに戻って確認するようにしてくださいね。

Lesson 1
英文法の基礎①

さあこれから，本格的に英文法の基礎を学んでいきますよ。ここでの目標は，**英文法の大原則**と，**英文の主役と脇役とは何かを知ること**です。文法力が最短距離で効率よく身につくように説明していきますので，がんばっていきましょう！

1 英語の大原則

皆さんは，英語の大原則を知っていますか？

S，V，O，C 以外は M（修飾語句= Modifier）

これが大原則です。まず，英文は **SVOC + M** という感覚をつかんでいきましょう！

> The number [of singers] [performing] [at hotels] [in Las Vegas] has doubled [since last summer]．　　　　　＊［　］で囲んであるのがMです。
> （ラスベガスのホテルで歌っている歌手たちの数が，昨年の夏以来2倍になっている）

この例文は，S (The number) V (has doubled) にいろいろと [M] がくっついて，そこそこ長い文になっています。Mがくっついている理由は，**言葉を修飾する，または説明を加える**ためです。The number「その数」だけでは何の数か分かりませんよね。of singers「歌手たちの」と説明を加えると，「あ，歌手たちの数か」と分かります。さらに，performing「歌っている」，at hotels「ホテルで」，in Las Vegas「ラスベガスの」を加えることで，どんな歌手たちなのかが分かってきます。また, has doubled「2倍になった」だけでは，どのくらいの期間で2倍になったかが分かりませんので，since last summer「昨年の夏以来」を加えています。このように，英文は言葉に**説明をどんどん加えていく**という特徴があります。別の例文を見てみましょう。

> Tom won the game．（トムは試合に勝った）
> 　S 　V 　　O
> Tom, [a new student], won the game [which was played over the
> 　S 　　　　　　　　　　　V 　　　O
> weekend] [because he had been practicing more than the others]．
> （新入生のトムは週末に行われた試合で勝った。なぜなら，他の生徒よりも練習していたからだ）

1つ目の例文に説明[M]を加えていくと、2つ目の例文ができあがります。「トムは試合に勝った」という文が、「[新入生の]トムは[週末に行われた]試合で勝った。[なぜなら、他の生徒よりも練習していたからだ]」とそこそこ長い文になっています。

以上から、英文は**SVOC＋M**で構成されていることがイメージできましたか？言い換えると、長く複雑な英文はすべて**Mが原因**なのです。

では、このことを知っているとどんなメリットがあるのでしょうか？ まず、下の例文の意味を分かる範囲で考えてみましょう。

> Puffer fish are famous for their highly toxic skin and organs, which are capable of producing critical injury to the nervous system.

どのくらい意味が分かりましたか？ 正解はこちら。

> ▶ Puffer fish are famous [for their highly toxic skin and organs], [which
>   S   V   C
> are capable of producing critical injury to the nervous system].
> （フグは、神経系に重篤な損傷を引き起こす可能性があるその毒性の高い皮膚や内蔵で有名である）

例えば、Puffer, for以下、which以下の意味が分からないとします。その場合でもSVOC＋Mを見抜ければ「何とか魚が有名で、for以下が有名な理由、which以下がskinとorgansの説明」ということ、つまり、書き手が一番伝えたい「何とか魚は有名です」ということは分かります。TOEFLのリーディングパッセージはこのように、長く複雑な文が連なっていますが、**すべての意味がカンペキに分かる必要はありません。大切なのは書き手が一番伝えたいことを理解しながら読むこと**です。

ここからは、SVOCを「**主役**（＝書き手が一番伝えたい部分）」、Mを「**脇役**（＝説明を加えている部分）」と呼んで説明していきます。

✓ 英語の大原則はSVOC＋M。SVOCは主役，Mは脇役。

❷ 主役（SVOC）

主役（SVOC）の組み合わせは基本的に以下の5パターン（文型）しかありません。

> ① **SV型（SはVする）**
>   Monkeys climb. （サルが登る）
>   S   V

② **SVC型（SはCである）**

He is an architect. （彼は建築家だ）／He is intelligent. （彼は頭が良い）
　S　V　　C　　　　　　　　　　　　　S　V　　C
＊He＝an architect/intelligentのようにSとCがイコールの関係になっています。

③ **SVO型（SはOをVする）**

We drove our car to the shopping center.
　S　　V　　　O
（私たちはショッピングセンターまで自分たちの車を運転した）

④ **SVOO型（SはO₁にO₂をVする）**

Pete told his child a story last night. （ピートは昨晩，子どもに話を聞かせた）
　S　　V　　O₁　　O₂

⑤ **SVOC型（SはOをCにVする）**

Arthur made Pete the vice president. （アーサーはピートを副会長にした）
　S　　V　　O　　　C
＊Pete＝the vice presidentのようにOとCがイコールの関係になっています。

ここで質問です。どうしたらパターン（文型）を見抜けるのでしょうか？　何がパターンを決めるのでしょうか？

それは，ずばり**動詞**です。動詞によってパターンは決まります。これから動詞を覚えるときは，意味だけではなくどのパターンになるかも一緒に覚えましょう。覚えましょう，と言いましたが，例えば，「leaveはOCをとる」と覚えたらすぐに忘れてしまいます。そこで Ted left the window open.「テッドは窓を開けたままにした」→leaveはOCをとる，のように簡単な例文で覚えるようにすると，意味とパターンの両方が頭にインプットされやすくなりますよ。

✓ 主役（SVOC）の組み合わせには5つのパターン（文型）がある。
✓ パターンを決めるのは動詞。
✓ 動詞の意味とパターンは例文で覚えよう！

❸ 脇役（M）

さて，ここからは脇役（M）について説明します。脇役になる品詞は何でしょう？

それは**形容詞**と**副詞**です。つまり，beautiful（形容詞），beautifully（副詞）などは脇役（M）だということです。他にも，形容詞や副詞の働きをするものがあります。それが以下の7種類です。

❶形容詞節　❷副詞節　❸to不定詞　❹前置詞句　❺同格　❻現在分詞・過去分詞　❼分詞構文

このうち，❶〜❷をLesson 1で，❸〜❼をLesson 2で説明します。それでは「形容詞節」から見ていきましょう！

❶ 形容詞節

「関係代名詞」と「関係副詞」が形容詞節を作ることができます。
まずは関係代名詞を使った文の作り方から見ていきましょう。関係代名詞には **that**，**which**，**who**，**whom**，**whose** などがあります。

関係代名詞を使った文の作り方

I like the man.（私はその男性が好きだ）　　I met him yesterday.（私は彼に昨日会った）
この2つの文を関係代名詞を使って1文にするには…

STEP 1	2つの文の共通要素（名詞）に注目。	I like the man . I met him yesterday.
STEP 2	2つ目の文の名詞を関係代名詞に変換（下の表参照）して，文頭に移動。	I met whom yesterday ↓ whom I met yesterday
STEP 3	1つ目の文の共通の名詞の後に関係代名詞以下を挿入し，できあがり。	I like the man whom I met yesterday. 先行詞* （私は昨日会った男性が好きだ）

＊関係代名詞以下は名詞（the man）を修飾していて，その名詞のことを**先行詞**といいます。

関係代名詞の種類

先行詞	主格	所有格	目的格
人	who	whose	whom/who
物	which	whose	which
人／物	that	なし	that

＊「格」という言葉にこだわらず，例えば「**主語**」の部分を変える場合は「**主格**」を使うと覚えましょう。

関係代名詞を使った文の作り方から，関係代名詞の役割が見えてきませんか？
関係代名詞は①**名詞の代わりをする** ②**文と文をつなぐ** という役割を持ち，③**関係代名詞が導く部分は名詞を修飾する＝形容詞の働きをする＝形容詞節**になります。
では，理解を深めるために，さらに4つの例を確認しましょう！

主格の場合

STEP 1　There are many people . They would like to work here.
　　　　　　　　　　　　　　　　　　　　　　　＊共通要素 に注目

STEP 2　who would like to work here　＊先行詞が人なのでwhoに変換

STEP 3 There are many people [who] would like to work here.
（ここで働きたい多くの人がいる）

目的格の場合

STEP 1 [The movie] is showing at the theater. I like [it]. ＊[共通要素]に注目

STEP 2 I like [that / which] ＊先行詞が物なのでthatまたはwhichに変換

[that / which] I like ＊that/whichを文頭に移動

STEP 3 The movie [that / which] I like is showing at the theater.
（私が好きな映画が映画館で上映されている）
＊目的格の関係代名詞は省略できるのでThe movie I like is … としてもOK。

所有格の場合

STEP 1 She introduced [a man]. I did not know [his] name. ＊[共通要素]に注目

STEP 2 I did not know [whose] name ＊his「彼の」なのでwhoseに変換

[whose] name I did not know ＊whoseの後ろの名詞（name）と共に
whoseを文頭に移動

STEP 3 She introduced a man [whose] name I did not know.
（彼女は，私が名前を知らなかった男性を紹介した）

前置詞がある場合

STEP 1 This is [the desk]. I used to sit at [the desk]. ＊[共通要素]に注目

STEP 2 I used to sit at [which] ＊先行詞が物なのでwhichに変換

＊どちら
でもOK ┌ [which] I used to sit at ＊whichのみを文頭に移動
        └ at [which] I used to sit ＊前置詞と共にwhichを文頭に移動

STEP 3 This is the desk [which] I used to sit at.

This is the desk at [which] I used to sit.
（これは，私がかつて座っていた机だ）
＊前置詞は関係代名詞が導く部分の最後に残しても，関係代名詞の前に置いても構いません。

✓ 関係代名詞は①名詞の代わりをする ②文と文をつなぐ という役割を持ち，③関係代名詞が導く部分は名詞を修飾する＝形容詞の働きをする＝形容詞節になる。

✓ 役割の覚え方は，関係（文と文をつなぎ，名詞を修飾する）＋代名詞（名詞の代わりをする）。

関係副詞

関係副詞には **when**，**where**，**why**，**how** があります。例文を見ながら役割を覚えましょう。

▶ She regrets the morning when she forgot to go to work.
（彼女は，仕事に行くのを忘れた朝を後悔している）
＊when以下は the morning という「時を表す名詞」を修飾＝when以下は**形容詞の働き＝形容詞節**

▶ I took them to the hotel where their friends were staying.
（私は彼らを，彼らの友人が滞在しているホテルに連れて行った）
＊where以下は the hotel という「場所を表す名詞」を修飾＝where以下は**形容詞の働き＝形容詞節**

▶ That is the reason why I changed jobs. （それが，私が職を変えた理由だ）
＊whyは the reason という「理由を表す名詞」を修飾＝why以下は**形容詞の働き＝形容詞節**

▶ I do not know how you say it in Spanish.
（私はスペイン語でそれをどう言うのか知りません）
＊how以下は動詞knowの目的語＝how以下は**名詞の働き＝名詞節**
＊howだけは**形容詞節になりません**ので注意！

✓ how以外の関係副詞が導く部分は「時，場所，理由」を表す名詞を修飾する（＝形容詞の働きをする＝形容詞節になる）。

② 副詞節

皆さんはbecause「なぜならば」という接続詞を知っていますよね。では，becauseは名詞節，形容詞節，副詞節のどれを作ることができるでしょうか？以下の例文を見ながら，考えてみましょう。

> She lives there [because it is warm]. （暖かいので，彼女はそこに住んでいる）

[because it is warm] は，動詞lives「住んでいる」の理由を説明しています。動詞を説明しているので，この部分は**副詞の役割**をしています。言い換えると，becauseは**副詞節を作る接続詞**です。

次ページの①～⑥はbecauseと同様に副詞節を作る代表的な接続詞です。**「副詞節を作るんだ」**と意識しながら，例文ごと覚えてしまいましょう！

①since 「〜なので」
- [Since the party was almost over], we told the band to stop playing.
（パーティーが終わりかけていたので，私たちはバンドに演奏を止めるように伝えた）

②after 「〜した後に」
- I will call you [after I get home]. （私は帰宅した後，あなたに電話します）

③before 「〜する前に」
- Melt the butter [before you add it to the pan].
（フライパンに加える前にバターを溶かしなさい）

④although 「〜だけれども」
- [Although it stopped raining], she took her umbrella.
（雨が止んだけれども，彼女は傘を持って行った）

⑤while 「〜だが」，「〜する間に」
- [While I had classes in the morning], my friend had classes in the afternoon.
（私は午前に授業があったが，友人は午後に授業があった）
- She read the whole book [while she was on the train].
（電車に乗っている間に，彼女は本を1冊読んだ）

⑥when 「〜するときに」
- [When I was in college], I didn't study a foreign language.
（大学生だったとき，私は外国語を勉強しなかった）

✓ 副詞節を作る接続詞（because, since, after, before, although, while, when）を覚えよう！

では，これまで学習した内容の理解をさらに深めるために，問題演習をしてもらいますのでがんばってください！！

練習問題

(1) 関係代名詞，または関係副詞を使い，2文を1文にしましょう。さらに，その1文を，問題文を見ずにもとの2文に戻してみましょう。

1. The dinner had been cooked before we arrived. We ate the dinner.
2. We saw a TV show. I don't remember its name.
3. That is the person. I brought the box to him.

(2) 関係代名詞と関係副詞に注意しながら，以下の文が文法的に正しいかどうかを判断しましょう。もし間違っている場合には，訂正しましょう。

4. The store that my mother shops at is near the bus stop.

5. The store my mother shops at is near the bus stop.
6. The store that my mother shops is near the bus stop.
7. The store at which my mother shops is near the bus stop.
8. The store where my mother shops is near the bus stop.

(3) 関係代名詞，または関係副詞が作る脇役の部分を [ ] でくくりながら，意味を考えましょう。

9. The car that I bought is parked at my sister's house.
10. Can you tell me the place where the gym is?

正解と解説

1. 正解 The dinner that（またはwhich）we ate had been cooked before we arrived.
訳 私たちが食べた夕食は，私たちが到着する前に作られた。
解説 2文目のdinnerは目的語なので，目的格の関係代名詞に変換します。また，目的格の関係代名詞は省略できるので，The dinner we ate … でもOKです。

2. 正解 We saw a TV show whose name I don't remember.
訳 私が名前を思い出せないテレビ番組を私たちは見た。
解説 itsは所有格なので，whoseに変換します。物の場合でもwhoseは使えますのでwhichにしないよう，気をつけましょう。whoseの後にある名詞nameも一緒に前に出すことを忘れないようにしましょう。

3. 正解 That is the person whom（またはwho）I brought the box to.
That is the person to whom I brought the box.
訳 あれは，私が箱を持って行った人だ。
解説 himは目的格なので，whomに変換します。to himをひとまとまりと考えて，to whomをセットで前に出すこともできます。人の場合は，目的格にwhoも使われますが，「前置詞＋関係代名詞whoはダメ」というルールがあるので，to whoにはなりません。

4.〜8. 正解 6. 以外はすべて正しい
解説 「私の母が買い物をする店はバス停の近くにある」という文。
5.は目的格の関係代名詞whichまたはthatが省略されています。6.は2文に戻すと，The store is near the bus stop. My mother shops the store. となりますが，shopsの後には4.のようにatが必要です。「関係副詞 where = at[in, to] which」と考えることができるので，8.にはatがなくてもOKです。4.〜8.を見比べて，「OKな場合とそうでない場合」をしっかり確認しましょう。

9. 正解 The car [that I bought] is parked at my sister's house.
訳 私が購入した車は私の妹［姉］の家に駐車してある。
解説 目的格の関係代名詞thatからboughtまでが形容詞節で名詞The carを修飾しています。

10. 正解 Can you tell me the place [where the gym is]?
訳 体育館のある場所を私に教えてくれませんか。
解説 関係副詞whereからisまでが形容詞節で場所を表す名詞the placeを修飾しています。

Lesson 2
英文法の基礎②

改めて，形容詞（beautifulなど）と副詞（beautifullyなど）の他に脇役（M）になる7種類をおさらいしましょう。

❶形容詞節　❷副詞節　❸to不定詞　❹前置詞句　❺同格　❻現在分詞・過去分詞　❼分詞構文

Lesson 2では❸〜❼について説明します。ここでの目標は，**どんなものが脇役（M）になるのかを理解すること**です。英文法の学習をもう少しがんばりましょう！

❶ 脇役（M）

脇役（M）になる品詞を覚えていますか？

そうですね。**形容詞**と**副詞**です。
これから説明する③to不定詞　④前置詞句　⑤同格　⑥現在分詞・過去分詞　⑦分詞構文は**すべて形容詞・副詞の働きをします。**

③to不定詞

いきなりですが，例文を見てみましょう。

> ▶ She really needs to stay awake in class today.
> （今日の授業中，彼女は起きていることを本当に必要としている［本当に起きている必要がある］）
>
> ▶ I have somewhere to go. （私は行くための［行くべき］ところがある）
>
> ▶ We should leave early to be on time.
> （時間を守るために，私たちは早めに家を出るべきである）

to不定詞とは，**to do** のカタチをしているものを指します。
では，ここで質問です。to不定詞の役割は何でしょうか？ 例文を見て考えてみましょう。
最初の例文のto stay (awake)は「起きていること（を必要とする）」という意味で，needの目的語で**名詞**の働きをします。次の例文のto goは「行くための［行くべき］（ところ）」という意味で名詞somewhereを修飾する**形容詞**の働きをします。最

後の例文のto be on timeは「時間を守るために」という意味で，動詞leaveを修飾する**副詞**の働きをします。このように，to不定詞は①**名詞** ②**形容詞** ③**副詞**の3つの役割をし，①は文の**主役**に，②・③は**脇役（M）**になります。

✓ to不定詞は名詞，形容詞，副詞の働きをする。
✓ 形容詞と副詞の働きをしているto不定詞は脇役（M）になる。

④ 前置詞句

前置詞句とは**前置詞（on，in，at，inside，with**など）＋名詞のカタチを指します。では，前置詞句はどんな役割をするでしょうか。以下の例文を見ながら考えましょう。

> ▶ I put it [under the table] [in your room].
> （あなたの部屋のテーブルの下に，私はそれを置いた）

[in your room]は名詞the tableを，[under the table]は動詞putをそれぞれ修飾しています。名詞を修飾するのは形容詞，動詞を修飾するのは副詞でしたね。ということで，前置詞句は**形容詞**，または**副詞**の働きをし，**脇役（M）**になります。

✓ 前置詞句（前置詞＋名詞）は形容詞，または副詞の働きをし，脇役（M）になる。

⑤ 同格

まず，例文を見てみましょう。

> ▶ Sue, [the girl at the door], was waiting patiently.
> （ドアのところにいる女の子，スーは辛抱強く待っていた）

[the girl at the door]はどんな役割をしているでしょうか？
名詞Sueを名詞[the girl at the door]が説明しています。つまり，Sue＝the girl at the door（Sueとthe girl at the doorは同じもの）ですよね。このように，名詞を他の名詞と並べて，説明を加えることを**「同格」**といいます。これは**脇役（M）**になります。

✓ 同格とは，名詞＝名詞（名詞で名詞を説明）

⑥ 現在分詞・過去分詞

現在分詞は 〜ing，過去分詞は 〜ed（come-came-comeのように独自の変化をするものもあり）のカタチをしているものを指します。現在分詞と過去分詞はどんな役割をするでしょうか？ 例文を見ながら，考えましょう。

> **現在分詞**
> ▶ Complaining customers never return. （苦情を訴える顧客たちが戻ることはない）
> ▶ The cat sleeping [in the window] is hers. （窓のところで寝ている猫は彼女の猫だ）

> **過去分詞**
> ▶ We should return the stolen money. （私たちは盗まれたお金を返すべきだ）
> ▶ The bananas shipped [from Mexico] were late.
> （メキシコから船で運ばれたバナナは遅れた）

現在分詞と過去分詞はどちらも名詞を修飾していることが分かりますか？ つまり**形容詞**の役割をし，**脇役**になります。ちょっと細かいですが，それぞれ2つ目の例文のように，M（前置詞句）がくっついて長くなる場合は，後ろから名詞を修飾します。

✓ **現在分詞（〜ing）と過去分詞（〜ed）は形容詞の働きをし，脇役（M）になる。**

⑦ 分詞構文

さて，最後の脇役です。分詞構文とは何でしょうか？

答えは，現在分詞・過去分詞が**副詞の働き**をしているものです。分かるようで分からない説明ですよね。現在分詞・過去分詞が**動詞を修飾しているもの**と考えても構いません。例文を見てみましょう。

> [Hearing the phone], she **left** the room.
> （電話が鳴るのを聞いて，彼女は部屋を出て行った）

[Hearing the phone] の部分を分詞構文といい，動詞 left を修飾しています。動詞を修飾する品詞を覚えていますか？ そう，副詞です。だから，分詞構文は脇役（M）になります。では，別の例文を見てみましょう。

> [Refreshed after a long sleep], I **woke up** early.
> （長時間睡眠の後，気分がすっきりしたので，私は早く目覚めた）

[Refreshed after a long sleep] の部分を分詞構文といい，動詞 woke up を修飾し

ています。

このように現在分詞・過去分詞は副詞の働きができ，脇役（M）になります。現在分詞・過去分詞をこのように使った文を「**分詞構文**」といいます。

ここで，1つ考えてもらいたいことがあります。
先に見た2つの英文の両方とも，分詞構文の意味上の主語が書かれていません。なぜでしょう？

答えは，**主役の主語と同じ**（それぞれ，she, I）なので書いていないだけです。

では，**主役の主語と異なる場合**はどうすればいいでしょうか？
そうですね。書かないと分かりませんよね。では，例文を見てみましょう。

> [That established], they were able to reach an agreement.
> （それが実証されたので，彼らは合意に達することができた）

分詞構文の意味上の主語はThat，主役の主語はtheyと異なりますので，過去分詞establishedの前にThatが書かれていますね。このように，主役の主語と分詞構文の意味上の主語が異なる場合の分詞構文を**独立分詞構文**といいます。

次に分詞構文の意味を考えてみましょう。
分詞構文は文脈によってさまざまな意味（例えば，時・理由・結果など）になりますが，〜ingなら「〜して」，〜edなら「〜されて」と訳せば，だいたい当てはまります。例えば，以下の例文を見てみましょう。

[Hearing the phone], she left the room.

この例文は「彼女は，電話が鳴るのを聞いて，部屋を出て行った」または「電話が鳴るのを聞いたので，彼女は部屋を出て行った」としてもOKです。

このように，分詞構文の部分と主役の部分の関係はあいまいです。もし，明確に関係を伝えたい場合は，接続詞を使って次のように書きます。

> ▶ *Because she heard the phone, she left the room.*
> （電話が鳴るのを聞いたので，彼女は部屋を出て行った）

英文を読むときは，分詞構文を瞬時に見抜かなければなりません。見抜くコツは，**位置やカタチに慣れる**ことです。以下の例文で，位置や代表的なカタチに慣れましょう。

1. [Driving in the countryside], we saw many farms.
   　　分詞構文（〜ing），　　　　　S　　V

   （田舎を運転していて，私たちは多くの農場を見た）

2. [Lost for three days], they were happy to be rescued.
   　　分詞構文（〜ed），　　　S　　V

   （3日間行方不明だった彼らは，救助されてうれしかった）

3. [More experienced], she got the job.
   　　分詞構文（副詞＋〜ed），S　　V

   （より経験豊かな彼女は，仕事を得た）

4. [Not understanding what he had said], I asked him to repeat it.
   　　　分詞構文（Not＋〜ing），　　　　S　　V

   （彼が言ったことが分からなくて，私は彼にもう一度言ってくれるよう頼んだ）
   ＊分詞構文の否定は，分詞の前にNotをつけるだけでOKです。

5. [The dinner having been eaten], everyone went home.
   　　独立分詞構文（意味上の主語＋〜ing），　S　　　V

   （夕食を食べて，みんな帰宅した）

6. We ran through the market, [trying to find our guide].
   　S　V　　　　　　　　　　　　　分詞構文（〜ing）

   （私たちのガイドを探しながら，私たちは市場を走り抜けた）

✓ 分詞構文は副詞の働きをするので脇役（M）。
✓ 分詞構文を見抜くコツは位置とカタチ。

基礎英文法の学習，お疲れさまでした。
理解をさらに深めるために問題演習をしましょう。

練習問題

(1) 脇役（M）を［　］でくくりながら，主役（SVOC）を見つけましょう。この文構造を見抜く作業は，英文の意味を正確に理解するために非常に大切です。

1. Serving several terms in Congress, Shirley Chisholm became an important United States politician.

2. Although manufacturing, telecommunications, and biotechnology are all important to the French economy, France is also a major agricultural producer.

3. What is most noticeable about Venice is the fact that so many people visit it without seeing the clever military defenses of that island city.

4. Because lionfish and tiger shrimp are considered to be the most delicious of the available seafood, these invasive species are tolerated by people who would normally reject non-native wildlife.

5. The diversity of activities represented at the historical preservation site in Williamsburg offers both the amateur and the professional historian the chance to appreciate the deep resourcefulness of the colonists.

（2）文を完成させるのに適切な選択肢を1つ選びましょう。脇役（M）を [ ] でくくりながら，文の構造をつかむと解答しやすくなります。

6. The loss of the ability to speak ------- as aphasia is produced by injury or trauma to the brain.
   (A) know   (B) known
   (C) knowing   (D) to know

7. Jackie Robinson debuted with the Brooklyn Dodgers in 1947, ------- the first black player in modern major-league baseball.
   (A) becoming   (B) he became
   (C) to becoming   (D) became

8. The cottony-cushion scale, ------- into the United States through imported citrus trees, was responsible for large-scale destruction in California's orange and lemon groves.
   (A) when was it introduced   (B) it was introduced
   (C) was introduced   (D) introduced

正解と解説

1. 正解 [Serving several terms in Congress] , Shirley Chisholm became an important United States politician.
   （分詞構文 / S / V / C）

訳 米国連邦議会で数期務め，シャーリー・チザムは，重要なアメリカの政治家になった。
解説 [Serving several terms in Congress] の部分を**分詞構文と見抜けたかがポイント**です。

2. 正解 [Although manufacturing, telecommunications, and biotechnology are all important to the French economy], France is [also] a major agricultural producer.
　　　　　　　　　　　　　　　　副詞節
　　S　　V　　　　　　　　　　C

訳 製造，電気通信，生物工学はすべてフランス経済にとって重要だが，フランスはまた主要な農業生産国でもある。
解説 althoughは副詞節を作る接続詞です。

3. 正解 What is most noticeable about Venice is the fact [that so many people visit it without seeing the clever military defenses of that island city].
　　　　　　　S　　　　　　　　　　V　　C　　同格

訳 ヴェニスに関して最も注目すべきことは，そこを訪れながら，その島都市の優秀な防衛軍を見ない人が非常に多いという事実である。
解説 Lesson 1ではあえて触れませんでしたが，このwhatは実は関係代名詞で必ず**名詞節**を作ります。あれ？　関係代名詞は形容詞節を作ると習いましたよね？　そうです。whatは「ちょっと変わりモノ」なんです。例文を見てみましょう。

▶ I did not understand **what** you said.（あなたの言うことが理解できなかった）
　S　V　　　　　　　　　O

▶ **What** made me happy was my mother's smile.（私を幸せにするものは母の笑顔だった）
　　S　　　　　　　V　　　C

what you said「あなたが言ったこと」，what made me happy「私を幸せにしたもの」のように，whatは「～すること，～するもの」と訳す，と覚えておきましょう。
the fact「事実（名詞）」とthat以下（名詞節）はイコールの関係（同格）です。このthatは接続詞で**同格のthat**と呼ばれ，factやidea「考え」，thought「考え」，assumption「仮定」，evidence「証拠」などの名詞とよく一緒に使われます。

4. 正解 [Because lionfish and tiger shrimp are considered to be the most delicious of the available seafood], these invasive species are tolerated [by people] [**who** would normally reject non-native wildlife].
　　　　　　　　　　　　　　　　　　　　副詞節
　　　　　　　　　　　　　　　　　　　　　　　S
　　V　　　　　前置詞句　　　　　　形容詞節（関係代名詞が導く）

訳 ミノカサゴとブラックタイガーは入手可能なシーフードの中で最もおいしいものと思われているので，これらの外来種は，外来種の野生生物を本来なら受け入れない人々によって，大目にみられている。
解説 becauseは**副詞節を作る接続詞**です。関係代名詞whoの先行詞はpeopleです。

5. 正解 **[represented]**

The diversity [of activities] **[represented]** [at the historical preservation site] [in Williamsburg] **offers both the amateur and the professional historian the chance** [to appreciate the deep resourcefulness] [of the colonists].

訳 ウィリアムズバーグにある史跡保護地区に見られる活動の多様さは，アマチュアとプロ両方の歴史家に，入植者たちの深い工夫能力を認識する機会を提供する。

解説 過去分詞representedが後ろからactivitiesを修飾。offer O₁ O₂で「O₁にO₂を提供する」という意味で，O₁はboth A and Bのカタチになっています。また，to appreciate the deep resourcefulness … が名詞the chanceを修飾しています。

6. 正解 **(B)**

The loss [of the ability] [to speak] [known] [as aphasia] is produced [by injury or trauma] [to the brain].

訳 失語症として知られている話す能力の喪失は，脳の怪我や心的外傷によって生み出される。

解説 空欄には脇役（M）が必要です。「話す能力の喪失」は「知る」のではなく「知られる」ものなので，過去分詞knownが正解です。

7. 正解 **(A)**

Jackie Robinson debuted [with the Brooklyn Dodgers] [in 1947], [becoming the first black player] [in modern major-league baseball].

訳 ジャッキー・ロビンソンは1947年にブルックリン・ドジャースでデビューし，近代メジャーリーグ・ベースボールにおける最初の黒人選手になった。

解説 debuted withはdebut with ～「～でデビューする」の過去形でこの文の動詞。したがって［------- the first black player］を脇役（M）にする必要があります。分詞構文になるbecomingが正解です。(B)だとSV, SV.となり，2組のSVをつなぐ接続詞（例えばandやbecauseなど）が不足しているので不正解です。

8. 正解 **(D)**

The cottony-cushion scale, [introduced into the United States] [through imported citrus trees], was responsible [for large-scale destruction] [in California's orange and lemon groves].

訳 輸入柑橘類樹木を通じてアメリカに持ち込まれたワタフキカイガラムシが，カリフォルニアのオレンジやレモンの果樹園の，広範囲にわたる破壊の原因だった。

解説 空欄には脇役（M）が必要なので過去分詞introducedが正解です。(A)は内容以前に語順が不適当です。

Lesson 3
パラグラフのリーディング①

ここでの目標は，Lesson 1 ～ 2 で学んだ内容を土台に，**主役（SVOC）と脇役（M）を瞬時に把握する力を身につけること**です。主役部分を中心に，少しずつ脇役部分の意味も理解できるようにしていきましょう。ここでは，読む分量を増やし，パラグラフ（100 words 程度）のリーディングにトライしてもらいます。基礎英文法の確認をしながら，細かい文法事項も少しずつ吸収し，単語力強化にも努めましょう。

練習問題 ①

(1) 目標時間を目安に文章を読みましょう。分かる範囲で構いませんよ。

 目標時間：60 秒

❶The Inca Empire lasted for several hundred years, until the middle of the sixteenth century, leaving behind a system of rope bridges that testified to unusual resourcefulness in engineering. ❷At its height, it stretched over two million square kilometers up and down the west coast of South America, covering parts of modern-day Chile, Peru, and Argentina. ❸It consisted of many varied groups of people, each with its own language, ethnicity, and traditions. ❹These groups of people often lived in remote areas, separated from each other by not only long distances but also forbidding mountains, valleys, and other landforms that were extremely challenging to cross.

Vocabulary & Phrase
empire 名 帝国／last 動 続く／leave behind ～ ～を残す／testify to ～ ～を証明する／resourcefulness 名 機知に富むこと／engineering 名 工学／at one's height ～の絶頂期に／stretch 動 広がっている／consist of ～ ～からなる／ethnicity 名 民族性／forbidding 形 険しい／landform 名 地形／extremely 副 極端に／challenging 形 厳しい

どのくらい分かりましたか？では，一文一文を詳しく学習していきましょう！

(2) 左ページの英文をノートに書き写し，主役のSVOCに線を引いてみましょう。また，脇役（M）を [ ] でくくって文構造を確認しましょう。

● こんなノートを作ってみよう！

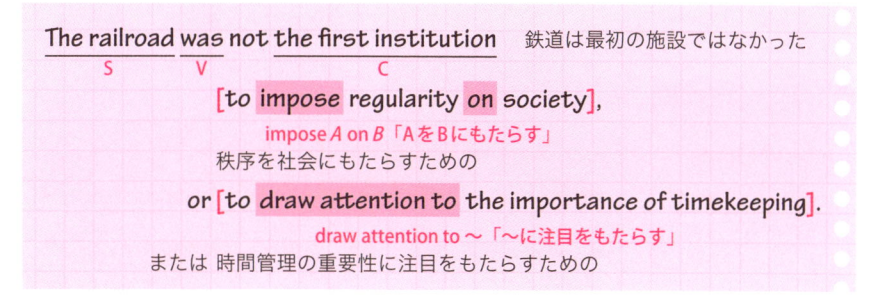

The railroad was not the first institution　鉄道は最初の施設ではなかった
　　S　　　V　　　　　C
　　　[to impose regularity on society],
　　　　impose A on B「AをBにもたらす」
　　　秩序を社会にもたらすための
　　or [to draw attention to the importance of timekeeping].
　　　　draw attention to 〜「〜に注目をもたらす」
　　　または 時間管理の重要性に注目をもたらすための

文法＆意味解説

ここから，文法と意味を解説していきます。長い文もありましたが，「長い文＝脇役（M）が多いだけ」ということを忘れずに！！

❶ The Inca Empire lasted　　　[for several hundred years],
　　　S　　　　　V
　　インカ帝国は　　存続した　　数百年間にわたり
　　　　　[until the middle of the sixteenth century],
　　　　　16世紀の半ばまで
　　　　　[leaving behind a system of rope bridges]
　　　　　　分詞構文　　　　　　　　　先行詞
　　　　　ロープ吊り橋システムを残した
　　　　　　　　　[that testified to unusual resourcefulness in engineering].
　　　　　　　　　関係代名詞
　　　　　　　　　工学において稀有な資質を有することを示した

解説 leaving behind以下が**分詞構文**だと気づきましたか？ 関係代名詞thatの先行詞はa system of rope bridgesです。

訳 インカ帝国は，16世紀の半ばまで数百年間にわたり存続し，工学において稀有な資質を有していたことを示すロープ吊り橋システムを残した。

❷ [At its height], it stretched　　[over two million square kilometers]
　　　　　　　　　　S　　V
　　その最盛期には　インカ帝国は広がっていた　200万平方キロメートル以上に
　　　　　[up and down the west coast of South America],
　　　　　南アメリカ西海岸の南北に
　　　　　[covering parts of modern-day Chile, Peru, and Argentina].
　　　　　　分詞構文　　　　　　　　　　　A,　　　B,　　　　C
　　　　　現代のチリ，ペルー，アルゼンチンの一部に及んでいた

解説 この文も covering 以下が**分詞構文**です。over two million square kilometers は stretched の程度（どれくらい広がっていたか）を説明しています。

訳 その最盛期には、インカ帝国は南アメリカ西海岸の南北200万平方キロメートル以上に広がり、現代のチリ、ペルー、アルゼンチンの一部に及んでいた。

❸ It consisted of many varied groups [of people],
　S　　V　　　　　　　　O
　インカ帝国は構成されていた　多種多様の人々の集団で

　　　　[each with its own language, ethnicity, and traditions].
　　　　　　　　　　　　　　　　　A,　　　　　B,　　　　　C
　　　　　　それぞれの集団が独自の言語、民族性、伝統を持っていた

解説 each 以下が**独立分詞構文**であると気づきましたか？　each (being) with its own language, ethnicity, and traditions のように being を自分で補ってみましょう。consist of ~ は前置詞を含めて動詞と考えて OK です。

訳 インカ帝国は多種多様な人々の集団で構成され、それぞれの集団が独自の言語、民族性、伝統を持っていた。

❹ These groups [of people] [often] lived   [in remote areas],
　　S　　　　　　　　　　　　　　　　V
　これらの人々の集団は　　　　　住むことも多かった　遠隔地域に

　　　[separated from each other] [by not only long distances
　　　　お互いから隔てられていた　　　　　長い道のりによってだけではなく

　　　but also forbidding mountains, valleys, and other landforms]
　　　　　　　　　　　　　　A,　　　　　B,　　先行詞↑　　　C
　　　険しい山や谷、そしてその他の地形によっても

　　　　　　　[that were extremely challenging to cross].
　　　　　　　関係代名詞
　　　　　　　　横断するのが極めて困難である

解説 ちょっと長くて複雑な文ですね。separated 以下が**分詞構文**だと見抜けたか、long distances と forbidding ... (not only A but also B)、mountains, valleys, other landforms (A, B, and C)、それぞれの**並列関係**を見抜けたか、の2つがポイントです。最後の関係代名詞 that の先行詞は mountains, valleys, and other landforms です。

訳 これらの人々の集団は遠隔地域に住むことも多く、長い道のりによってだけでなく、横断するのが極めて困難な険しい山や谷、その他の地形によっても、お互いから隔てられていた。

英文の読み方、分かってきましたか？慣れればすぐにできるようになりますよ！

Training

さあ，仕上げのトレーニングです。このトレーニングによって英文を読んで理解するスピードが上がり，試験で「正解する」ための**「使える読解力」**が鍛えられますので，がんばりましょう！！

❶ 音まねシャドーイング（2回）

付属CDの音声をすぐ後から，**まねして読みます（影のようについて読むことを「シャドーイング」といいます）**。ここでは意味を考える必要はありませんので**音に集中**しましょう！　速くてついていけない場合は，カンマやピリオドで一旦CDを止めても構いません。

ここがポイント！

- 「読む」のではなく，「まねる」ことを意識して音読をしよう
- 1回目は発音を，2回目はリズムや強弱のつけ方をまねよう

> The Inca Empire lasted for several hundred years, until the middle of the sixteenth century, leaving behind a system of rope bridges that testified to unusual resourcefulness in engineering. At its height, it stretched over two million square kilometers up and down the west coast of South America, covering parts of modern-day Chile, Peru, and Argentina. It consisted of many varied groups of people, each with its own language, ethnicity, and traditions. These groups of people often lived in remote areas, separated from each other by not only long distances but also forbidding mountains, valleys, and other landforms that were extremely challenging to cross.

❷ スラッシュリーディング（2回）

次に，英文中の**意味のカタマリごと（スラッシュごと）**に，**意味を意識して読む**練習をしましょう。これによって英語を**左から，そしてカタマリごとに理解できる**ようになりますよ！

ここがポイント！

- 意味を考えながら，大きな声で，はっきり音読しよう
- スラッシュごとに少し間を空け，意味を噛みしめるように音読しよう
- 2回目は人に語るように音読してみよう

> The Inca Empire/ lasted for several hundred years,/ until the middle of the sixteenth century,/ leaving behind a system of rope bridges/ that testified to unusual resourcefulness/ in engineering.// At its height,/ it stretched over two million square kilometers/ up and down the west coast of South America,/ covering parts of modern-day Chile, Peru, and Argentina.// It consisted of many varied groups of people,/ each with its own language, ethnicity, and traditions.// These groups of people/ often lived in remote areas,/ separated from each other/ by not only long distances/ but also forbidding mountains, valleys, and other landforms/ that were extremely challenging to cross.//

❸ 意味取りシャドーイング（2回）

最後に，もう一度付属CDに続いて**シャドーイング**します。今度は音まねと同時に，意味にも注意します。音まねがうまくできなかったら❶の「音まねシャドーイング」を，意味がうまく取れなかったら❷の「スラッシュリーディング」を1〜2回やり直してから再度チャレンジしましょう。

ここがポイント！
- 発音，リズム，強弱のつけ方をできる限りまねよう
- 意味もしっかり考えよう

> ❶ The Inca Empire lasted for several hundred years, until the middle of the sixteenth century, leaving behind a system of rope bridges that testified to unusual resourcefulness in engineering. At its height, it stretched over two million square kilometers up and down the west coast of South America, covering parts of modern-day Chile, Peru, and Argentina. It consisted of many varied groups of people, each with its own language, ethnicity, and traditions. These groups of people often lived in remote areas, separated from each other by not only long distances but also forbidding mountains, valleys, and other landforms that were extremely challenging to cross.

このトレーニングを続けることで，リーディング力とリスニング力がアップします。自信を持って，がんばっていきましょう！

練習問題 ②

(1) 練習問題①と同様に，目標時間を目安に文章を読みましょう。

⏱ **目標時間：50秒**

❶A long-standing debate was addressed, if not entirely settled, when the International Astronomical Union (IAU) issued updated criteria for classifying an object as a *planet* in August 2006. ❷According to the new guidelines, a planet (1) must be an object that orbits the Sun, (2) must have sufficient mass to retain a stable round shape, and (3) must have "cleared its neighborhood," which is to say that it has pulled all objects found along its orbit into its own gravitational zone. ❸A planet must not share space with other objects that revolve around the Sun independently.

Vocabulary & Phrase

long-standing 形 長年にわたる／debate 名 議論／address 動 (問題など) に取り組む／settle 動 を解決する／issue 動 を公表する／criteria 名 基準 (criterionの複数形) ／classify A as B AをBに分類する／according to ～ ～によれば／orbit 動 の周りを回る／sufficient 形 十分な／mass 名 質量／retain 動 を保つ／stable 形 安定した／neighborhood 名 近隣／gravitational 形 重力の／revolve 動 回る／independently 副 独立して

---

(2) 英文をノートに書き写し，主役のSVOCに線を引いてみましょう。また，脇役 (M) を [ ] でくくって文構造を確認しましょう。

文法&意味解説

ここから，文法と意味を解説していきます。長い文もありましたが，「長い文＝脇役 (M) が多いだけ」ということを忘れずに！！

❶ A long-standing debate was addressed, [if not entirely settled],
　　　　　 S　　　　　　　　　　 V
　長年にわたる議論が　　　　交わされた　　　　たとえ完全には解決されないとしても

　　　[when the International Astronomical Union (IAU) issued updated criteria]
　　　　　国際天文学連合 (IAU) が最新の基準を公表したとき

　　　[for classifying an object as a *planet*]　[in August 2006].
　　　　ある物体を「惑星」として分類するための　　　 2006年8月に

解説 if not entirely settled = if (a long-　　　**訳** 国際天文学連合 (IAU) が2006

standing debate was) not entirely settled で「もし～なら」ではなく「たとえ～としても」と訳します。when 以下の動詞は issued で，updated criteria が目的語です。

年8月にある物体を「惑星」と分類する最新の基準を公表したとき，たとえ完全には解決されないとしても，長年にわたる議論が交わされた。

❷ [According to the new guidelines],
新しいガイドラインによると

a planet (1) must be an object [that orbits the Sun],
S　　　　V₁　　C (先行詞)　　　関係代名詞
惑星は　(1) 物体でなければならない　太陽の周りを回る

(2) must have sufficient mass [to retain a stable round shape],
　　V₂　　　　O
(2) 十分な質量がなければならない　安定して円形を保つために

and (3) must have "cleared its neighborhood,"
　　　　　V₃　　　　　O
そして (3)「周辺を一掃」していなければならない

[which is to say]
つまり

[that it has pulled all objects found along its orbit into its own gravitational zone].
　　S'　V'　　O'
すべての物体を引っ張り込む　軌道に沿って見られる　その重力圏に

解説 a planet 以下が (1), (2), and (3) の並列の関係。which is to say 以下は (3) を**言い換える内容**になっています。that 以下は，it has pulled A into B のカタチになっていて，found along its orbit は後ろから all objects を修飾しています。

訳 新しいガイドラインによると，惑星は以下の3つの条件を満たさなければならない。(1) 太陽の周りを回る物体でなければならない (2) 安定して円形を保つために十分な質量がなければならない (3)「周辺を一掃」していなければならない，つまり軌道に沿って見られるすべての物体をその重力圏に引っ張り込んでいなければならない。

❸ A planet must not share space [with other objects]
　　S　　　　V　　　　O　　　　　先行詞
惑星は　共有してはいけない　空間を　他の物体と

[that revolve around the Sun independently].
関係代名詞
太陽の周りを独立して回っている

解説 関係代名詞 that 以下は other objects を修飾しています。

訳 惑星は太陽の周りを独立して回っている他の物体と空間を共有してはいけない。

40

Training

❶ 音まねシャドーイング（2回）
付属CDのすぐ後についてシャドーイングしましょう。

❷ スラッシュリーディング（2回）
スラッシュごとにポーズを取りながら，読んでみましょう。

❸ 意味取りシャドーイング（2回）
CDに続いて，今度は意味も意識しながらシャドーイングしましょう。

A long-standing debate was addressed,/ if not entirely settled,/ when the International Astronomical Union (IAU) issued updated criteria/ for classifying an object as a *planet*/ in August 2006.// According to the new guidelines,/ a planet (1) must be an object/ that orbits the Sun,/ (2) must have sufficient mass/ to retain a stable round shape,/ and (3) must have "cleared its neighborhood,"/ which is to say/ that it has pulled all objects/ found along its orbit/ into its own gravitational zone.// A planet must not share space with other objects/ that revolve around the Sun independently.//

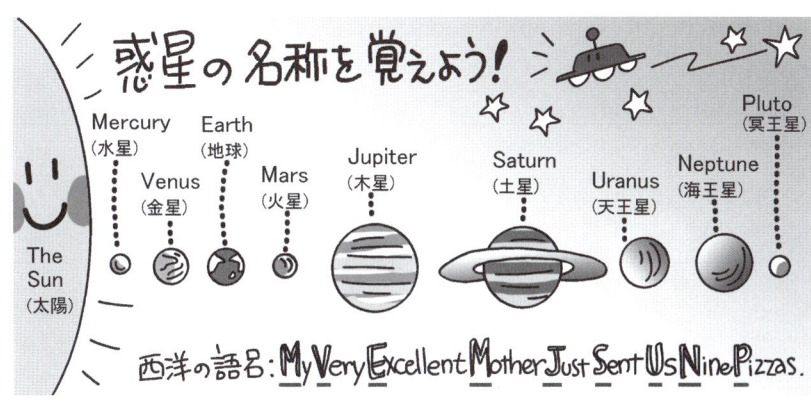

惑星の名称を覚えよう！

The Sun（太陽）
Mercury（水星）
Venus（金星）
Earth（地球）
Mars（火星）
Jupiter（木星）
Saturn（土星）
Uranus（天王星）
Neptune（海王星）
Pluto（冥王星）

西洋の語呂： My Very Excellent Mother Just Sent Us Nine Pizzas.

＊冥王星は現在は「準惑星」です。

> この調子で，「英文が読める自分，聞ける自分」になるためのがんばりを継続していきましょう！

Lesson 4
パラグラフのリーディング②

引き続き，パラグラフ（100 words 程度）のリーディングにトライしてもらいます。ここでの目標も，**主役（SVOC）と脇役（M）を瞬時に把握し，主役部分を中心に，少しずつ脇役部分の意味が理解できるようになること**です。基礎英文法の確認をしながら，細かい文法事項も少しずつ吸収し，単語力強化にも努めましょう。

練習問題 ①

(1) 目標時間を目安に文章を読みましょう。分かる範囲で構いませんよ。

🕐 **目標時間：45秒**

❶Despite being rooted in the artistic trends of its era, the sculpture of Louise Nevelson is timelessly striking. ❷Nevelson's signature technique was to appropriate found objects — chiefly wood scraps, many of which had literally been thrown away on the street — and to give them a new life in art. ❸She arranged them in wooden boxes that were then put together in sizable new shapes, or "assemblages," which she spray-painted black or silver. ❹Many of her works were installations that occupied entire rooms.

Vocabulary & Phrase
be rooted in ～ ～に根差している／era 名 時代／sculpture 名 彫刻／timelessly 副 時代を超えて／striking 形 印象的な／signature 形 特徴的な／appropriate 動 を使用する／chiefly 副 主に／scrap 名 廃物／literally 副 文字どおりに／throw away ～ ～を捨てる／sizable 形 かなり大きな／installation 名 設置（物）／occupy 動 を占有する／entire 形 全体の

---

(2) 上の英文をノートに書き写し，主役のSVOCに線を引いてみましょう。また，脇役（M）を [ ] でくくって文構造を確認しましょう。

文法&意味解説

ここから、文法と意味を解説していきます。長い文もありましたが、「長い文＝脇役（M）が多いだけ」ということを忘れずに！！

❶ [Despite being rooted in the artistic trends of its era],
　　根差しているにもかかわらず　　当時の芸術的流行に

the sculpture [of Louise Nevelson] is [timelessly] striking.
　　　S　　　　　　　　　　　　　V　　　C
　ルイーズ・ネヴェルソンの彫刻は　　　時代を超えて鮮烈な印象を放つ

解説 despite「〜にもかかわらず」は前置詞であることをしっかり覚えてくださいね。前置詞の後ろには必ず名詞がくるので、despiteの後ろのbeがbeingと動名詞（動詞が名詞になったもの）になっています。despite = in spite of 〜 も覚えましょう！

訳 当時の芸術的流行に根差しているにもかかわらず、ルイーズ・ネヴェルソンの彫刻は時代を超えて鮮烈な印象を放つ。

---

❷ Nevelson's signature technique was to appropriate found objects
　　　　　　S　　　　　　　　　　　V　　　　C
　ネヴェルソンの特徴的な技法は　　　　拾得した物を用いることだった

— [chiefly wood scraps],
　　　　先行詞↑
　　主に木の廃材で

　　　[many of which had literally been thrown away on the street] —
　　　　　　関係代名詞
　　　その多くは文字通り路上に捨てられていた

and to give them a new life [in art].
　　　　　　　C
　そして芸術として新しい命をそれらに与えること

解説 to appropriate ... and to give ... の並列関係に気づきましたか？　ダッシュにはさまれた部分は**脇役（M）で、その前の部分（found objects）を説明**しています。

訳 ネヴェルソンの特徴的な技法は、拾得した物—主に木の廃材で、その多くは文字通り、路上に捨てられていたものだったが—を用いること、そして、それらに芸術として新しい命を与えることだった。

❸ She arranged them [in wooden boxes]
　　S　　V　　　O　　　　　先行詞
　彼女はそれらを配置した　木製の箱の中に

　[that were then put together in sizable new shapes, or "assemblages,"]
　関係代名詞　　　　　　　　　　　　　　　　　　　　　　　　　先行詞
　　それから組み立てられた　　　　　大きな新しい形，すなわち「アッサンブラージュ」に

　　　[which she spray-painted black or silver].
　　　関係代名詞
　　　　　彼女はそれらを黒や銀色にスプレーで塗装した

解説 A, or B の or は「すなわち」という意味で「**同格の or**」といいます。こんな同格もあるんですね。paint O C「O を C に塗る」も覚えましょう。

訳 彼女は木製の箱にそれらを配置し，それらは黒や銀色にスプレーで塗装した大きな新しい形，すなわち「アッサンブラージュ」に組み立てられた。

❹ Many [of her works] were installations [that occupied entire rooms].
　　S　　　　　　　　　　V　　C（先行詞）　　関係代名詞
　彼女の作品の多くは　　　　設置品だった　　　部屋全体を占有する

解説 that 以下が installations を説明しています。この文からも，ネヴェルソンの作品，つまり前文に登場した「アッサンブラージュ」が大きなものだと分かりますね。

訳 彼女の作品の多くは，部屋全体を占有する設置品だった。

Training

さあ，仕上げのトレーニングです。このトレーニングによって英文を読んで理解するスピードが上がり，試験で「正解する」ための**「使える読解力」**が鍛えられますので，がんばりましょう！！

❶ 音まねシャドーイング（2回）

付属 CD のすぐ後についてシャドーイングしましょう。

❷ スラッシュリーディング（2回）

スラッシュごとにポーズを取りながら，読んでみましょう。

❸ 意味取りシャドーイング（2回）

CD に続いて，今度は意味も意識しながらシャドーイングしましょう。

> 3 Despite being rooted/ in the artistic trends of its era,/ the sculpture of Louise Nevelson/ is timelessly striking.// Nevelson's signature technique/ was to appropriate found objects/ — chiefly wood scraps,/ many of which had literally been thrown away on the street/ — and to give them a new life in art.// She arranged them in wooden boxes/ that were then put together/ in sizable new shapes,/ or "assemblages,"/ which she spray-painted black or silver.// Many of her works were installations/ that occupied entire rooms.//

地道なトレーニング，お疲れさま。もうひとつ，練習問題にトライしましょう！！

練習問題 ②

(1) 練習問題①と同様に，目標時間を目安に文章を読みましょう。

目標時間：90秒

❶Despite their large populations, crows are among the most difficult birds to study. ❷They are unusually adept at avoiding people, including experienced researchers, and are notoriously difficult to capture and tag for monitoring in the wild. ❸Thus, while their intelligence has long been recognized by scientists, its dimensions have not been systematically mapped out.

❹Recently, some progress has been made. ❺Researchers studying tool use among crows in New Zealand have compiled a growing mass of evidence that some crows are more advanced in their use of tools than primates such as chimpanzees, long believed to be the most intelligent animals next to humans. ❻These crows eat insects that live in tree hollows; therefore, they need a way to fish them out. ❼The crows studied cut long pieces from stiff but flexible leaves to use as digging and hooking tools.

Vocabulary & Phrase
population 名 個体数／crow 名 カラス／unusually 副 非常に／adept at ～ ～が巧みな／notoriously 副 悪名高くも／capture 動 を捕獲する／tag 動 に目印をつける／monitor 動 を監視する／in the wild 野生で／intelligence 名 知能／recognize 動 だと分かる／dimension 名 特質／map out ～ ～をはっきりと描く／compile 動 を集める／advanced 形 進んだ／primate 名 霊長類／insect 名 昆虫／hollow 名 空洞／fish out ～ ～を釣り出す／stiff 形 硬い／flexible 形 しなやかな／leaf 名 葉／digging 形 つつく／hooking 形 引っかける

(2) 前ページの英文をノートに書き写し，主役のSVOCに線を引いてみましょう。また，脇役（M）を [　] でくくって文構造を確認しましょう。

文法＆意味解説

ここから，文法と意味を解説していきます。長い文もありましたが，「長い文＝脇役（M）が多いだけ」ということを忘れずに！！

❶ [Despite their large populations], crows are [among the most difficult birds to study].
　　　　　　　　　　　　　　　　　　 S　　　V
　その多くの個体数にもかかわらず　カラスは ～である　研究するのが最も困難な鳥の1つ

解説 despite「～にもかかわらず」は前置詞，覚えていましたか？ among（前置詞）は「～の間の」以外に〈among the 最上級＋複数名詞〉＝〈one of the 最上級＋複数名詞〉「最も～な1つ／1人」という意味にもなります。
（例）Tom is among the tallest students in the class. = Tom is one of the tallest students in the class.（トムはクラスで最も背の高い学生の1人です）

訳 その多くの個体数にもかかわらず，カラスは研究するのが最も困難な鳥の1つである。

❷ They are [unusually] adept [at avoiding people], [including experienced researchers],
　 S　 V　　　　　　　　 C
　カラスは非常に巧みである　人間を避けるのが　　経験を積んだ研究者を含めて

and are [notoriously] difficult [to capture and tag for monitoring in the wild].
　　　 V　　　　　　　　　　 C
　そして難しいことで知られている　野生における監視のために捕獲して目印をつけること

解説 including「～を含めて」は前置詞。～ingというカタチからは前置詞ということ

訳 カラスは，経験を積んだ研究者を含めて人間を避けるのが非常に巧

がピンとこないかもしれませんが、よく使う前置詞なので、覚えておきましょう！

みであり、野生における監視のために捕獲して目印をつけるのが難しいことで知られている。

❸ [Thus], [while their intelligence has long been recognized by scientists],
　　　　　　　　　　　　　 S'　　　　　　　　V'（has been recognized）
したがって　彼らの知能が科学者によって昔から知られている一方

　　　its dimensions have not been systematically mapped out.
　　　　　　S　　　　　　　V（have been mapped out）
　　　その知能の特質が　系統的に述述されることはなかった

解説 while「〜だが一方」は副詞節を作る接続詞、覚えていましたか？　忘れていた場合はp.24を再度チェックしましょう！

訳 したがって、彼らの知能が科学者によって昔から知られている一方、その知能の特質が系統的に述述されることはなかった。

❹ [Recently], some progress has been made.
　　　　　　　　　　S　　　　　V
　　最近　　　　いくらかの進展が　見られてきた

❺ Researchers [studying tool use among crows] [in New Zealand]
　　　S
　　研究者たちが　　カラスの間の道具の使用を調査している　　ニュージーランドで

　　have compiled a growing mass of evidence
　　　　V　　　　　　　　　　O
　　収集している　　ますます多くの証拠を

　　　　　　[that some crows are more advanced in their use of tools
　　　　　　　　　　　　S　　　V　　比較級
　　　　　　　　　　より進んでいるカラスもいる　　　　　道具の使用において

　　　　　　　　　　　　　　　　　than primates such as chimpanzees],
　　　　　　　　　　　　　　　　　than＋比較の対象
　　　　　　　　　　　　　　　　　チンパンジーなどの霊長類よりも

　　[long believed to be　the most intelligent animals　next to humans].
　　〜であると長い間信じられていた　最も知能が高い動物　　人間に次いで

解説 thatは「同格のthat（p.32参照）」でevidenceを説明しています。英文中に比較級がある場合は**「何と何が比較されているか」**を確認することが大切です（ここではsome crowsとprimates）。long believed以下はprimates such as chimpanzeesを修飾しています。

訳 最近、いくらかの進展が見られてきた。ニュージーランドでカラスの道具の使用を調査している研究者たちが、人間に次いで最も知能が高い動物であると長い間信じられていたチンパンジーなどの霊長類よりも、道具の使用においてより進んでいるカラスもいるという、ますます多くの証拠を収集している。

47

❻ These crows eat insects ←
　　　S　　　V　　O（先行詞）
　これらのカラスは昆虫を食べる

[that live in tree hollows];
　関係代名詞
　木の空洞に住む

[therefore], they need a way　　　　[to fish them out].
　　　　　　　　S　　V　　O
　したがって　これらのカラスは手段を必要とする　昆虫を釣り出す

解説 セミコロン (;) には接続詞と同様に「文と文をつなぐ」という役割があります。
（例）Mike wanted to go out with Nancy; however, he was not able to make it.（マイクはナンシーとデートに行きたかったが、成功しなかった）

訳 これらのカラスは木の空洞に住む昆虫を食べるので、それらを釣り出す手段を必要とする。

---

❼ The crows [studied] cut long pieces [from stiff but flexible leaves]
　　　S　　　　　　　　　V　　　O
　調査されたカラスは　　　　長い破片を切り取った　堅いがしなやかな葉から

[to use as digging and hooking tools].
　つついて引っかける道具として使うために

解説 studied（過去分詞）が後ろからThe crows（名詞）を修飾しています。stiff but flexible leavesの部分はちょっと構造がつかみにくいかもしれませんが、stiff（形容詞）とflexible（形容詞）がともにleaves（名詞）を修飾しています。〈形容詞 but 形容詞＋名詞〉というカタチで覚えてしまいましょう。

訳 調査されたカラスは、つついて引っかける道具として使うために、堅いがしなやかな葉から長い破片を切り取った。

Training

さあ，仕上げのトレーニングです。このトレーニングによって英文を読んで理解するスピードが上がり，試験で「正解する」ための**「使える読解力」**が鍛えられますので，がんばりましょう！！

❶ 音まねシャドーイング（2回）

付属CDのすぐ後についてシャドーイングしましょう。

❷ スラッシュリーディング（2回）

スラッシュごとにポーズを取りながら，読んでみましょう。

❸ 意味取りシャドーイング（2回）

CDに続いて，今度は意味も意識しながらシャドーイングしましょう。

---

④ Despite their large populations,/ crows are among the most difficult birds to study.// They are unusually adept at avoiding people,/ including experienced researchers,/ and are notoriously difficult to capture and tag/ for monitoring in the wild.// Thus,/ while their intelligence has long been recognized by scientists,/ its dimensions have not been systematically mapped out.//

⑤ Recently,/ some progress has been made.// Researchers studying tool use among crows in New Zealand/ have compiled a growing mass of evidence/ that some crows are more advanced in their use of tools/ than primates such as chimpanzees,/ long believed to be the most intelligent animals/ next to humans.// These crows eat insects/ that live in tree hollows;/ therefore,/ they need a way to fish them out.// The crows studied/ cut long pieces from stiff/ but flexible leaves/ to use as digging/ and hooking tools.//

「少しトレーニングに慣れてきた」と感じられていれば，それが「成長」です。次のレッスンもがんばってくださいね。

Lesson 5
パッセージのリーディング 基礎編①歴史学

ここからはステップアップして、パッセージのリーディングにトライします。**目標は、400 words 程度（実際の試験の半分程度）のパッセージを100％（つまり文構造と意味まで！）理解できるようになること**です。「少しずつ成長している自分」を感じながら、がんばっていきましょう！

練習問題 ①

(1) 目標時間を目安に次のパッセージを読みましょう。分かる範囲で構いませんよ。

🕐 **目標時間：3分**

The Bridges of the Inca Empire

[1] ❶The Inca Empire lasted for several hundred years, until the middle of the sixteenth century, leaving behind a system of rope bridges that testified to unusual resourcefulness in engineering. ❷At its height, it stretched over two million square kilometers up and down the west coast of South America, covering parts of modern-day Chile, Peru, and Argentina. ❸It consisted of many varied groups of people, each with its own language, ethnicity, and traditions. ❹These groups of people often lived in remote areas, separated from each other by not only long distances but also forbidding mountains, valleys, and other landforms that were extremely challenging to cross.

[2] ❶Even so, the empire was united by both its government and its religious practices, which required people to be able to travel to large ceremonial assemblies. ❷This led to the creation of an elaborate network of roads to link its diverse provinces. ❸In order to allow travelers on foot or horseback to pass over steep valleys, the road network incorporated bridges.

[3] ❶Each bridge was made of stout main cables of grass, woven and twisted together for added strength, strung between massive stone anchors at each end. ❷The floor of the bridge was also fashioned from grass, plaited together and reinforced with tree branches. ❸Then it was hung from the main cables by a row of vertical hanger cables, each of which bore only a portion of the weight. ❹The result was a forerunner of the modern suspension bridge made of steel. ❺A newly-built bridge tended to be taut;

however, over time, the weight of foot traffic and the structure itself would invariably cause the middle to sag noticeably, after which the bridge would sway when crossed. ❺This design was perfect for allowing travelers to pass over short distances, such as that above a deep valley with sharp slopes on either side.

④ ❶The Inca people used a complex system of public service called *mita* to provide for the upkeep of the bridges. ❷*Mita* was mandatory for all citizens of the empire on an annual basis, as a duty to their government. ❸Local peasants in each district where a bridge was located were assigned the task of maintaining it, primarily by replacing its cables. ❹The grasses used deteriorated quickly under wear and tear and exposure to the elements; yearly replacement was an important measure to ensure safety for those using the bridge.

Vocabulary & Phrase

① empire 名 帝国／last 動 続く／leave behind ～ ～を残す／testify to ～ ～を証明する／resourcefulness 名 機知に富むこと／engineering 名 工学／at one's height ～の絶頂期に／stretch 動 広がっている／consist of ～ ～からなる／ethnicity 名 民族性／forbidding 形 険しい／landform 名 地形／extremely 副 極端に／challenging 形 厳しい

② even so たとえそうであっても／unite 動 を団結させる／government 名 政治／religious 形 宗教の／practice 名 行為／ceremonial 形 儀式の／assembly 名 集会／A lead to B AはBの原因となる／elaborate 形 複雑な／diverse 形 多様な／province 名 地域／allow O to do Oが～することを可能にする／on foot 徒歩で／on horseback 馬に乗って／steep 形 険しい／valley 名 谷／incorporate 動 を組み込む

③ be made of ～ ～で作られている／stout 形 頑丈な／grass 名 草／weave 動 を編む (weave-wove-woven)／twist 動 をより合わせる／strength 名 強さ／string 動 を結ぶ (string-strung-strung)／massive 形 大きな／anchor 名 支え／fashion 動 を作る／plait 動 を編む／reinforce 動 を強化する／branch 名 枝／hang 動 をつるす (hang-hung-hung)／vertical 形 縦の／bear 動 を支える (bear-bore-born)／forerunner 名 先駆者／suspension bridge 吊り橋／taut 形 ぴんと張った／invariably 副 常に／cause O to do Oに～を引き起こす／noticeably 副 著しく／sway 動 揺れる／slope 名 坂

④ complex 形 複雑な／public 形 公共の／provide for ～ ～を提供する／upkeep 名 維持／mandatory 形 強制的な／on an annual basis 毎年／duty 名 義務／government 名 政府／local 形 地元の／peasant 名 農民／district 名 地区／locate 動 を置く／assign 動 を割り当てる／task 名 作業／maintain 動 をメンテナンスする／primarily 副 主に／replace 動 を交換する／deteriorate 動 劣化する／wear and tear 摩損／exposure to the elements 風雨にさらされること／yearly 形 毎年の／replacement 名 交換／measure 名 手段／ensure 動 を確保する

---

(2) p.50〜51の英文をノートに書き写し，脇役（M）を [ ] でくくって文構造と意味を確認しましょう。

文法&意味解説

少しずつ読解力が身についてきていると思いますので、ここからは、重要なポイントと分かりにくい部分に絞って説明をしていきます。第1段落はLesson 3 (p.35〜36) で解説しましたので、第2段落から始めますね。

2 ❶[Even so], the empire was united [by both its government and its religious practices], [which required people to be able to travel to large ceremonial assemblies]. ❷This led to the creation [of an elaborate network of roads] [to link its diverse provinces]. ❸[In order to allow travelers on foot or horseback] [to pass over steep valleys], the road network incorporated bridges.

解説 ❶Even so「たとえそうであっても」は対比を表す*論理マーカー。関係代名詞whichの先行詞はits religious practices。❷A lead (lead-led-led) to B「AはBの原因となる」は因果関係を表す論理マーカー。A contribute to B「AはBの一因になる」、A account for B「AはBの主な原因となる」と一緒に覚えましょう！

訳 ❶それにもかかわらず、帝国はその政治と宗教行為によって団結し、その宗教行為は大きな儀礼集会へと人々が旅行できることが必要だった。❷このため、多様な地域を結ぶ複雑な道路網が作られることになった。❸旅行者が徒歩または馬に乗って険しい谷を越えることを可能にするために、道路網に橋が加えられた。

*論理マーカー：話の流れを示す（例えば、「逆の話をしますよ」、「具体的な例がこの後に続きますよ」）もので、代表的なものとしては、but「しかし」、for example「例えば」があります。p.244〜245に論理マーカーをまとめてありますので、確認し、すべての表現を覚えましょう！

3 ❶Each bridge was made of stout main cables [of grass], [woven and twisted together for added strength], [strung between massive stone anchors at each end]. ❷The floor [of the bridge] was [also] fashioned [from grass], plaited together and reinforced [with tree branches]. ❸Then it was hung [from the main cables] [by a row of vertical hanger cables], [each of which bore only a portion of the weight]. ❹The result was a forerunner [of the modern suspension bridge] [made of steel]. ❺A newly-built bridge tended to be taut; [however], [over time], the weight [of foot traffic and the structure itself] would [invariably] cause the middle [to sag noticeably], [after which the bridge

would sway when crossed]. ❺This design was perfect [for allowing travelers to pass over short distances], [such as that above a deep valley with sharp slopes on either side].

解説 ❶woven and twisted ... strengthはgrassを，strung ... endはwas made of（またはgrassと考えてもOK）をそれぞれ修飾しています。❷fashioned from grass, plaited together, reinforced with tree branchesは並列関係です。❸関係代名詞whichの先行詞はa row of vertical hanger cablesです。❺セミコロン（;）は「文と文をつなぐ」接続詞と同等の役割をするのでしたよね，覚えていますか？ whichの先行詞は直前の節全体（the weight ... noticeably）です。ほとんどの場合，先行詞は名詞ですが，たまに節になったりします。after whichを訳すときは「その後で」という感じでOKですよ。❻that＝a short distanceですね。

訳 ❶それぞれの橋は，強度を増すために編んでより合わせた頑丈な草のメインケーブルで作られ，両端を大きな固定石に結ばれた。❷橋の底面も草で作られ，編み合わされ，木の枝で強化された。❸そして，橋は，連なった縦の吊りケーブルによってメインケーブルから吊るされ，各ケーブルが重さのほんの一部のみを支えるようになっていた。❹そうしてできた橋は，現代の鋼鉄製吊り橋の先駆けとなるものだった。❺新しく作られた橋はピンと張っている傾向にあったが，しかし時間とともに橋を渡る人々や構造自体の重みからいつも中央部が著しく下がり，その後で横断する際に橋が揺れるようになった。❻このような設計は，両側が急な坂になっている深い谷間などの短距離を旅行者が通過するには最適であった。

---

4 ❶The Inca people used a complex system [of public service] [called *mita*] [to provide for the upkeep of the bridges]. ❷*Mita* was mandatory [for all citizens of the empire] [on an annual basis], [as a duty to their government]. ❸Local peasants [in each district] [where a bridge was located] were assigned the task [of maintaining it], [primarily by replacing its cables]. ❹The grasses [used] deteriorated [quickly] [under wear and tear and exposure to the elements]; yearly replacement was an important measure [to ensure safety] [for those using the bridge].

解説 ❶過去分詞 called *mita* は後ろから a complex system of public serviceを修飾しています。❸where a bridge was locatedはeach districtを修飾しています。❹過去分詞usedは後ろからThe grassesを修飾しています。wear and tear「摩耗」とexposure to

訳 ❶インカの人々は，橋の維持のために「ミタ」と呼ばれる複雑な公共サービスのシステムを用いていた。❷ミタは，政府への義務として，毎年帝国の全国民に強制された。❸橋がある各地区の地元農家には橋のメンテナンス作業が割り当てられ，主にケーブルの交換が行われた。❹使

the elements「風雨にさらされること」が並列関係です。those using the bridge は those の後ろに people が省略されている (those people using the bridge) と考えると分かりやすいですよ。

われた草は摩耗や風雨にさらされることにより急速に劣化した。そのため、毎年の交換は、橋の利用者の安全を確保するための重要な手段であった。

> 結構、「ガチンコ」な学習でしたね。ちょっと休憩し、リフレッシュしてから次に進んでもいいですよ。

練習問題 ②

ここまで読んできたパッセージを使って、TOEFL形式の問題にチャレンジしましょう。改めてパッセージを読んでから、問題 (1〜6) を解きましょう。

目標時間：3分

The Bridges of the Inca Empire

[1] The Inca Empire lasted for several hundred years, until the middle of the sixteenth century, leaving behind a system of rope bridges that testified to unusual resourcefulness in engineering. At its height, it stretched over two million square kilometers up and down the west coast of South America, covering parts of modern-day Chile, Peru, and Argentina. It consisted of many varied groups of people, each with its own language, ethnicity, and traditions. These groups of people often lived in remote areas, separated from each other by not only long distances but also forbidding mountains, valleys, and other landforms that were extremely challenging to cross.

[2] Even so, the empire was united by both its government and its religious practices, which required people to be able to travel to large ceremonial assemblies. This led to the creation of an elaborate network of roads to link its diverse provinces. In order to allow travelers on foot or horseback to pass over steep valleys, the road network incorporated bridges.

[3] Each bridge was made of stout main cables of grass, woven and twisted together for added strength, strung between massive stone anchors at each end. The floor of the bridge was also fashioned from grass, plaited together and reinforced with tree branches. Then it was hung from the main cables by a row of vertical hanger cables, each of which bore only a portion of the weight. The result was a forerunner of the modern suspension bridge made of steel. A newly-built bridge tended to be taut;

however, over time, the weight of foot traffic and the structure itself would invariably cause the middle to sag noticeably, after which the bridge would sway when crossed. This design was perfect for allowing travelers to pass over short distances, such as that above a deep valley with sharp slopes on either side.

4 The Inca people used a complex system of public service called *mita* to provide for the upkeep of the bridges. Mita was mandatory for all citizens of the empire on an annual basis, as a duty to their government. Local peasants in each district where a bridge was located were assigned the task of maintaining it, primarily by replacing its cables. The grasses used deteriorated quickly under wear and tear and exposure to the elements; yearly replacement was an important measure to ensure safety for those using the bridge.

目標時間：7分

1. The word "forbidding" in the passage is closest in meaning to
   (A) distinct (B) explored (C) dangerous (D) featureless

2. According to paragraph 1 and 2, which of the following is NOT mentioned as a reason the Inca Empire needed rope bridges?
   (A) The need to attend religious gatherings
   (B) Terrain that was difficult to travel over
   (C) The lack of horses to provide long-distance transportation
   (D) The long distances separating groups of people

3. According to paragraph 3, what was used to strengthen the floor of the bridge?
   (A) Stone anchors   (B) Tree branches
   (C) Vertical hanger cables (D) Steel

4. The word "taut" in the passage is closest in meaning to
   (A) very strong   (B) unstable
   (C) light in weight   (D) stretched tight

5. The purpose of paragraph 4 is to explain how
   (A) bridge building technology was shared within the empire
   (B) Inca peoples maintained a supply of grasses for bridge building
   (C) the bridges were paid for
   (D) the bridges were cared for

55

6. Which of the following statements is best supported by the passage?
   (A) Some Inca rope bridges are still being used today.
   (B) There are many modern suspension bridges in regions that were formerly part of the Inca Empire.
   (C) The Inca rope bridge was well suited to the environment where it was used.
   (D) The Inca Empire eventually stopped using the *mita* system for the upkeep of bridges.

> お疲れさまでした。難しかったですか？
> まだ，正解率は気にせず，解説をしっかり
> 理解することに集中しましょう！

正解と解説

1. 正解 (C)
パッセージ中の単語forbiddingに最も意味が近いのは
(A) 異なる　　　(B) 調査された　　(C) 危険な　　(D) 特色のない

解説 forbiddingは「険しい」という意味。第1段落4文目forbidding mountains, ... that were extremely challenging to cross「横断するのが極めて困難である forbiddingな山や…」からマイナスイメージの単語だと推測することが可能です。mountains ... landformsをforbiddingとthat were extremely challenging to crossがともに修飾していることから，これらが**似た意味の表現**だと推測できます。

2. 正解 (C)
第1段落と第2段落によると，次のうち，インカ帝国がロープ吊り橋を必要とした理由として言及されていないのはどれか。
(A) 宗教的な集会に参加する必要性　(B) 旅行するのが困難な地形
(C) 長距離輸送を提供する馬の不足　(D) 人々の集団を分け隔てている長い道のり

解説 「インカ帝国がロープ吊り橋を必要とした理由」が書かれている部分を，**選択肢のキーワードを使って探しましょう**。(A) attend religious gatherings ⇒ 第2段落1文目travel to large ceremonial assemblies「大きな儀礼集会へ旅行する」，(B) difficult to travel over ⇒ 第1段落4文目extremely challenging to cross「横断するのが極めて困難」，(D) the long distances separating groups of people ⇒ 第1段落4文目separated from each other by ... long distances「長い道のり…によってお互いと隔てられていた」。よって，正解は(C)。

3. 正解 (B)
第3段落によると，橋の底面を強化するために何が使われたか。

(A) 固定石　　　　(B) 木の枝　　　(C) 縦の吊りケーブル　(D) 鋼鉄

解説 設問文のキーワード（**strengthen the floor of the bridge**「橋の底面を強化する」）を使って，正解の根拠を探しましょう。第3段落2文目に「橋の底面も木の枝で強化された」とあるので，正解は(B)。(A) stone anchorsは1文目に「両端を大きな固定石に結ばれた」とありますが，「橋の底面の強化」とは関係がありません。

4. 正解 **(D)**

パッセージ中の単語tautに最も意味が近いのは
(A) 非常に強い　　(B) 不安定な　　(C) 重量が軽い　　(D) ピンと張った

解説 taut「ピンと張った」。**論理マーカーhowever**に注意しながらtautが含まれる第3段落5文目の意味を考えましょう。「新しく作られた橋はtautな傾向にあった」，「しかし時間とともに橋を渡る人々や構造自体の重みから中央部が著しくsagした」とあるので，tautとsagは時間とともに変化する**反対の意味の表現**と推測できませんか？ ここから「新しい吊り橋は**ピンと張っていた**が，時間とともに重さで**たるんだ**んじゃないかな」と推測できれば，(D)を正解に選ぶことができます。sagの意味は「たるむ」です。

5. 正解 **(D)**

第4段落の目的は，次のどの方法を説明することか
(A) 橋の建設技術が帝国内で共有された方法
(B) インカの人々が橋建設のための草の供給を維持した方法
(C) 橋の費用が支払われた方法
(D) 橋が手入れされた方法

解説 段落の目的が問われている場合は，1文目に着眼しましょう。第4段落1文目で「橋の維持のために複雑な公共サービスのシステムを用いていた」と述べているので，この段落は「橋を維持するための方法」を説明すると分かります。

6. 正解 **(C)**

次のうちどの記述がパッセージの内容と最も合っているか。
(A) インカのロープ吊り橋には今日まだ使われているものもある。
(B) 以前インカ帝国の一部だった地域には，多くの近代的吊り橋が存在する。
(C) インカのロープ吊り橋は，それが使われた環境に非常に適していた。
(D) インカ帝国は，橋の維持のために「ミタ」システムを利用することを最終的に止めた。

解説 各段落の要旨を考えてみましょう。第1段落「インカ帝国がロープ吊り橋を持っていたこと」，第2段落「インカ帝国がなぜロープ吊り橋が必要だったか」，第3段落「ロープ吊り橋がどんな材料でどのように作られていたか」，第4段落「ロープ吊り橋を維持するための方法」。以上からパッセージ全体の要旨は「インカ帝国はロープ吊り橋が必要な場所で，その橋はこのように作られ，維持されていた」となるので(C)が正解です。(A)「今日まだ使われているものもある」，(B)「多くの近代的吊り橋が存在する」，(D)「橋の維持のために『ミタ』システムを利用することを最終的に止めた」とはそれぞれ述べられていません。

Training

さあ，仕上げのトレーニングです。**段落ごとに**❶〜❸を行ってくださいね。

❶ 音まねシャドーイング（2回）

付属CDのすぐ後についてシャドーイングしましょう。

❷ スラッシュリーディング（2回）

スラッシュごとにポーズを取りながら，読んでみましょう。

❸ 意味取りシャドーイング（2回）

CDに続いて，今度は意味も意識しながらシャドーイングしましょう。

The Bridges of the Inca Empire

1　The Inca Empire/ lasted for several hundred years,/ until the middle of the sixteenth century,/ leaving behind a system of rope bridges/ that testified to unusual resourcefulness in engineering.// At its height,/ it stretched over two million square kilometers/ up and down the west coast of South America,/ covering parts of modern-day Chile, Peru, and Argentina.// It consisted of many varied groups of people,/ each with its own language, ethnicity, and traditions.// These groups of people/ often lived in remote areas,/ separated from each other/ by not only long distances/ but also forbidding mountains, valleys, and other landforms/ that were extremely challenging to cross.//

2　Even so,/ the empire was united by both its government/ and its religious practices,/ which required people to be able to travel/ to large ceremonial assemblies.// This led to the creation/ of an elaborate network of roads/ to link its diverse provinces.// In order to allow travelers on foot/ or horseback/ to pass over steep valleys,/ the road network incorporated bridges.//

3　Each bridge was made of stout main cables of grass,/ woven and twisted together for added strength,/ strung between massive stone anchors at each end.// The floor of the bridge was also fashioned from grass,/ plaited together/ and reinforced with tree branches.// Then it was hung from the main cables/ by a row of vertical hanger cables,/ each of which bore only a portion of the weight.// The result/ was a forerunner of the modern suspension bridge/ made of steel.// A newly-built bridge tended to be taut;/ however,/ over time,/ the weight of foot traffic/ and the structure itself/ would invariably cause the middle to sag noticeably,/ after which the bridge would sway when crossed.// This design was perfect/ for allowing travelers to pass over short distances,/ such as that above a deep valley/ with sharp slopes on either side.//

4 The Inca people/ used a complex system of public service/ called *mita*/ to provide for the upkeep of the bridges.// *Mita* was mandatory/ for all citizens of the empire/ on an annual basis,/ as a duty to their government.// Local peasants in each district/ where a bridge was located/ were assigned the task of maintaining it,/ primarily by replacing its cables.// The grasses used/ deteriorated quickly under wear and tear/ and exposure to the elements;/ yearly replacement/ was an important measure to ensure safety/ for those using the bridge.//

パッセージでのトレーニングは疲れますよね。「疲れた」と感じているってことは、リーディング力とリスニング力が身についてきている証ですよ。自分のがんばりに自信を持って、学習を継続しましょう！

Lesson 6
パッセージのリーディング 基礎編②天文学

前のレッスンは歴史学（インカ帝国の橋）のパッセージでしたね。このレッスンでは，天文学のリーディングにトライします。ここでの目標も，**400 words 程度のパッセージを100％（つまり文構造と意味まで！）理解できるようになる**ことです。天文学の話は本試験でよく出題されるので，がんばっていきましょう！

練習問題 ①

(1) 目標時間を目安にパッセージを読みましょう。分かる範囲で構いませんよ。

⏱ 目標時間：3分

What Is a Planet?

1 ❶A long-standing debate was addressed, if not entirely settled, when the International Astronomical Union (IAU) issued updated criteria for classifying an object as a *planet* in August 2006. ❷According to the new guidelines, a planet (1) must be an object that orbits the Sun, (2) must have sufficient mass to retain a stable round shape, and (3) must have "cleared its neighborhood," which is to say that it has pulled all objects found along its orbit into its own gravitational zone. ❸A planet must not share space with other objects that revolve around the Sun independently.

2 ❶Of these criteria, the first two are universally accepted; it is the third that is contentious. ❷Traditionally, there was no need to set a firm limit on whether a newly discovered orbiting body was large enough to be a planet, because objects that were too small to pull everything in their vicinity into their own gravitational zone were generally also too small for astronomers to detect. ❸But technological progress has increased the resolution power of telescopes, allowing astronomers today to study even tiny objects in our solar system and others. ❹In contemporary astronomy, defining a *planet* as having a definite minimum size and gravitational pull directly affects the categorization of known objects in the solar system.

3 ❶The most significant example is Pluto. ❷Pluto had been regarded as the ninth planet since it was discovered in 1930, but it was always the odd one out in several ways. ❸The eight known planets have orbits that are nearly circular and lie in the same

plane; the plane is called the ecliptic. ❹Pluto has an orbit that is highly eccentric (oval rather than circular) and lies at a noticeable angle to the ecliptic.

4 ❶But what distinguishes Pluto most from the other eight planets is its size. ❷Pluto is less massive not only than the planet Mercury but also than Earth's moon. ❸It has a powerful enough gravitational pull to have three known moons of its own, but not, astronomers have found, to clear its neighborhood. ❹At the same distance from the Sun as Pluto, in a zone known as the Kuiper Belt, researchers have found that it has neighbors: sizable orbiting objects that are nearly its size. ❺Because Pluto does not meet the IAU's third criterion for classification as a planet in the same league as Mercury, that body now designates it a *dwarf planet*.

Vocabulary & Phrase

1 long-standing 形 長年にわたる／debate 名 議論／address 動（問題など）に取り組む／settle 動 を解決する／issue 動 を公表する／criteria 名 基準（criterionの複数形）／classify A as B AをBに分類する／according to 〜 〜によれば／orbit 動 の周りを回る／sufficient 形 十分な／mass 名 質量／retain 動 を保つ／stable 形 安定した／neighborhood 名 近隣／gravitational 形 重力の／revolve 動 回る／independently 副 独立して

2 universally 副 広く，一般に／contentious 形 異論の多い／firm 形 断固とした／orbiting 形 軌道を回る／too 〜 (for A) to do 〜すぎて（Aには）…できない／pull A into B AをBに引き込む／vicinity 名 付近／astronomer 名 天文学者／detect 動 を発見する／resolution power 分解能／telescope 名 望遠鏡／allow O to do Oが〜することを可能にする／tiny 形 とても小さい／solar system 太陽系／contemporary 形 現代の／astronomy 名 天文学／define A as B AをBと定義する／definite 形 一定の／gravitational pull 引力／affect 動 に影響を与える／categorization 名 分類

3 significant 形 重要な／Pluto 名 冥王星／regard A as B AをBとみなす／odd one out 異質なもの／orbit 名 軌道／nearly 副 ほとんど／circular 形 円の／lie 動 存在する／plane 名 平面／call O C OをCと呼ぶ／ecliptic 名 黄道／eccentric 形 偏心の／oval 形 楕円形の／noticeable 形 顕著な／angle 名 角度

4 distinguish A from B AをBと区別する／massive 形 巨大な／Mercury 名 水星／researcher 名 研究者／neighbor 名 隣り合うもの／sizable 形 相当の大きさの／meet 動 を満たす／classification 名 分類／league 名 部類／designate O C OをCに指定する／dwarf planet 準惑星

---

(2) p.60〜61の英文をノートに書き写し，脇役（M）を［ ］でくくって文構造と意味を確認しましょう。

文法&意味解説

ここから, 文法と意味を解説していきます。長い文でも焦らず, 脇役 (M) を [　] でくくりながら落ち着いて理解しましょう！　第1段落はLesson 3 (p.39～40) で解説しましたので, 第2段落から始めますね。

② ❶[Of these criteria], the first two are [universally] accepted; it is the third [that is contentious]. ❷[Traditionally], there was no need [to set a firm limit] [on whether a newly discovered orbiting body was large enough to be a planet], [because objects that were too small to pull everything in their vicinity into their own gravitational zone were generally also too small for astronomers to detect]. ❸But technological progress has increased the resolution power [of telescopes], [allowing astronomers today to study even tiny objects in our solar system and others]. ❹[In contemporary astronomy], defining a *planet* as having a definite minimum size and gravitational pull [directly] affects the categorization [of known objects in the solar system].

解説 ❶**it** is the third **that** ... は **It ～ that ...** の**強調構文**です。これは強調したい語句を～の部分に挟んで使います。例えば, **It** was Steve **that** I accidently met at the station yesterday. は,「昨日, 駅で偶然会ったのはスティーブだった」とスティーブを強調しています。❷長くて複雑そうな文ですが, 脇役 (M) を [　] でくくりながら, 落ち着いて考えましょう。whether SV は名詞節です。(例) I do not know whether he can speak Spanish fluently.「彼がスペイン語を流暢に話せるかどうかを私は知らない」(whether以下は動詞knowの目的語です)　because以下は S′ = objects, V′ = were (2つ目) で, 関係代名詞thatからzoneまでがobjectsを修飾しています。❸allowing以下を分詞構文と見抜けましたか？　**SV, doing (分詞構文)**. のカタチの場合, 分詞構文の部分を「**～の結果…になる**」と訳すことが多いです。

訳 ❶これらの基準のうち, 最初の2つは一般的に受け入れられている。意見が分かれるのは3つ目である。❷従来は, 付近にあるすべての物体をそれ自身の重力圏に引き込むことができないほど小さい物体は, たいてい小さすぎて天文学者が発見できなかったため, 新しく発見された周回物体が惑星になれるほど十分に大きいかどうかについて厳しい制限を設ける必要はなかった。❸しかし, 技術の進歩が望遠鏡の分解能を高めた結果, 今日の天文学者は我々の太陽系やその他にあるとても小さな物体までも研究することが可能になった。❹現代の天文学においては,「惑星」を一定の最小サイズと引力を持つものと定義することが, 太陽系の既知の物体の分類に直接的に影響を与える。

3 ❶The most significant example is Pluto. ❷Pluto had been regarded as the ninth planet [since it was discovered in 1930], but it was [always] the odd one out [in several ways]. ❸The eight known planets have orbits [that are nearly circular and lie in the same plane]; the plane is called the ecliptic. ❹Pluto has an orbit [that is highly eccentric (oval rather than circular) and lies at a noticeable angle to the ecliptic].

解説 ❷regard A as B「AをBとみなす」の受動態です。❸関係代名詞thatの先行詞はorbitsです。❹関係代名詞thatの先行詞はan orbitです。(oval rather than circular) はeccentricを説明しています。**カッコ部分の役割は前の言葉を説明することです。対比の論理マーカー rather than 〜「〜よりむしろ」を覚えましょう！**

訳 ❶最も重要な例が冥王星である。❷1930年に発見されて以来、冥王星は9番目の惑星と見なされていたが、いくつかの点で常に異質なものであった。❸8つの既知の惑星は円に近い軌道を持ち、同じ平面上にあり、この平面は黄道と呼ばれている。❹冥王星は、(円というよりむしろ楕円の) 偏心率が高い軌道を持ち、この軌道は黄道に対して顕著な角度をなしている。

4 ❶But what distinguishes Pluto most from the other eight planets is its size. ❷Pluto is less massive not only than the planet Mercury but also than Earth's moon. ❸It has a powerful enough gravitational pull [to have three known moons of its own], but not, [astronomers have found], [to clear its neighborhood]. ❹[At the same distance from the Sun as Pluto], [in a zone known as the Kuiper Belt], researchers have found that it has neighbors: [sizable orbiting objects that are nearly its size]. ❺[Because Pluto does not meet the IAU's third criterion for classification as a planet in the same league as Mercury], that body [now] designates it a *dwarf planet*.

解説 ❶Sは見抜けましたか？ **what ... planets**が名詞節で、Sです。このwhatは「ちょっと変わりモノ」の関係代名詞（→p.32）ですよ。❷A is less massive **not only** than B **but also** than C.「AはBよりも小さいだけではなく、Cよりも小さい」というカタチの文です。❸to have three 以下を整理すると、to *do*, **but not**, [astronomers have

訳 ❶しかし、冥王星が他の8つの惑星と最も異なる点は、その大きさである。❷冥王星は、惑星である水星よりも小さいだけでなく、地球の衛星（月）よりも小さい。❸3つの既知の衛星を持つ程度には十分に強い引力を持っているが、周辺を一掃するほどの引力ではないことを天文学者は発見している。❹冥王星と太陽からの距離が同じであるカイパーベル

found], to do というカタチになっています。to have three known moons of its own と to clear its neighborhood が並列の関係で，間に astronomers have found「天文学者は発見していた」が挿入されています。❹**コロン（:）は前の部分を説明するときに使い**，この文では，コロン以下の sizable orbiting objects that are nearly its size「冥王星に近い相当な大きさの周回物体」が前にある neighbors「近隣物体」を説明しています。❺that body = the IAU，it = Pluto が分かりましたか？ 英文を読むときは，**代名詞が指しているものをきちんと考える**習慣を身につけましょう。

トとして知られている領域に，研究者は冥王星が近隣物体を持つことを発見しており，それらは冥王星に近い相当な大きさの周回物体である。❺冥王星は水星と同列の惑星として分類されるためのIAUの第3基準を満たさないため，現在IAUは冥王星を「準惑星」に指定している。

> お疲れさま！ ちょっと休憩し，リフレッシュしてから次に進んでもいいですよ。

練習問題 ②

ここまで読んできたパッセージを使って，TOEFL形式の問題にチャレンジしましょう。改めてパッセージを読んでから，問題（**1〜6**）を解きましょう。

目標時間：3分

What Is a Planet?

1　A long-standing debate was addressed, if not entirely settled, when the International Astronomical Union (IAU) issued updated criteria for classifying an object as a *planet* in August 2006. According to the new guidelines, a planet (1) must be an object that orbits the Sun, (2) must have sufficient mass to retain a stable round shape, and (3) must have "cleared its neighborhood," which is to say that it has pulled all objects found along its orbit into its own gravitational zone. A planet must not share space with other objects that revolve around the Sun independently.

2　Of these criteria, the first two are universally accepted; it is the third that is contentious. Traditionally, there was no need to set a firm limit on whether a newly discovered orbiting body was large enough to be a planet, because objects that were too small to pull everything in their vicinity into their own gravitational zone were generally also too small for astronomers to detect. But technological progress has increased the resolution power of telescopes, allowing astronomers today to study even tiny objects in our solar system and others. In contemporary astronomy, defining a *planet* as having a definite minimum size and gravitational pull directly affects the categorization of known objects in the solar system.

3 The most significant example is Pluto. Pluto had been regarded as the ninth planet since it was discovered in 1930, but it was always the odd one out in several ways. The eight known planets have orbits that are nearly circular and lie in the same plane; the plane is called the ecliptic. Pluto has an orbit that is highly eccentric (oval rather than circular) and lies at a noticeable angle to the ecliptic.

4 But what distinguishes Pluto most from the other eight planets is its size. Pluto is less massive not only than the planet Mercury but also than Earth's moon. It has a powerful enough gravitational pull to have three known moons of its own, but not, astronomers have found, to clear its neighborhood. At the same distance from the Sun as Pluto, in a zone known as the Kuiper Belt, researchers have found that it has neighbors: sizable orbiting objects that are nearly its size. Because Pluto does not meet the IAU's third criterion for classification as a planet in the same league as Mercury, that body now designates it a *dwarf planet*.

目標時間：7分

1. The purpose of paragraph 2 is to
   (A) describe several alternatives to a criterion given in paragraph 1
   (B) indicate why one of the criteria given in paragraph 1 became necessary
   (C) argue that the criteria given in paragraph 1 are not clear enough
   (D) argue that advances in technology do not always solve scientific problems

2. The word "contentious" in the passage is closest in meaning to
   (A) controversial   (B) scientific
   (C) inaccurate   (D) misunderstood

3. According to paragraph 2, the author implies that the definition of the word *planet* became an important issue when
   (A) astronomers were able to discover increasingly smaller objects
   (B) improved technology cast doubt on the conclusions of previous astronomers
   (C) the ability to measure gravitational pull advanced
   (D) new categories of objects were created

4. The author mentions "Earth's moon" in order to
   (A) indicate how relatively small Pluto is
   (B) draw an analogy with Pluto's moon
   (C) describe the appearance of Pluto's surface
   (D) indicate that Pluto has not been studied thoroughly

5. According to paragraph 3 and 4, which of the following is NOT mentioned in the passage as a characteristic of Pluto that makes it different from the eight known planets?
   (A) The angle of its orbit   (B) The shape of its orbit
   (C) The roundness of its shape   (D) The strength of its gravitational pull

6. The primary purpose of the passage is to
   (A) indicate how a new definition may be flawed
   (B) describe the characteristics of Pluto
   (C) describe a change in scientific thinking
   (D) give an example of a planet

> お疲れさまでした！　1.と6.は特に難しかったかもしれませんね。正解率は気にせず，「解説を理解する」ことに集中しましょう！

正解と解説

1. 正解 (B)
第2段落の目的は
(A) 第1段落で提示された基準に代わるいくつかの選択肢を説明すること
(B) 第1段落で提示された基準の1つがなぜ必要になったかを示すこと
(C) 第1段落で提示された基準が十分に明確でないと主張すること
(D) 技術の進歩が常に科学の問題を解決するわけではないと主張すること

　解説　段落の要旨や目的が問われている場合，まず1文目に着眼しましょう。ここでは，1文目で「（第1段落で述べた）これらの基準のうち，最初の2つは一般的に受け入れられている。意見が分かれるのは3つ目である」と述べているので，これ以降では「意見の分かれる3つ目」について説明すると推測できます。
3文目冒頭の **But（対比の論理マーカー）** に着眼しつつ読んでいくと，「従来は困難だったことが，今日では可能になった」，最後の文で「（可能になったことで，）引力を持つこと（3つ

目の基準）が分類に影響を与えた」，つまり「3つ目の基準が重要になった」と述べています。整理すると，第2段落の流れは「意見の分かれる3つ目（についてこれから説明しますよ）⇒従来は分からなかったことが今日分かってきた⇒（だから）3つ目の基準が重要になった」となり，(B) が正解。

2. 正解 **(A)**
パッセージ中の単語contentiousに最も意味が近いのは
(A) 意見が分かれる (B) 科学的な
(C) 不正確な (D) 誤解された

解説 contentious「意見が分かれる」。第2段落1文目で「（第1段落で述べた）これらの基準のうち，最初の2つは一般的に受け入れられている。contentiousなのは3つ目である」と述べられているので，3つ目は「受け入れられていない（または，**マイナスイメージ**）」と推測できます。(C)，(D) については，第2段落で3つ目の基準が「不正確な」「誤解された」とは述べられていないため，不正解と判断できます。したがって，正解は(A)。

3. 正解 **(A)**
第2段落によると，惑星という言葉の定義が重要な問題になったと筆者がほのめかしているのは
(A) 天文学者がますます小さな物体を発見できるようになったとき
(B) 改善された技術が以前の天文学者の結論に疑問を投げかけたとき
(C) 引力を測定する能力が進歩したとき
(D) 物体の新しい分類が作られたとき

解説 設問文のキーワード（definition「定義」）から，正解の根拠を探しましょう。第2段落3文目に「今日，とても小さな物体までも研究することが可能になった」，4文目に「（だから）『惑星』が引力を持つものと定義することが，物体の分類に直接的に影響を与える」とあります。したがって「『惑星』という言葉の定義が重要な問題になった」のは，「とても小さな物体までも研究することが可能になったとき」と分かります。

4. 正解 **(A)**
筆者が地球の衛星に言及している理由は
(A) 冥王星が相対的にどれほど小さいかを示すため
(B) 冥王星の衛星との類推を示すため
(C) 冥王星の表面の外観を説明するため
(D) 冥王星が完全には研究されていないことを示すため

解説 設問文のキーワード（Earth's moon「地球の衛星」）から，正解の根拠を探しましょう。第4段落2文目「冥王星は，惑星である水星よりも小さいだけでなく，地球の衛星よりも小さい」から，「地球の月と比べて冥王星は小さい」と分かります。正解は(A)です。

5. 正解 **(C)**
第3段落と第4段落によると，冥王星を8つの既知の惑星と異なるものにしている

冥王星の特徴としてパッセージで言及されていないのは次のうちどれか。
(A) その軌道の角度　　　　　　(B) その軌道の形
(C) その形の丸み　　　　　　　(D) その引力の強さ

解説　「冥王星を8つの既知の惑星と異なるものにしている冥王星の特徴」が書かれている部分を，**選択肢を使って探しましょう**。(A)と(B)は第3段落4文目で，(D)は第4段落3文目でそれぞれ述べられているので，正解は(C)。

6. 正解 **(C)**

パッセージの主な目的は
(A) 新しい定義に，いかに不備があり得るかを示すこと
(B) 冥王星の特徴を説明すること
(C) 科学的思考の変化を説明すること
(D) 惑星の一例を挙げること

解説　各段落の要旨を考えてみましょう。第1段落「2006年に『惑星』に分類するための改訂基準を発表した（＝3つの基準）」，第2段落「3つ目の基準が重要だ」，第3段落「冥王星（具体例）はかつて惑星だった」，第4段落「3つ目の基準に照らし合わせると冥王星は惑星ではなく『準惑星』である」。以上から，パッセージ全体の要旨を考えてみると，「冥王星が惑星であるという考えが変化した」となり，よって(C)が正解です。(A)の「新しい定義に，いかに不備があり得るか」は述べられていません。(B)「冥王星の特徴」，(D)「惑星の一例」は述べられていますが，それぞれ**一部の情報で，パッセージの主な目的にはなりません**ので気をつけましょう。

Training

さあ，仕上げのトレーニングです。**段落ごとに❶～❸**を行ってくださいね。

❶ 音まねシャドーイング（2回）

付属CDのすぐ後についてシャドーイングしましょう。

❷ スラッシュリーディング（2回）

スラッシュごとにポーズを取りながら，読んでみましょう。

❸ 意味取りシャドーイング（2回）

CDに続いて，今度は意味も意識しながらシャドーイングしましょう。

What Is a Planet?

[1] A long-standing debate was addressed, if not entirely settled, when the International Astronomical Union (IAU) issued updated criteria for classifying an object as a *planet* in August 2006. According to the new guidelines, a planet (1) must be an object that orbits the Sun, (2) must have sufficient mass to retain a stable round shape, and (3) must have "cleared its neighborhood," which is to say that it has pulled all objects found along its orbit into its own gravitational zone. A planet must not share space with other objects that revolve around the Sun independently.

[2] Of these criteria, the first two are universally accepted; it is the third that is contentious. Traditionally, there was no need to set a firm limit on whether a newly discovered orbiting body was large enough to be a planet, because objects that were too small to pull everything in their vicinity into their own gravitational zone were generally also too small for astronomers to detect. But technological progress has increased the resolution power of telescopes, allowing astronomers today to study even tiny objects in our solar system and others. In contemporary astronomy, defining a *planet* as having a definite minimum size and gravitational pull directly affects the categorization of known objects in the solar system.

[3] The most significant example is Pluto. Pluto had been regarded as the ninth planet since it was discovered in 1930, but it was always the odd one out in several ways. The eight known planets have orbits that are nearly circular and lie in the same plane; the plane is called the ecliptic. Pluto has an orbit that is highly eccentric (oval rather than circular) and lies at a noticeable angle to the ecliptic.

[4] But what distinguishes Pluto most from the other eight planets is its size. Pluto is less massive not only than the planet Mercury but also than Earth's moon. It has a powerful enough gravitational pull to have three known moons of its own, but not, astronomers have found, to clear its neighborhood. At the same distance from the Sun as Pluto, in a zone known as the Kuiper Belt, researchers have found that it has neighbors: sizable orbiting objects that are nearly its size. Because Pluto does not meet the IAU's third criterion for classification as a planet in the same league as Mercury, that body now designates it a *dwarf planet*.

Lesson 7
パッセージのリーディング
実践編①美術史

これまでは、読解力強化に主眼を置いてきました。ここからは、実際の試験をより意識したステージに入っていきます。目標は「どのように読み、解答するか」を体感し、**「こんな風に実際の試験ではやればいいんだ」と分かること**です。

練習問題　　　　　　　　　　　　　目標時間：9分

まず、ノーヒントでTOEFL形式の問題にチャレンジしましょう。

Louise Nevelson

1　Despite being rooted in the artistic trends of its era, the sculpture of Louise Nevelson is timelessly striking. Nevelson's signature technique was to appropriate found objects — chiefly wood scraps, many of which had literally been thrown away on the street — and to give them a new life in art. She arranged them in wooden boxes that were then put together in sizable new shapes, or "assemblages," which she spray-painted black or silver. Many of her works were installations that occupied entire rooms.

2　Nevelson's father, a timber merchant, brought the family from its native Ukraine to Rockland, Maine, when Louise (whose birth name was Leah) was a child. She claimed to have known from an early age that she wanted to become an artist, and her father's line of work provided her with ample opportunity to play and experiment with odd pieces of wood. However, her method of shaping sculptural forms evolved fortuitously when she was an adult. A gift that came in a partitioned wooden box spurred Nevelson to try making small sculptures of individual boxes filled with artfully arranged scrap wood, rescued piece-by-piece from the trash. As she created more and more assemblage boxes, she ran out of room in her studio, so she began to stack them. Regarding the result with her keen artist's eye, Nevelson realized that the stacked boxes constituted a new form of sculpture.

3　Nevelson painted each work over in a single color to reinforce the sense that each component in her assemblages was part of a coherent aesthetic whole. She gravitated toward black paint for several reasons, not the least of which was that black is the color of shadows and hidden, unknowable places. Works such as *Sky Cathedral* (1958) are lit from the side to heighten the play of light and shadow on its various pieces. The inside of each box recedes into invisibility. Taken as a whole, *Sky Cathedral* powerfully casts even commonplace bits of wood as elements of a strange, enigmatic world.

1. The word "signature" in the passage is closest in meaning to
   (A) inexpensive   (B) renowned   (C) individual   (D) studied

2. It can be inferred from paragraph 1 that Nevelson's sculptures
   (A) were sometimes very large
   (B) were mostly made in the same basic shape
   (C) were not highly regarded while she was alive
   (D) were not originally referred to as "assemblages"

3. According to paragraph 2, Nevelson was inspired to make her sculptures in boxes by
   (A) boxes of wood scraps people had thrown away
   (B) the boxes made by her father's company
   (C) the packaging of a gift she received
   (D) childhood memories of wooden boxes

4. According to paragraph 2, Nevelson originally began to stack her boxes of wood assemblages to
   (A) save space
   (B) create a new kind of sculpture
   (C) make them easier to paint
   (D) make gifts

5. According to paragraph 3, Nevelson painted each sculpture one color in order to
   (A) make it look like a unified piece of work
   (B) emphasize differences in shape rather than color
   (C) make it look heavy and substantial
   (D) make the insides of the boxes easier to see

6. It can be inferred from paragraph 3 that the author regards the sculpture *Sky Cathedral* as
   (A) playful   (B) mysterious   (C) conventional   (D) fragmented

7. The passage mainly discusses
   (A) Nevelson's methods of selecting materials for sculpture
   (B) the use of found objects in art
   (C) characteristics of one artist's technique
   (D) a famous sculpture by Nevelson

アプローチ

これから、試験で「どのように読んで、どのように解くのか」（＝試験でのアプローチ）を体感してもらいます。指示に従って、もう一度「読む＆解く」をしてください。その後、解答や解説も確認しましょう。

アプローチ 1
タイトルを確認しましょう。

Louise Nevelson

アプローチ 2
第1段落をざっと読みましょう。
コツは、論理マーカーに着眼しながら、赤字の部分は丁寧に、残りの部分はさらっと読むことです。

⏱ **目標時間：60秒**

1 ❶ Despite being rooted in the artistic trends of its era, the sculpture of Louise Nevelson is timelessly striking. ❷Nevelson's signature technique was to appropriate found objects — chiefly wood scraps, many of which had literally been thrown away on the street — and to give them a new life in art. ❸She arranged them in wooden boxes that were then put together in sizable new shapes, or "assemblages," which she spray-painted black or silver. ❹Many of her works were installations that occupied entire rooms.

アプローチ 3
第1段落で解答できるQ1～2にチャレンジしましょう。

⏱ **目標時間：1分**

1. The word "signature" in the passage is closest in meaning to
   (A) inexpensive (B) renowned
   (C) individual   (D) studied

2. It can be inferred from paragraph 1 that Nevelson's sculptures
   (A) were sometimes very large
   (B) were mostly made in the same basic shape
   (C) were not highly regarded while she was alive
   (D) were not originally referred to as "assemblages"

正解と解説

アプローチ 1 Louise Nevelson「ルイーズ・ネヴェルソン」という人物の話だと分かりますね。**「何をした人」なのかを把握するように**読んでいきましょう。

アプローチ 2 ❶「当時の芸術的流行に根差している にもかかわらず ，ルイーズ・ネヴェルソンの彫刻は時代を超えて鮮烈な印象を放つ」⇒**対比の論理マーカー despite** から，ルイーズ・ネヴェルソンは「流行（＝他の作品と同じ）は踏まえながらも印象的な彫刻（＝他の作品とは違う）を作る」と分かります。この話は，「時代を超えた鮮烈な印象を放つ作品を作る彫刻家のネヴェルソン」についてだと，頭にインプットしましょう。どのような作品なのか興味ありませんか？ この後，作品の特徴について説明をします。❷「ネヴェルソンの特徴的な技法は…」⇒具体的に彼女の作品や技法の特徴について説明することが分かりますね。ここまで分かったら，ちょっとスピードを上げて❸を読みましょう。❹「彼女の作品の多くは，部屋全体を占有する設置品だった。」⇒大きな作品をイメージしながら，読み続けましょう。

＊第1段落をざっと読み終わったときに，「時代を超えた特徴ある作品を作るネヴェルソンという彫刻家の話」という**主題がイメージできていればOK**です。

アプローチ 3 設問文の **paragraph ～** などをヒントに，その段落で正解を導くことができる問題を解きます。そのときに，**解答の根拠を本文から探す**ことを忘れずに。TOEFLの問題は，語彙に関する問題以外は**必ず本文中に答えがあります**。

1. 正解 (C)
パッセージ中の単語signatureに最も意味が近いのは
(A) 安価な　　　(B) 有名な　　　(C) 独特の　　　(D) 研究された
解説 signature「特徴的な」。これは文脈だけで解答することはできない難問ですね。signatureをはじめ，選択肢の単語を覚えましょう。

2. 正解 (A)
第1段落から推測すると，ネヴェルソンの彫刻は
(A) ときに非常に大きかった
(B) 同じ基本形でほとんど作られていた
(C) 生前は高く評価されなかった
(D) もともとは「アッサンブラージュ」と呼ばれなかった
解説 設問文にヒントがNevelson's sculptures「ネヴェルソンの彫刻」しかないので，彫刻がどうなのか選択肢からキーワードを拾い，本文と一致するものを選びましょう。第1段落3文目sizable new shapes「大きな新しい形」，4文目occupied entire rooms「部屋全体を占有した」から，very largeとある(A)が正解。

73

> **アプローチ 4**
> 第2段落をざっと読みましょう。
> コツは、論理マーカーに着眼しながら、赤字の部分は丁寧に、
> 残りの部分はさらっと読むことです。

⏱ **目標時間：90秒**

2　❶Nevelson's father, a timber merchant, brought the family from its native Ukraine to Rockland, Maine, when Louise (whose birth name was Leah) was a child. ❷She claimed to have known from an early age that she wanted to become an artist, and her father's line of work provided her with ample opportunity to play and experiment with odd pieces of wood. ❸However, her method of shaping sculptural forms evolved fortuitously when she was an adult. ❹A gift that came in a partitioned wooden box spurred Nevelson to try making small sculptures of individual boxes filled with artfully arranged scrap wood, rescued piece-by-piece from the trash. ❺As she created more and more assemblage boxes, she ran out of room in her studio, so she began to stack them. ❻Regarding the result with her keen artist's eye, Nevelson realized that the stacked boxes constituted a new form of sculpture.

> **アプローチ 5**
> 第2段落で解答できるQ3〜4にチャレンジしましょう。

⏱ **目標時間：2分30秒**

3. According to paragraph 2, Nevelson was inspired to make her sculptures in boxes by
   (A) boxes of wood scraps people had thrown away
   (B) the boxes made by her father's company
   (C) the packaging of a gift she received
   (D) childhood memories of wooden boxes

4. According to paragraph 2, Nevelson originally began to stack her boxes of wood assemblages to
   (A) save space　　　　　　　(B) create a new kind of sculpture
   (C) make them easier to paint　(D) make gifts

正解と解説

アプローチ 4　❶when Louise ... was a childから，この段落は「ネヴェルソンの子どものときの話をするんだな」と思って読んでいきます。❸対比の論理マーカー**however「しかし」**と，when she was an adultから，ここからは「大人になったとき」の話で，「彼女の技法が進化した」と分かります。この後には「どのように進化したか」が書いてあると予測しながら，さらっと読み続けましょう。

＊第2段落をざっと読み終わったときに，「ネヴェルソンが大人になったとき，彼女の技法が進化した」ということが理解できていればOKです。

アプローチ 5　設問文の **paragraph ～** などをヒントに，その段落で正解を導くことができる問題を解きます。そのときに，**解答の根拠を本文から探す**ことを忘れずに。TOEFLの問題は，語彙に関する問題以外は**必ず本文中に答えがあります**。

3. 正解 **(C)**
第2段落によると，ネヴェルソンが箱の中に彫刻を作るひらめきを得たきっかけは

(A) 人々が捨てた木の廃材の箱　　(B) 彼女の父親の会社が作った箱
(C) 彼女が受け取った贈り物の梱包　(D) 子どもの頃の木の箱の記憶

解説　設問文のキーワードinspired to make her sculptures in boxes by「箱の中に彫刻を作るひらめきを得たきっかけ」をヒントに，解答の根拠を探します。第2段落4文目「仕切りのある木の箱に入った贈り物がネヴェルソンを刺激し，巧妙に配置した木の廃材で満たした個々の箱に小さな彫刻を作る試みをさせた」から「箱に入った贈り物」＝「ギフトの梱包」と読み取れ，(C) が正解。packaging「梱包」の材料は，木の箱でも紙の箱でも紙袋でも，何でもOKです。

4. 正解 **(A)**
第2段落によると，ネヴェルソンが木のアッサンブラージュの箱を積み重ね始めた元々の理由は

(A) スペースを節約するため　　(B) 新しい種類の彫刻を創るため
(C) 塗装しやすくするため　　　　(D) 贈り物を作るため

解説　設問文のキーワードoriginally began to stack her boxes of wood assemblages to「木のアッサンブラージュの箱を積み重ね始めた」をヒントに，解答の根拠を探します。第2段落5文目「ますます多くのアッサンブラージュの箱を製作するにつれてスタジオにスペースがなくなったため，彼女はそれらを積み重ね始めた」と述べているので，正解は (A)。

> **アプローチ 6**
> 第3段落をざっと読みましょう。
> コツは，論理マーカーに着眼しながら，赤字の部分は丁寧に，
> 残りの部分はさらっと読むことです。

⏱ 目標時間：60秒

[3] ❶Nevelson painted each work over in a single color to reinforce the sense that each component in her assemblages was part of a coherent aesthetic whole. ❷She gravitated toward black paint for several reasons, not the least of which was that black is the color of shadows and hidden, unknowable places. ❸Works such as *Sky Cathedral* (1958) are lit from the side to heighten the play of light and shadow on its various pieces. ❹The inside of each box recedes into invisibility. ❺Taken as a whole, *Sky Cathedral* powerfully casts even commonplace bits of wood as elements of a strange, enigmatic world.

> **アプローチ 7**
> 第3段落で解答できるQ5〜6にチャレンジしましょう。

⏱ 目標時間：90秒

5. According to paragraph 3, Nevelson painted each sculpture one color in order to
   (A) make it look like a unified piece of work
   (B) emphasize differences in shape rather than color
   (C) make it look heavy and substantial
   (D) make the insides of the boxes easier to see

6. It can be inferred from paragraph 3 that the author regards the sculpture *Sky Cathedral* as
   (A) playful   (B) mysterious
   (C) conventional   (D) fragmented

正解と解説

アプローチ 6 ❶「ネヴェルソンは，各作品を1色で塗りつぶした。」⇒この段落は「彼女の作品の特徴の話をしそうだな」と思いながら，読み進めます。❸**具体を示す論理マーカー such as**「例えば~など」に着眼し，「具体的な作品名を挙げて説明するんだな」と分かればOKです。

＊第3段落をざっと読み終わったときに，「ネヴェルソンの作品は1色（黒）で塗りつぶされていて，具体的な作品を挙げながらそれを説明している」ということが理解できていればOKです。

アプローチ 7 設問文の**paragraph ~** などをヒントに，その段落で正解を導くことができる問題を解きます。そのときに，**解答の根拠を本文から探す**ことを忘れずに。TOEFLの問題は，語彙に関する問題以外は**必ず本文中に答えがあります**。

5. 正解 (A)
第3段落によると，ネヴェルソンが各彫刻を1色で塗った理由は
(A) 統一された1つの作品に見えるようにするため
(B) 色よりも形の違いを強調するため
(C) 重くて頑丈に見えるようにするため
(D) 箱の中身をより見やすくするため

解説 設問文のキーワードpainted each sculpture one color「各彫刻を1色で塗った」をヒントに，解答の根拠を探します。第3段落1文目「ネヴェルソンは，彼女のアッサンブラージュの各構成要素が首尾一貫した美的統一体の一部であるという感覚を強固にするため，各作品を1色で塗りつぶした」から，正解は (A)。

6. 正解 (B)
第3段落から筆者はSky Cathedralをどう見なしていると推測できるか
(A) 遊び好きな　　**(B) 神秘的な**　　(C) 伝統的な　　(D) ばらばらな

解説 設問文のキーワード「Sky Cathedral」をヒントに解答の根拠を探そう。第3段落5文目「Sky Cathedralは，ありふれた木材の欠片さえも，奇妙で得体の知れない世界の構成要素に力強く変えている」から，正解は (B)。本文のenigmaticを (B) mysteriousと言い換えています。

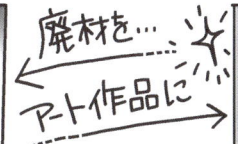

アプローチ 8	パッセージ全体が問われている Q7 にチャレンジしましょう。 （下の解答を先に見ないでくださいね）

目標時間：30秒

7.　The passage mainly discusses
   (A) Nevelson's methods of selecting materials for sculpture
   (B) the use of found objects in art
   (C) characteristics of one artist's technique
   (D) a famous sculpture by Nevelson

正解と解説

アプローチ 8

7. 正解 (C)

パッセージが主に論じているのは
(A) 彫刻の材料を選ぶネヴェルソンの方法
(B) 芸術における拾得した物の利用
(C) 1人の芸術家の技法の特徴
(D) ネヴェルソンによる1つの有名な彫刻

解説 ここまで，第1段落をざっと読む＋Q1〜2を解く⇒第2段落をざっと読む＋Q3〜4を解く⇒第3段落をざっと読む＋Q5〜6を解くという手順で問題を解いてきましたね。ここまで解いてきた問題から考えると，このパッセージの要旨は何だと思いますか？「ネヴェルソンの特徴的な技法や彫刻作品」についてですね。よって，正解は (C) です。Nevelson を one artist と言い換えています。(A) と (B) についても述べられていましたが，一部の情報のためパッセージの要旨とは言えません。

> 「実際の試験はこんな風にやればいいんだ」と分かりましたか？　今まで同様，パッセージを100%分かるようになるための学習やトレーニングが残っていますが，もうひと踏ん張りしてくださいね。

Task

p.70〜71の英文をノートに書き写し，脇役（M）を [ ] でくくりながら文構造と意味を確認しましょう。

文法&意味解説

ここから，文法と意味を解説していきます。長い文でも焦らず，脇役（M）を[ ]でくくりながら落ち着いて理解しましょう！　第1段落はLesson 4（p.43～44）で解説しましたので，第2段落から始めますね。

② ❶Nevelson's father, [a timber merchant], brought the family [from its native Ukraine to Rockland, Maine], [when Louise (whose birth name was Leah) was a child]. ❷She claimed to have known [from an early age] that she wanted to become an artist, and her father's line of work provided her with ample opportunity [to play and experiment with odd pieces of wood]. ❸[However], her method [of shaping sculptural forms] evolved [fortuitously] [when she was an adult]. ❹A gift [that came in a partitioned wooden box] spurred Nevelson to try making small sculptures [of individual boxes] [filled with artfully arranged scrap wood], [rescued piece-by-piece from the trash]. ❺[As she created more and more assemblage boxes], she ran out of room [in her studio], so she began to stack them. ❻[Regarding the result with her keen artist's eye], Nevelson realized that the stacked boxes constituted a new form of sculpture.

解説 ❶Nevelson's father「ネヴェルソンの父」とa timber merchant「材木商人」は同格です。❷脇役（M）であるfrom an early ageが挿入されていますが，have knownのOはthat she wanted to become an artistです。She claimed ～ とher father's line of work provided ～ が並列関係（SV, and SV.）です。❹filled with ... wood は後ろからindividual boxes を，rescued ... trash は後ろからartfully arranged scrap wood をそれぞれ修飾しています。❺冒頭のAsは接続詞as「～するにつれて」。❻Regarding the result with her keen artist's eyeは分詞構文で「その結果を彼女の鋭い芸術家の目を持って考えた」という意味です。realizedのOはthat以下です。

訳 ❶材木商人であったネヴェルソンの父は，ルイーズ（本名はレア）が子どものときに母国ウクライナからメーン州ロックランドに家族を連れてやって来た。❷彼女は小さい頃から芸術家になりたいと意識していたと言い，父の稼業が，余った木材片で遊んだり試したりする機会を豊富に与えてくれた。❸しかし，彼女の彫刻製作技法が思いがけなく進化したのは彼女が大人になってからだった。❹仕切りのある木の箱に入った贈り物がネヴェルソンを刺激し，ごみの中から1つずつ拾い出して，巧妙に配置した木の廃材で満たした個々の箱に小さな彫刻を作る試みをさせた。❺ますます多くのアッサンブラージュの箱を製作するにつれてスタジオにスペースがなくなったため，彼女はそれらを積み重ね始めた。❻その結果を鋭い芸術家の目で見たネヴェルソンは，積み重ねられた箱が新しい彫刻の形態を成すことを悟った。

Vocabulary & Phrase

claim 動 を主張する／provide A with B AにBを与える／opportunity 名 機会／experiment with ～ ～を試みる／method 名 方法／evolve 動 進化する／wooden 形 木で作られた／individual 形 個々の／filled with ～ ～で満たされている／rescue 動 を救う／trash 名 ごみ／create 動 を作る／run out of ～ ～がなくなる／regard 動 を考える／result 名 結果／keen 形 鋭い／realize 動 を悟る／constitute 動 を構成する

3 ❶Nevelson painted each work over [in a single color] [to reinforce the sense] [that each component in her assemblages was part of a coherent aesthetic whole]. ❷She gravitated toward black paint [for several reasons], [not the least of which was that black is the color of shadows and hidden, unknowable places]. ❸Works [such as *Sky Cathedral* (1958)] are lit [from the side] [to heighten the play of light and shadow] [on its various pieces]. ❹The inside [of each box] recedes [into invisibility]. ❺[Taken as a whole], *Sky Cathedral* [powerfully] casts even commonplace bits [of wood] [as elements of a strange, enigmatic world].

解説 ❶the sense と that 以下は同格（同格の that，p.32 参照）です。❷関係代名詞 which の先行詞は several reasons。not the least of which で「which のうち少なくないのは」という意味になります。hidden, unknowable places は英文でよくある「形容詞，形容詞＋名詞」というカタチで，2 つの形容詞が名詞を修飾しています。「隠された不可知の場所」という意味です。また，shadows と hidden, unknowable places が並列関係です。❸such as「例えば～など」は具体的な例を述べる場合に使います。❹recedes into invisibility「見えない場所へと引っ込む」という意味です。❺Taken as a whole「全体として見ると」は分詞構文です。❺a strange, enigmatic world は❷でも見た「形容詞，形容詞＋名詞」のカタチです。

訳 ❶ネヴェルソンは，彼女のアッサンブラージュの各構成要素が首尾一貫した美的統一体の一部であるという感覚を強固にするため，各作品を 1 色で塗りつぶした。❷黒が，影や隠された不可知の場所の色であることなど，いくつかの理由から，彼女は黒色の塗料に惹かれた。❸「Sky Cathedral」（1958 年）などの作品は，そのさまざまな部品に注ぐ光と影の遊戯を強調するために横から光が当てられている。❹それぞれの箱の内側は引っ込んで見えなくなっている。❺全体として見ると，「Sky Cathedral」は，ありふれた木材の小片さえも，奇妙で得体の知れない世界の構成要素に力強く変えている。

Vocabulary & Phrase

paint O over O を塗りつぶす／reinforce 動 を強固にする／sense 名 感覚／component 名 構成要素／coherent 形 首尾一貫している／aesthetic 形 美の／whole 名 統一体／gravitate toward ～ ～に惹かれる／paint 名 塗料／least 名 little の最上級／not the least 少なからず／shadow 名 影／hidden 形 隠された／unknowable 形 知ることができない／light 動 を照らす（light-lighted/lit-lit）／heighten 動 を強める／play 名 遊戯／various 形 様々な／recede 動 引っ込む／invisibility 名 見えないこと／whole 名 全体／cast A as B A を B と位置付ける／commonplace 形 ありふれた／bit 名 小片／element 名 構成要素／enigmatic 形 得体の知れない

Training

さあ，仕上げのトレーニングです。**段落ごとに**❶～❸を行ってくださいね。

❶ 音まねシャドーイング（2回）
❷ スラッシュリーディング（2回）
❸ 意味取りシャドーイング（2回）

Louise Nevelson

①　Despite being rooted/ in the artistic trends of its era,/ the sculpture of Louise Nevelson is timelessly striking.// Nevelson's signature technique/ was to appropriate found objects/ — chiefly wood scraps,/ many of which had literally been thrown away/ on the street/ — and to give them a new life in art.// She arranged them in wooden boxes/ that were then put together/ in sizable new shapes,/ or "assemblages,"/ which she spray-painted black or silver.// Many of her works were installations/ that occupied entire rooms.//

②　Nevelson's father,/ a timber merchant,/ brought the family from its native Ukraine to Rockland, Maine,/ when Louise (whose birth name was Leah) was a child.// She claimed to have known from an early age/ that she wanted to become an artist,/ and her father's line of work/ provided her with ample opportunity/ to play and experiment with odd pieces of wood.// However,/ her method of shaping sculptural forms/ evolved fortuitously/ when she was an adult.// A gift that came in a partitioned wooden box/ spurred Nevelson/ to try making small sculptures/ of individual boxes/ filled with artfully arranged scrap wood,/ rescued piece-by-piece from the trash.// As she created more and more assemblage boxes,/ she ran out of room in her studio,/ so she began to stack them.// Regarding the result with her keen artist's eye,/ Nevelson realized/ that the stacked boxes constituted a new form of sculpture.//

③　Nevelson painted each work over in a single color/ to reinforce the sense/ that each component in her assemblages/ was part of a coherent aesthetic whole.// She gravitated toward black paint for several reasons,/ not the least of which/ was that black is the color of shadows and hidden, unknowable places.// Works such as *Sky Cathedral* (1958)/ are lit from the side/ to heighten the play of light and shadow/ on its various pieces.// The inside of each box recedes into invisibility.// Taken as a whole,/ *Sky Cathedral* powerfully casts even commonplace bits of wood/ as elements of a strange, enigmatic world.//

ハードなトレーニングに少しは慣れましたか？大変で面倒なトレーニングですよね。でも，「大変だな」，「面倒だな」と感じるトレーニングをがんばっているからこそ力がつくんですよ。

Lesson 8
パッセージのリーディング
実践編②動物行動学

いよいよリーディング最後のレッスンです。ここでの目標も、「どのように読み、解答するか」を体感し、**「こんな風に実際の試験ではやればいいんだ」**と分かることです。よく出題される動物行動学のパッセージで練習しましょう！

練習問題　　　　　　　　　　　　　　　　目標時間：9分

まず，ノーヒントでTOEFL形式の問題にチャレンジしましょう。

The Intelligence of Crows

1　Despite their large populations, crows are among the most difficult birds to study. They are unusually adept at avoiding people, including experienced researchers, and are notoriously difficult to capture and tag for monitoring in the wild. Thus, while their intelligence has long been recognized by scientists, its dimensions have not been systematically mapped out.

2　Recently, some progress has been made. Researchers studying tool use among crows in New Zealand have compiled a growing mass of evidence that some crows are more advanced in their use of tools than primates such as chimpanzees, long believed to be the most intelligent animals next to humans. These crows eat insects that live in tree hollows; therefore, they need a way to fish them out. The crows studied cut long pieces from stiff but flexible leaves to use as digging and hooking tools.

3　In and of itself, the manipulation of objects in the environment for use as rudimentary tools is not uncommon. However, some of the crows studied operate at much higher levels of sophistication than had previously been suspected. For example, the leaf tool is most effective for the New Zealand crows' purposes if it is wedge-shaped: the wide end is gripped in the beak as a handle of sorts, and the slender end is poked into the tree to reach the insects. The crows appear to have learned this, because wedge-shaped tools predominate among them, indicating both that the birds learn through trial and error and that they can pass knowledge among themselves. The latter phenomenon has not been observed among chimpanzees. Additionally, the crows' fashioning and use of tools incorporates planning for the future. While most animals, including chimpanzees, use tools once and then discard them, many New Zealand crows kept their leaf tools with them as they moved from tree to tree, continuing to use them as the opportunity arose.

1. The word "adept" in the passage is closest in meaning to
   (A) sociable   (B) rare   (C) skillful   (D) unknown

2. It can be inferred from paragraph 2 that crows need to use tools because
   (A) their primary food source is located in hidden spaces
   (B) they compete with chimpanzees for food
   (C) trees have become harder to reach
   (D) they have discovered a new type of insect to use for food

3. The word "rudimentary" in the passage is closest in meaning to
   (A) useful   (B) simple   (C) natural   (D) refined

4. What evidence is given in paragraph 3 that New Zealand crows are aware what tool shape is best?
   (A) Chimpanzees have less access to insects.
   (B) The population of insects is lower.
   (C) Crows choose wedge-shaped leaves for tool making.
   (D) The majority of leaf tools used by crows are wedge-shaped.

5. The phrase "The latter phenomenon" in the passage refers to
   (A) the ability to learn through trial and error
   (B) the sharing of knowledge
   (C) the ability to plan for the future
   (D) the use of insects as food sources

6. The author mentions chimpanzees in the passage primarily to give an example of an animal that
   (A) lives in the same environment as crows
   (B) also fishes insects out of tree hollows
   (C) has conventionally been regarded as very intelligent
   (D) is easier for researchers to study than crows

7. Which of the following is NOT mentioned as evidence that crows' use of tools is very sophisticated?
   (A) Crows are adept at hiding tools from humans.
   (B) Crows accumulate knowledge through experience.
   (C) Crows can learn from each other.
   (D) Crows save tools for later use.

アプローチ

これから、試験で「どのように読んで、どのように解くのか」(=試験でのアプローチ)を体感してもらいます。指示に従って、もう一度「読む&解く」をしてください。その後、正解と解説も確認しましょう。

アプローチ 1　タイトルを確認しましょう。

The Intelligence of Crows

アプローチ 2　第1段落をざっと読みましょう。
コツは、論理マーカーに着眼しながら、赤字の部分は丁寧に、残りの部分はさらっと読むことです。

目標時間：45秒

1　❶ Despite their large populations, crows are among the most difficult birds to study. ❷They are unusually adept at avoiding people, including experienced researchers, and are notoriously difficult to capture and tag for monitoring in the wild. ❸ Thus, while their intelligence has long been recognized by scientists, its dimensions have not been systematically mapped out.

アプローチ 3　第1段落で解答できる Q1 にチャレンジしましょう。

目標時間：30秒

1. The word "adept" in the passage is closest in meaning to
   (A) sociable　(B) rare　(C) skillful　(D) unknown

正解と解説

アプローチ 1 crow「カラス」の intelligence「知能」の話だと分かります。器用に行動するカラスをイメージしながら読んでいきましょう。

アプローチ 2 ❶「その多くの個体数にもかかわらず，カラスは研究するのが最も困難な鳥の1つである」⇒この話は，「研究困難なカラス」についてだと，頭にインプットしましょう。なぜ困難か知りたくなりませんか？ この後の文で，その理由を説明しますよ。❷「カラスは，人間を避けるのが非常に巧み」⇒だから研究困難だと分かりますね。❸結果の論理マーカー **Thus**「したがって」，対比の論理マーカー **while**「～だが」に注目しながら読みましょう。**Thusの後は，まとめを述べます**。また，**whileが出てきたら対比されている内容を把握する**ように心掛けましょう。ここでは「カラスたちの知能は昔から知られている」ことと「その知能の特質は系統的に詳述されることはなかった」ことを把握します。

＊第1段落をざっと読み終わったときに，「カラスを研究するのは困難」ということが分かっていればOKです。

アプローチ 3 ざっと読んだ後，第1段落で正解を導くことができる問題を解きます。

1. 正解 (C)

パッセージ中の単語 adept に最も意味が近いのは
(A) 社交的な　　(B) まれな　　　(C) 巧みな　　(D) 知られていない

解説 adept「巧みな」。第1段落1文目の「カラスは研究するのが最も困難な鳥の1つ」という情報と2文目「カラスは人間を避けるのがadeptである」，「捕獲するのが難しい」を総合すると「カラスは人間を避けるのが上手だ」と推測できます。

アプローチ 4

第 2 段落をざっと読みましょう。
コツは，論理マーカーに着眼しながら，赤字の部分は丁寧に，
残りの部分はさらっと読むことです。

目標時間：45 秒

2 ❶Recently, some progress has been made. ❷Researchers studying tool use among crows in New Zealand have compiled a growing mass of evidence that some crows are more advanced in their use of tools than primates such as chimpanzees, long believed to be the most intelligent animals next to humans. ❸These crows eat insects that live in tree hollows; therefore, they need a way to fish them out. ❹The crows studied cut long pieces from stiff but flexible leaves to use as digging and hooking tools.

アプローチ 5

第 2 段落で解答できる Q2 にチャレンジしましょう。

目標時間：1 分

2. It can be inferred from paragraph 2 that crows need to use tools because
(A) their primary food source is located in hidden spaces
(B) they compete with chimpanzees for food
(C) trees have become harder to reach
(D) they have discovered a new type of insect to use for food

正解と解説

アプローチ 4 ❶「最近，いくらかの進展が見られてきた」⇒「研究困難だった状況が最近変わったのかな」と思いながら❷を読んでいきます。❷「チンパンジーなどよりも道具の使用において進んでいるカラスもいるという証拠を研究者が集めている」⇒「よく分からなかったカラスについて道具を使うということが分かってきた」と理解しながら，残りの段落をさらっと読み続けましょう。

＊第2段落をざっと読み終わったときに，「カラスは道具を賢く使うんだな」と理解できていればOKです。

アプローチ 5 設問文の **paragraph ～** などをヒントに，その段落で正解を導くことができる問題を解きます。そのときに，**解答の根拠を本文で探す**ことを忘れずに。TOEFLの問題は，語彙に関する問題以外は**必ず本文中に答えがあります**。

2. 正解 **(A)**

カラスが道具を使う必要がある理由として第2段落から推測できるのは
(A) 彼らの主な食糧源が隠れた場所にあること
(B) 彼らは食糧を求めてチンパンジーと競争すること
(C) 木々はたどり着くのがより困難になっていること
(D) 彼らは，エサとなる新しいタイプの昆虫を発見していること

解説 設問文のキーワード use tools「道具を使う」をヒントに，解答の根拠を探します。第2段落2文目「道具の使用において進んでいるカラスもいるという証拠を研究者が集めている」では，道具を使う「理由」について述べられていないので，3文目を読みましょう。「これらのカラスは木の空洞に住む昆虫を食べるので，それらを釣り出す手段を必要とする」から，「木の空洞（＝隠れた場所）に住む昆虫を釣り出すために道具が必要」だと理解でき，(A) が正解です。

> **アプローチ 6**
> 第3段落をざっと読みましょう。
> コツは、論理マーカーに着眼しながら、赤字の部分は丁寧に、
> 残りの部分はさらっと読むことです。

⏱ **目標時間：90秒**

3 ❶In and of itself, the manipulation of objects in the environment for use as rudimentary tools is not uncommon. ❷However, some of the crows studied operate at much higher levels of sophistication than had previously been suspected. ❸For example, the leaf tool is most effective for the New Zealand crows' purposes if it is wedge-shaped: the wide end is gripped in the beak as a handle of sorts, and the slender end is poked into the tree to reach the insects. ❹The crows appear to have learned this, because wedge-shaped tools predominate among them, indicating both that the birds learn through trial and error and that they can pass knowledge among themselves. ❺The latter phenomenon has not been observed among chimpanzees. ❻Additionally, the crows' fashioning and use of tools incorporates planning for the future. ❼While most animals, including chimpanzees, use tools once and then discard them, many New Zealand crows kept their leaf tools with them as they moved from tree to tree, continuing to use them as the opportunity arose.

> **アプローチ 7**
> 第3段落で解答できる Q3～5 にチャレンジしましょう。

⏱ **目標時間：2分**

3. The word "rudimentary" in the passage is closest in meaning to
   (A) useful   (B) simple   (C) natural   (D) refined

4. What evidence is given in paragraph 3 that New Zealand crows are aware what tool shape is best?
   (A) Chimpanzees have less access to insects.
   (B) The population of insects is lower.
   (C) Crows choose wedge-shaped leaves for tool making.
   (D) The majority of leaf tools used by crows are wedge-shaped.

5. The phrase "The latter phenomenon" in the passage refers to
   (A) the ability to learn through trial and error   (B) the sharing of knowledge
   (C) the ability to plan for the future   (D) the use of insects as food sources

正解と解説

アプローチ 6 ❶「原始的な道具として使用するために環境にある物を操作することそれ自体は珍しいことではない」⇒「道具を使うこと自体は普通なんだ」と思いながら読み続けると，❷**対比の論理マーカー However** が登場し，「カラスの中には，はるかに高いレベルの精巧さで道具を操作しているものもいる」⇒「カラスはかなり賢い」ということが分かります。さらに読み続けると，**具体例がくることを示す論理マーカー For example** とあるので，「カラスがかなり賢い」こと，「カラスが道具を賢く使う」ことを具体的に説明していると思いながら，残りの部分はさらっと読みましょう。

*第3段落をざっと読み終わったときに，「カラスは非常に賢く道具を使う」ということが理解できていれば十分です。

アプローチ 7 設問文の **paragraph 〜** などをヒントに，その段落で正解を導くことができる問題を解きます。そのときに，**解答の根拠を本文から探す**ことを忘れずに。TOEFLの問題は，語彙に関する問題以外は**必ず本文中に答えがあります**。

3. 正解 **(B)**

パッセージ中の単語 rudimentary に最も意味が近いのは

(A) 有用な　　　　(B) 単純な　　　　(C) 自然の　　　　(D) 洗練された

解説 rudimentary「原始的な」。第3段落1文目「rudimentaryな道具として使うために操作することは珍しいことではない」，2文目「しかし，高いレベルの精巧さで操作しているものもいる」から，rudimentaryは「高いレベルの精巧さ」と反対のニュアンスの意味（マイナスイメージの言葉）だと推測できます。

4. 正解 **(D)**

ニュージーランドのカラスがどんな道具の形が最適かに気づいている証拠として第3段落で挙げられているのはどれか。

(A) チンパンジーは昆虫との接触がより少ない。
(B) 昆虫の個体数はより少ない。
(C) カラスたちは道具作製のためくさび形の葉を選ぶ。
(D) カラスたちが利用する葉の道具の大半がくさび形である。

解説 設問文のキーワード New Zealand crows are aware what tool shape is best「ニュージーランドのカラスはどんな道具の形が最適かに気づいている」をヒントに解答の根拠を探します。第3段落3文目「道具となる葉がくさび形であれば，ニュージーランドのカラスの目的にとって最も有効である」，4文目「彼らはこのことを習得しているように見える。なぜなら，カラスたちの間では，くさび形の道具が主流を占めているからである」と述べています。まとめると「くさび形が最も効果的であると気づいているのは，その形がカラスたちの間で主流だということから分かる」となり，正解は(D)。くさび形の葉を道具として使っているため，(C)「道具作製のためくさび形の葉を選ぶ」は誤りです。

5. 正解 (B)
パッセージ中の「後者の現象」という語句が指すのは
(A) 試行錯誤を通じて学習する能力　(B) 知識の共有
(C) 将来のために計画する能力　　　(D) 食糧源としての昆虫の利用

解説　第3段落4文目の **both A and B** をヒントにしながら、前者と後者を考えましょう。前者「これらの鳥たちが試行錯誤を通じて学習するということ」、後者「彼らの間で知識を伝達できるということ」となり、(B)が正解です。

> **アプローチ 8**　パッセージ全体から問われているQ6～7にチャレンジしましょう。

目標時間：2分30秒

6. The author mentions chimpanzees in the passage primarily to give an example of an animal that
   (A) lives in the same environment as crows
   (B) also fishes insects out of tree hollows
   (C) has conventionally been regarded as very intelligent
   (D) is easier for researchers to study than crows

7. Which of the following is NOT mentioned as evidence that crows' use of tools is very sophisticated?
   (A) Crows are adept at hiding tools from humans.
   (B) Crows accumulate knowledge through experience.
   (C) Crows can learn from each other.
   (D) Crows save tools for later use.

正解と解説

アプローチ 8

6. 正解 (C)
筆者がパッセージ中でチンパンジーについて主に言及しているのは、どんな動物の例を挙げるためか
(A) カラスと同じ環境に生息する動物　　(B) 木の空洞から昆虫を釣り出す動物
(C) 従来、非常に知能が高いと見なされてきた動物
(D) 研究者にとってカラスよりも調査しやすい動物

解説　設問文のキーワード chimpanzees「チンパンジー」をヒントに解答の根拠を探します。チンパンジーについては第2段落2文目に「人間に次いで最も知能が高い動物であると長い

間信じられていたチンパンジーなどの霊長類」とあるので、正解は(C)です。

7. 正解 **(A)**

カラスの道具の使用が非常に洗練されている証拠として言及されていないのは次のどれか。

(A) カラスは道具を人間から隠すのが巧みである。
(B) カラスは経験から知識を集積する。
(C) カラスはお互いから学習することができる。
(D) カラスは将来の利用のために道具を保持する。

解説 選択肢のキーワードをヒントに根拠を探します。(B) accumulate knowledge through experience「経験から知識を集積する」、(C) can learn from each other「お互いから学習することができる」は第3段落4文目で、(D) save tools for later use「将来の利用のために道具を保持する」は7文目でそれぞれ言及しているため、正解は(A)です。

> 「こんな風に実際の試験ではやればいいんだ」と分かりましたか？ 今まで同様、パッセージを100％分かるようになるための学習やトレーニングが残っていますが、もうひと踏ん張りしてくださいね。

Task

p.82〜83の英文をノートに書き写し、脇役(M)を [ ] でくくりながら文構造と意味を確認しましょう。

文法＆意味解説

ここから、文法と意味を解説していきます。長い文でも焦らず、脇役(M)を [ ] でくくりながら落ち着いて理解しましょう！ 第1段落と第2段落はLesson 4 (p.46〜48) で解説しましたので、第3段落を解説しますね。

③ ❶[In and of itself], the manipulation [of objects in the environment] [for use as rudimentary tools] is not uncommon. ❷[However], some [of the crows] [studied] operate [at much higher levels of sophistication] [than had previously been suspected]. ❸[For example], the leaf tool is most effective [for the New Zealand crows' purposes] [if it is wedge-shaped]: the wide end is gripped [in the beak as a handle of sorts], and the slender end is poked [into the tree] [to reach the insects]. ❹The crows appear to have learned this, [because wedge-shaped tools predominate among them], [indicating both that the birds learn through trial and error and that they can pass knowledge among themselves]. ❺The latter phenomenon has not been observed [among chimpanzees]. ❻[Additionally], the crows' fashioning and use [of tools] incorporates planning [for the future]. ❼[While most animals, including chimpanzees, use tools once and then discard them], many New Zealand crows kept their leaf tools [with them] [as they moved from tree to tree], [continuing to use them as the opportunity arose].

解説 ❶for use as rudimentary tools「原始的な道具として使用するために」はthe manipulation「操作すること」を修飾しています。❷過去分詞studiedは後ろからthe crowsを修飾しています。than had previously been suspected「以前に推測されていたものより」のthanは関係代名詞的な用法で「〜のもの/こと/人より」という意味になります。ちょっと変わりモノのthanですね。(例) Tom is nicer than was expected.「トムは期待していたよりもいい人だ」。❸コロン(:)以下はコロンより前の内容(くさび形であれば、道具となる葉は最も有効である)を説明しています。❹indicating 以下は分詞構文です。both 以下は both that ... and that ... の並列関係。❻fashioningは動名詞。of toolsはfashioningとuseの両方を修飾。❼前置詞including「〜を含めて」を覚えていましたか？ kept their leaf tools with themのwith them (= many New Zealand crows)は強調の役割です。Carry your umbrella with you.「傘を忘れないようにしなさい」のwith youと同様の使い方です。continuing以下は分詞構文です。

訳 ❶原始的な道具として使用するために環境にある物を操作することそれ自体は珍しいことではない。❷しかし、調査されたカラスの中には、以前に推測されていたよりもはるかに高いレベルの精巧さで操作しているものもいる。❸例えば、道具となる葉がくさび形であれば、ニュージーランドのカラスの目的にとって最も有効である。広い方の端は一種の取っ手としてくちばしでしっかりとはさみ、細い方の端は昆虫まで届くように木の中へと差し込まれるからである。❹彼らはこのことを習得しているように見える。なぜなら、カラスたちの間では、くさび形の道具が主流を占めているからである。またこれは、これらの鳥たちが試行錯誤を通じて学習するということと、彼らの間で知識を伝達できるということの両方を示している。❺後者の現象はチンパンジーの間では観察されたことがない。❻さらに、カラスの道具の作製および使用は、将来のための計画も含んでいる。❼チンパンジーを含めてほとんどの動物は道具を1回だけ使って捨ててしまうが、ニュージーランドのカラスの多くは、木から木へ移動する際に葉の道具を離さずに保持し、機会が生じた際にそれらを継続して使用した。

Vocabulary & Phrase

in and of itself それ自体は／manipulation 名 操作／rudimentary 形 原始的な／uncommon 形 珍しい／operate 動 操作する／sophistication 名 精巧さ／previously 副 以前に／suspect 動 だろうと思う／wedge-shaped 形 くさび形の／end 名 端／grip 動 をしっかりつかむ／beak 名 くちばし／of sorts 一種の／poke 動 を突っ込む／appear to do 〜するように見える／predominate 動 主流である／indicate 動 を示す／trial and error 試行錯誤／pass 動 を伝える／knowledge 名 知識／latter 形 後の／phenomenon 名 現象／observe 動 を観察する／additionally 副 さらに／fashion 動 を形作る／incorporate 動 を含んでいる／discard 動 を捨てる／continue to do 〜し続ける／opportunity 名 機会／arise 動 生じる (arise-arose-arisen)

Training

さあ，仕上げのトレーニングです。**段落ごとに❶～❸**を行ってくださいね。

❶ 音まねシャドーイング（2回）
❷ スラッシュリーディング（2回）
❸ 意味取りシャドーイング（2回）

The Intelligence of Crows

① Despite their large populations,/ crows are among the most difficult birds to study.// They are unusually adept at avoiding people,/ including experienced researchers,/ and are notoriously difficult to capture and tag/ for monitoring in the wild.// Thus,/ while their intelligence has long been recognized by scientists,/ its dimensions have not been systematically mapped out.//

② Recently,/ some progress has been made.// Researchers studying tool use among crows in New Zealand/ have compiled a growing mass of evidence/ that some crows are more advanced in their use of tools/ than primates such as chimpanzees,/ long believed to be the most intelligent animals/ next to humans.// These crows eat insects/ that live in tree hollows;/ therefore,/ they need a way to fish them out.// The crows studied/ cut long pieces from stiff/ but flexible leaves/ to use as digging/ and hooking tools.//

③ In and of itself,/ the manipulation of objects in the environment/ for use as rudimentary tools/ is not uncommon.// However,/ some of the crows studied/ operate at much higher levels of sophistication/ than had previously been suspected.// For example,/ the leaf tool is most effective/ for the New Zealand crows' purposes/ if it is wedge-shaped:/ the wide end is gripped in the beak/ as a handle of sorts,/ and the slender end is poked into the tree/ to reach the insects.// The crows appear to have learned this,/ because wedge-shaped tools predominate among them,/ indicating both/ that the birds learn through trial and error/ and that they can pass knowledge among themselves.// The latter phenomenon/ has not been observed among chimpanzees.// Additionally,/ the crows' fashioning and use of tools/ incorporates planning for the future.// While most animals,/ including chimpanzees,/ use tools once/ and then discard them,/ many New Zealand crows kept their leaf tools with them/ as they moved from tree to tree,/ continuing to use them as the opportunity arose.//

「大変だな」，「面倒だな」と感じながらも，がんばり切れた皆さんへ一言。がんばり切ってくれてありがとう，そしてリスニングもこの調子でやり切ってくださいね。

Listening

Lesson 1 会話のリスニングの基礎①

Lesson 2 会話のリスニングの基礎②

Lesson 3 会話のリスニング①教授と学生

Lesson 4 会話のリスニング②学生同士

Lesson 5 講義のリスニング①生物学

Lesson 6 講義のリスニング②映画史

Lesson 1
会話のリスニングの基礎①

これからリスニングの基礎力を強化していきましょう。会話問題対策でまず大切なのは、頻出会話パターンを知り、音と文字とのギャップを少しずつ無くしていくことです。実際の試験で出題される会話の長さは約3分ですが、基本的には次の4つの頻出パターンが組み合わされたものです。
①問いかけ→応答、②意見→賛成・反対、③提案→賛成・反対、④問題→解決
まずは4つのパターンを短い会話で練習し、長めの会話を聞くための基礎を固めましょう。Lesson 1での目標は、**頻出会話パターン①と②に慣れ、音と文字とのギャップを確認すること**です。リスニングも一緒にがんばっていきましょう！

❶ 頻出会話パターン①（問いかけ→応答）

まずは、頻出会話パターン①の例題を見てみましょう。

> Woman: Can I use your computer to write a few e-mails?
> Man: Well, I'm working on my thesis right now.
> Question: What does the man imply?
>
> (A) He is almost finished with his thesis.
> (B) The woman should write her thesis.
> (C) The woman cannot use his computer now.
> (D) His computer is not suitable for e-mails.

女性の「コンピュータを使わせて」という問いかけに対して、男性は「ちょうど今、論文を書いているところ」と応答することで「今は使えない」と伝えているので、正解は(C)です。この例題のように応答が間接的でも、**問いかけの内容とその答えをしっかりと把握する**ように心掛けましょう！

> 訳 女性：いくつかEメールを書くために、あなたのコンピュータを使わせてもらえる？
> 男性：あ、ちょうど今、論文を書いているところなんだ。
> 質問：男性は何をほのめかしているか。
> (A) 彼は論文をほとんど書き終えている。　(B) 女性は自分の論文を書くべきだ。
> (C) 女性は今、彼のコンピュータを使えない。(D) 彼のコンピュータはEメールに適していない。

頻出会話パターン①について、練習問題を解きながら、さらに学習を進めていきましょう。

❷ 練習問題にチャレンジ（頻出会話パターン①）

CDを聞いて，適切な答えを1つ選びましょう。
（解答時間は設定していませんので，CDを一時停止し解答してください）

1. (A) She is worried about the bill.
   (B) She needs to know how much the bill is.
   (C) She has already paid the bill.
   (D) They should take better care of their telephone.

2. (A) He didn't get the handbook.
   (B) The office will be closed tomorrow.
   (C) There were just a few handbooks left.
   (D) The handbooks have not been printed.

3. (A) She performed with the orchestra last night.
   (B) She traveled a long way to see the concert.
   (C) She plans to see the concert soon.
   (D) She was uncertain whether she would enjoy the concert.

4. (A) Introduce the man to Laura
   (B) Let the man look at the article after Laura
   (C) Ask Laura what she thought of the article
   (D) Ask the man to give the article to Laura

5. (A) He thinks the woman's suggestion is good.
   (B) He can meet the woman in the afternoon.
   (C) The theme has already been decided.
   (D) He cannot meet until tomorrow.

正解と解説が気になるかもしれませんが，その前に音と文字とのギャップを確認しましょう。

❸ 音と文字とのギャップ

以下の英語はどのように聞こえる（発音する）と思いますか？
Let it go.「放っておけ」
文字から判断すると「レットイットゴー」ですが，実際は「レリゴー」のように聞こえます（発音します）。「レリゴーと聞こえたら，Let it go. という英語なんだ」と認識し，「レリゴー」と発してみることで，皆さんにとって Let it go. は「聞こえて使える英語」になります。このような体験を積み重ねることで，「音と文字とのギャップ」が解消され，「聞こえて使える英語」がどんどん増えていきます。そこで，次のページから始まる「音の解説」は，**①スクリプトを見ながらCDを聞く→②訳と下線部の音の変化を確認する→③スクリプトを見ながらCDの音声を（特に下線部の音の変化を意識して）まねてみる**，という手順で学習してくださいね。

音の解説

1. 🎧 20

M: Did you⁽¹⁾ pay the telephone bill? You know we'll be charged a⁽²⁾ penalty if⁽³⁾ we're late. W: No need to⁽⁴⁾ worry. It's all taken care of. Q: What does the woman mean? 男性：電話料金は払った？　遅れると罰金を課されるよね。 女性：心配ないわ。すべて済んでいるわよ。 質問：女性は何を意味しているか。	**vocabulary and phrase** telephone bill 電話料金／be charged 〜 〜を課される／penalty 图 罰金／take care of 〜 〜を処理する

(1) つながって「ディジュウ」。(2) つながって「チャージラ」。(3) 語尾のfは弱く発音。(4) dとtが同時に発音されるため「ニートゥー」。

＊カタカナで音の解説をしていますが，音と文字とのギャップが分かったら，**カタカナは見ないで，音声をまねる**ように心掛けましょう！

2. 🎧 21

W: Did you⁽¹⁾ remember to get a⁽²⁾ student handbook for me when you went to⁽³⁾ the dean's office today? M: It was closed when I⁽⁴⁾ got there⁽⁵⁾. You'll just have to wait⁽⁶⁾ until tomorrow. Q: What does the man mean? 女性：今日，学部長のオフィスに行ったときに，学生ハンドブックを忘れずに取ってきてくれた？ 男性：そこに行ったときには，閉まっていたんだ。明日まで待たなければいけないよ。 質問：男性は何を意味しているか。	**vocabulary and phrase** dean 图 学部長

(1) つながって「ディジュウ」。(2) tが**d**化し，次のaとつながって「ゲラ」のように聞こえる。(3) つながって「ウェントゥ」。(4) つながって「ウェナイ」。(5) tとthが同時に発音されるため「ガッゼアー」。(6) 語尾の**破裂音t**はほとんど聞こえない。

●**d化**：tとアクセントのない母音がつながったときに，dもしくは日本語のラ行に近い音に聞こえること。

●**破裂音**：b, d, g, k, t, pを破裂音といい，語尾にあるものはしっかり発音されず，ほとんど聞こえない場合もある。

3. 🎧 22

M: So, how was the orchestra concert⁽¹⁾ last night? Was it⁽²⁾ worth all the time you spent driving? W: Certainly. I love that symphony, and⁽³⁾ I'm sure they won't⁽⁴⁾ be performing⁽⁵⁾ it⁽⁶⁾ around here in the near future. Q: What can be inferred about the woman? 男性：それで，昨夜のオーケストラの演奏会はどうだったの？　長時間運転した価値はあったかい？ 女性：もちろん。あの交響曲が大好きだし，近いうちにこの辺りで演奏することがないことは確かよ。 質問：女性に関して何が推論できるか。	**vocabulary and phrase** worth 形 価値がある／spend (時間)＋*doing* (時間)を〜して過ごす／symphony 名 交響曲

(1)(2)(4)(6) の t，(3) の d，(5) の g は，いずれも語尾でしっかり発音されないため，ほとんど聞こえない。

4. 🎧 23

M: Remember that magazine article you were talking about? I'd⁽¹⁾ like to borrow it⁽²⁾, if you don't⁽³⁾ mind. W: No problem, but I've⁽⁴⁾ promised it to⁽⁵⁾ Laura first. Q: What will the woman probably do? 男性：君が話していたあの雑誌の記事を覚えているかい？　もしよかったら，借りたいんだけど。 女性：いいわよ，でもローラに最初に貸す約束をしちゃった。 質問：女性はおそらく何をするか。	**vocabulary and phrase** magazine article 雑誌の記事／I'd like to *do* 〜したい／mind 動 気にする／promise 動 を約束する

(1) 短縮形（'d）はあまりはっきりと発音されないため，ほとんど聞こえない。(2)(3) t は弱くほとんど聞こえない。(4) t が d 化し，短縮形（'ve）はほとんど聞こえないため，「バライ」のように聞こえる。(5) つながって「イットゥー」。

5. 🎧 24

W: I have a suggestion for what we could⁽¹⁾ use as a theme for the next issue of the campus literary journal. Can we talk about it⁽²⁾? M: Well, I have to be in the lab until two today, but I'm⁽³⁾ free from then on⁽⁴⁾. Q: What does the man mean?	**vocabulary and phrase** suggestion 名 提案／theme 名 テーマ／next issue 次号／literary journal 文学雑誌／lab 名 研究室／from then on それ以降は

女性：キャンパス文学雑誌の次号のテーマとして使えるものについて，提案があるの。それについて話せる？
男性：ええと，今日は2時まで研究室にいなければならないけど，それ以降は空いているよ。
質問：男性は何を意味しているか。

(1) dが弱く「クッ」。(2) aboutのtがd化し，itのtが弱いため，「アバウリン」のように聞こえる場合あり。(3) tがd化し「バラム」。(4) nとoがつながって「ゼノン」。

Training

リーディングと同様，トレーニングを行いましょう。スクリプトの意味はしっかり把握していますか？　自信のない人は，改めてp.98〜100を確認してからトレーニングをしましょう！　速くてついていけない場合は，カンマやピリオドで一旦CDを止めても構いません。

❶ 音まねシャドーイング（2回）

付属CDのすぐ後についてシャドーイングしましょう。

❷ スラッシュリーディング（2回）

スラッシュごとにポーズを取りながら，読んでみましょう。

❸ 意味取りシャドーイング（2回）

もう一度CDを聞いて，今度は意味も意識しながらシャドーイングしましょう。

---

1. 〔20〕
M: Did you pay the telephone bill?// You know/ we'll be charged a penalty/ if we're late.//
W: No need to worry.// It's all taken care of.//
Q: What does the woman mean?//

2. 〔21〕
W: Did you remember to get a student handbook for me/ when you went to the dean's office today?//
M: It was closed/ when I got there.// You'll just have to wait/ until tomorrow.//
Q: What does the man mean?//

3.
- M: So,/ how was the orchestra concert last night?// Was it worth all the time/ you spent driving?//
- W: Certainly.// I love that symphony,/ and I'm sure/ they won't be performing it/ around here in the near future.//
- Q: What can be inferred about the woman?//

4.
- M: Remember that magazine article/ you were talking about?// I'd like to borrow it,/ if you don't mind.//
- W: No problem,/ but I've promised it to Laura first.//
- Q: What will the woman probably do?//

5.
- W: I have a suggestion for/ what we could use as a theme/ for the next issue of the campus literary journal.// Can we talk about it?//
- M: Well,/ I have to be in the lab/ until two today,/ but I'm free from then on.//
- Q: What does the man mean?//

❹ 練習問題に再チャレンジ（頻出会話パターン①）

p.97の練習問題に再チャレンジしましょう。その後，正解と解説を確認してください。すでに学習済みの会話ですので，ちょっと負荷をかけ，**「意味取りシャドーイング」**をしながら，音声を聞きましょう！

正解と解説

1. 正解 (C)
(A) 彼女は請求額を心配している。
(B) 彼女は請求額がいくらか知る必要がある。
(C) 彼女はすでに請求額を支払った。
(D) 彼女らは自分たちの電話をもっと大切にすべきだ。

解説 男性の質問「払った？」に対して，女性は「心配ない，すべて済んでいる」と言うことで「払った」と伝えています。**It's all taken care of.「すべて済んでいる」**はよく使う表現なので，覚えましょう！

2. 正解 (A)
(A) 彼はハンドブックを入手しなかった。
(B) 明日はオフィスが閉まっている。
(C) ハンドブックは少し残っているだけだった。
(D) ハンドブックは印刷されていない。

解説 女性の質問「学生ハンドブックを忘れずに取ってきてくれた？」に対して，男性は「行ったけど閉まっていた。明日まで待たなければならない」と言うことで，「まだハンドブックは入手していない」と伝えています。

3. 正解 **(B)**

(A) 彼女は昨夜オーケストラと一緒に演奏した。
(B) 彼女はコンサートを観るために長距離を移動した。
(C) 彼女は近いうちにコンサートを観る計画をしている。
(D) 彼女はコンサートを楽しむかどうか確信がなかった。

解説 男性の質問に対して，女性は「あの交響曲が大好きだし，近いうちにこの辺りで演奏することがないのは確かよ」と言うことで，「長時間運転の価値はあった」と伝えています。**spend＋時間＋*doing*「時間を〜して過ごす」**はよく使う表現なので，覚えましょう！

4. 正解 **(B)**

(A) 男性をローラに紹介する　　　(B) ローラの後で男性に記事を見せる
(C) ローラに記事をどう思ったか尋ねる
(D) 記事をローラに渡すように男性に頼む

解説 女性はまず「いいわよ」と言っていますが，ここで油断せず，**but以下にも注目しましょ**う。「ローラに最初に貸す約束をした」と述べています。

5. 正解 **(B)**

(A) 彼は女性の提案が良いと思う。　(B) 彼は午後，女性に会える。
(C) テーマはすでに決まっている。　(D) 彼は明日まで会えない。

解説 女性の「話せる？」という質問に対して，男性はbut以下で「2時以降は空いているよ」と言うことで「午後なら話せる」と伝えています。

5 頻出会話パターン②（意見→賛成・反対）

2つ目の頻出会話パターンを説明します。では，例題を見てみましょう。

> M: I don't think this is the best location to live in.
> W: Of course not. It's farther from campus than any other apartments.
> Q: What does the woman tell the man?
>
> (A) The distance from campus is why the apartment is not good.
> (B) The neighborhood is probably very quiet.
> (C) The campus is not well located.
> (D) All students should live on campus.

男性の意見「ここが，住むのに1番いい場所だとは思わないな」に対して，女性が「もちろんよ」と賛成であることを伝え，その後，「他のどのアパートよりもキャンパスから遠い」とその理由を述べています。よって，正解は(A)です。この例

題のように，**「意見や意思表示」が聞こえたら，それに対して「賛成か反対か」の意思表示をしっかり把握する**ように心掛けましょう。

訳 男性：ここが，住むのに1番いい場所だとは思わないな。
女性：もちろんよ。他のどのアパートよりもキャンパスから遠いわ。
質問：女性は男性に何を伝えているか。
(A) キャンパスからの距離が，アパートが良くない理由である。
(B) 近隣はおそらく非常に静かである。
(C) キャンパスはあまり立地が良くない。　　(D) 全学生がキャンパス内に住むべきである。

頻出会話パターン②について練習問題を解きながら，さらに学習を進めていきましょう。

❻ 練習問題にチャレンジ（頻出会話パターン②）

CDを聞いて，適切な答えを1つ選びましょう。　　　🎧 25〜29
（解答時間は設定していませんので，CDを一時停止し解答してください）

6. (A) The food in the cafeteria is still good half the time.
(B) The cafeteria is so bad he would rather pay to eat elsewhere.
(C) The woman should join him for dinner at a restaurant.
(D) The cafeteria was always bad.

7. (A) She finds the class difficult.
(B) The class will be harder for the man in the future.
(C) She expected him to do poorly in the class.
(D) She is taking a different class.

8. (A) The man should invite everyone to his parties.
(B) The man should consider other people who live in the dorms.
(C) The dorms are big enough to have parties and study in.
(D) It is too expensive to have parties in the dorms.

9. (A) She thinks the course is easy.
(B) She is taking only one course.
(C) She thinks the assignments are hard.
(D) She is thinking about taking a history course.

10. (A) He was very busy after his history class.
(B) The woman should speak more in class instead of only listening to the professor.
(C) The professor was more interesting a year ago.
(D) He thought the professor's lectures were boring.

正解と解説を確認する前に，音と文字とのギャップを確認しましょう。

❼ 音と文字とのギャップ

①スクリプトを見ながらCDを聞く→②訳と下線部の音の変化を確認する→③スクリプトを見ながらCDの音声をまねるという手順で「音の解説」部分を学習してくださいね。

音の解説

6. 🎧 25

W: The food at the⁽¹⁾ cafeteria has definitely gotten worse. M: Right. I'm eating at⁽²⁾ restaurants half the time now. Q: What does the man imply? 女性：カフェテリアの食事は確実にまずくなっているわ。 男性：そうだよね。今では僕はしょっちゅうレストランで食べているよ。 質問：男性は何をほのめかしているか。	**vocabulary and phrase** definitely 副 確かに／half the time しょっちゅう

(1) at の t と the の th は同時に発音されているので「アッザッ」。(2) eating の t が d 化し、g と t が弱く発音されているので「イーリンアッ」。

7. 🎧 26

M: This class is a lot easier than I expected. W: Maybe for you, but⁽¹⁾ you were always good at⁽²⁾ science. Q: What does the woman imply? 男性：このクラスは僕が期待していたよりもはるかに易しいよ。 女性：たぶんあなたにとってはね。あなたはいつも理科が得意だったから。 質問：女性は何をほのめかしているか。	**vocabulary and phrase** be good at ～ ～が得意である

(1) t が弱く「バッ」。(2) d と t が弱く「グッラッ」。

8. 🎧 27

M: They said⁽¹⁾ we can't⁽²⁾ have parties in the dorms anymore. It seems a little strict. I mean we do pay to live there. W: Well, other people pay to live there too, and⁽³⁾ they need to⁽⁴⁾ study. Q: What does the woman imply? 男性：僕たちはもう寮でパーティーを開くことができないと言われたよ。ちょっと厳しいように思う。あそこに住むためにお金を払っているわけだしさ。 女性：まあ、他の人たちもあそこに住むためにお金を	**vocabulary and phrase** dorm (= dormitory) 图 寮／not ～ anymore もう～しない／strict 形 厳しい

払っているわけだし，彼らは勉強しなければいけないのよね。
質問：女性は何をほのめかしているか。

(1) dが弱く「セッ」。(2) tが弱く「キャンツ」。canの場合は比較的弱く，can'tの場合は強く発音されますが，canとcan'tの聞きわけは，基本的に「音」ではなく，「前後の文脈」で判断するように心掛けましょう。男性の2文目で「ちょっと厳しい」と言っているので，「パーティーを開くことが<u>できない（can't）</u>」と判断できます。(3) dが弱く「エン」。(4) つながって「ニートゥー」。

9. 28

M:	I can't⁽¹⁾ keep up with the⁽²⁾ readings in Professor Carlton's history class.
W:	Seriously? I started to⁽³⁾ think I was the only one.
Q:	What can be inferred about the woman?

vocabulary and phrase
keep up with 〜 〜についていく

男性：カールトン教授の歴史クラスの読書課題にはついていけない。
女性：本当？　私だけかと思い始めていたところよ。
質問：女性に関して何が推論できるか。

(1) tが弱く「キャンツ」。(2) つながって「ウィザ」。(3) つながって「スターリッドゥ」。

10. 29

W:	My history professor is really great. Time flies in her⁽¹⁾ classes.
M:	Speak for yourself. I had her⁽²⁾ last year, and I⁽³⁾ couldn't wait to⁽⁴⁾ get out of⁽⁵⁾ the room.
Q:	What does the man mean?

vocabulary and phrase
time flies 時間が経つのが早い／Speak for yourself. こちらの場合は別だ。（相手の意見に不同意の場合に使う表現）／get out of 〜 〜から出て行く

女性：私の歴史の教授は本当に素晴らしいの。彼女のクラスでは時間が経つのが早いわ。
男性：僕の場合とは違うね。僕も去年彼女のクラスを受けたけど，部屋から出て行くのが待ちきれなかったよ。
質問：男性は何を意味しているか。

(1) her/himのhは弱く発音され「インナァ」。(2) hadのdとherのhが弱く「ハァラ」。(3) dが弱く「アナイ」。(4) couldn'tのtが弱く，wait toはつながって，「クドゥン　ウェイトゥ」。(5) getとoutのtがともにd化し「ゲラゥラ(ブ)」。

Training

最後は仕上げのトレーニングです。スクリプトの意味はしっかり把握していますか？自信のない人は、改めてp.104～105を確認してからトレーニングをしましょう！速くてついていけない場合は、カンマやピリオドで一旦CDを止めても構いません。

❶ 音まねシャドーイング（2回）

❷ スラッシュリーディング（2回）

❸ 意味取りシャドーイング（2回）

6.
- W: The food at the cafeteria/ has definitely gotten worse.//
- M: Right.// I'm eating at restaurants/ half the time now.//
- Q: What does the man imply?//

7.
- M: This class is a lot easier than I expected.//
- W: Maybe for you,/ but you were always good at science.//
- Q: What does the woman imply?//

8.
- M: They said/ we can't have parties/ in the dorms anymore.// It seems a little strict.// I mean/ we do pay to live there.//
- W: Well,/ other people pay to live there too,/ and they need to study.//
- Q: What does the woman imply?//

9.
- M: I can't keep up with the readings/ in Professor Carlton's history class.//
- W: Seriously?// I started to think/ I was the only one.//
- Q: What can be inferred about the woman?//

10.
- W: My history professor is really great.// Time flies in her classes.//
- M: Speak for yourself.// I had her last year,/ and I couldn't wait to get out of the room.//
- Q: What does the man mean?//

このトレーニングを続けることで、リスニング力がアップします。自信を持って、がんばっていきましょう！

❽ 練習問題に再チャレンジ（頻出会話パターン②）

p.103の練習問題に再チャレンジしましょう。その後、正解と解説を確認してください。すでに学習済みの会話ですので、ちょっと負荷をかけ、**「意味取りシャドーイング」**をしながら、音声を聞きましょう！

正解と解説

6. 正解 (B)
(A) カフェテリアの食事は依然として半分の場合はおいしい。
(B) カフェテリアは非常にまずいので，彼は他の場所でお金を払って食べたい。
(C) 女性はレストランで彼と一緒に夕食をとるべきだ。
(D) カフェテリアは常にまずかった。

解説 女性の「カフェテリアの食事はまずくなっている」という意見に対して，男性は「しょっちゅうレストラン（＝他の場所）で食べている」と言って賛成しています。

7. 正解 (A)
(A) 彼女はクラスが難しいと思っている。
(B) クラスは男性にとって今後はより難しくなる。
(C) 彼女は彼がクラスで成績が悪いと思っていた。
(D) 彼女は違うクラスを受講している。

解説 男性の「はるかに易しい」という意見に対して，女性は「あなたにとってはね」と言うことで「自分にとっては難しい」と伝えています。

8. 正解 (B)
(A) 男性は全員を彼のパーティーに招待すべきだ。
(B) 男性は寮に住む他の人々のことを考慮すべきだ。
(C) 寮は，パーティーを開いたり勉強をしたりするのに十分な大きさだ。
(D) 寮でパーティーを開くのはお金がかかりすぎる。

解説 男性の不満に対して，女性は他の人のことも考えるように伝え，その不満に賛成していません。

9. 正解 (C)
(A) 彼女はコースが簡単だと思っている。
(B) 彼女は１つだけコースを取っている。
(C) 彼女は課題が大変だと思っている。
(D) 彼女は歴史のコースを受講することを考えている。

解説 男性の「読書課題にはついていけない」という意見に対して，女性は「私だけかと思った」と言うことで，男性の意見に賛成しています。

10. 正解 (D)
(A) 彼は歴史のクラスの後，非常に忙しかった。
(B) 女性は教授の話を聞くだけではなく，クラスの中でもっと発言すべきだ。
(C) 教授は１年前はもっと面白かった。
(D) 彼は教授の講義を退屈だと思った。

解説 男性は「僕の場合とは違う」と言い，女性の意見に賛成していません。

Lesson 2
会話のリスニングの基礎②

引き続き，短い会話を聞きながら，リスニングの基礎力を強化していきましょう。ここでの目標は，**頻出会話パターン③（提案→賛成・反対），頻出会話パターン④（問題→解決）に慣れ，音と文字とのギャップを確認する**ことです。

❶ 頻出会話パターン③（提案→賛成・反対）

まず，例題を見てみましょう。

Woman:	Wow, that's a lot of books! Do you want me to take something off your hands until we reach campus?
Man:	That's OK. I have five classes every Monday, so I'm kind of used to it.
Question:	What will the man probably do?

(A) Give some of his books to the woman to carry
(B) Carry all of his books to campus
(C) Take fewer classes in the future
(D) Leave some of his books at school

女性の「運ぶのを手伝いましょうか？」という提案に対して，男性が「大丈夫」と提案を断っているので，正解は(B)です。この例題のように，**「提案」が聞こえたら，それに対して「賛成か反対か」の意思表示をしっかり把握する**ように心掛けましょう。

🈠 女性：まあ，たくさんの本ね！ キャンパスに着くまで運ぶのを手伝いましょうか？
　男性：大丈夫。毎週月曜日は5つクラスがあるので，まあ慣れているんだ。
　質問：男性はおそらく何をするか。
(A) 自分の本を何冊か運んでもらうために女性に渡す。
(B) キャンパスまで自分の本をすべて運ぶ。
(C) 今後は受けるクラスを少なくする。
(D) 学校に何冊かの本を置いておく。

頻出会話パターン③は理解できましたか？ では，さらに学習を進めていきましょう。

❷ 練習問題にチャレンジ（頻出会話パターン③）

CDを聞いて，適切な答えを1つ選びましょう。
（解答時間は設定していませんので，CDを一時停止し解答してください）

🎧 30〜34

1. (A) He missed the train this morning.
   (B) His transportation to campus is unreliable.
   (C) He has missed many biology classes.
   (D) There is no bus that runs near his house.

2. (A) The afternoon is the only time he is free tomorrow.
   (B) He wants to know what questions the woman has about literature.
   (C) He is not available tomorrow afternoon.
   (D) He isn't sure when the literature test is.

3. (A) Go to the restaurant with the man
   (B) Work on her studies
   (C) Find out when the restaurant closes
   (D) Get some exercise

4. (A) He is enthusiastic about playing volleyball.
   (B) He regrets that he can't join the woman.
   (C) He isn't sure how to refuse the offer politely.
   (D) He would like to repay the woman's kindness.

5. (A) Not go to class and wash the dishes himself
   (B) Ask the professor if he can take the test early
   (C) Have the woman go to class for him
   (D) Ask the woman to wash as many dishes as she can

正解と解説を確認する前に，音と文字とのギャップを確認しましょう。

❸ 音と文字とのギャップ

①スクリプトを見ながらCDを聞く→②訳と下線部の音の変化を確認する→③スクリプトを見ながらCDの音声をまねるという手順で「音の解説」部分を学習してくださいね。

音の解説

1. 🔊 30

W: Fifteen minutes late for biology class because of delays on the train again, huh? Jason, why don't you⁽¹⁾ just give up and take the bus? M: The bus that runs by my apartment⁽²⁾ building⁽³⁾? It's always late! Q: What can be inferred about the man? 女性：また電車の遅延のせいで，生物学クラスに15分遅刻ね？　ジェイソン，あきらめてバスを使ったらどう？ 男性：僕のアパートの近くを走るバスかい？　あれは，いつも遅れるんだ！ 質問：男性について何が推論できるか。	**vocabulary and phrase** biology 图 生物学／delay 图 遅延／Why don't you 〜？ 〜したらどう？（提案表現） ＊that runs ... building は The bus を修飾

(1) つながって「ドンチュゥ」。(2) 最後の t が弱く「アパートメン」，(3) g が弱く「ビルディン」のように聞こえる場合あり。

＊カタカナで音の解説をしていますが，音と文字とのギャップが分かったら，**カタカナは見ないで，音声をまねる**ように心掛けましょう！

2. 🔊 31

W: Okay, how about⁽¹⁾ we get together⁽²⁾ to study for the literature test tomorrow afternoon? M: That's out of⁽³⁾ the question. Is that the⁽⁴⁾ only time you have free? Q: What does the man mean? 女性：さて，文学のテストの勉強のために明日の午後に集まるのはどう？ 男性：それは問題外だよ。その時間しか空いていないのかい？ 質問：男性は何を意味しているか。	**vocabulary and phrase** How about 〜？ 〜はどう？（提案表現）／get together 集まる／literature 图 文学／out of the question 問題外の／the only time (that) you have free あなたが空いている唯一の時間

(1) t が弱く「アバウッ」。(2) つながって「ゲットゥギャザァ」。(3) t と f が弱くなり「アウラッ」。(4) that の語尾の t と the が弱く「ザッ（ディ）」。

3. 🔊 32

M: How would you⁽¹⁾ like to go with me to try that⁽²⁾ new Chinese restaurant tonight⁽³⁾? W: I really think I need to⁽⁴⁾ go to the gym tonight. I haven't⁽⁵⁾ worked out in⁽⁶⁾ over a week.	**vocabulary and phrase** How would you like to 〜？ 〜してはどう？（提案表現）／gym 图 ジム／work out 運

110

| Q: What will the woman probably do?
男性：今夜，あの新しい中華レストランに一緒に行ってみないかい？
女性：今夜はジムに行かなければと本当に思っているの。1週間以上運動していないのよ。
質問：女性はおそらく何をするか。 | 動する |

(1) つながって「ウッジュウ」。(2) t が弱く「ザッ」。(3) つながって「レストラントゥナイト」。(4) つながって「ニートゥ」。(5) t が弱く「ハヴン」。(6) worked の語尾と out の t が d 化し，つながって「ワークダウリン」。

4. 🎧 33

| W: We've⁽¹⁾ reserved one of the courts at the gym if you'd⁽²⁾ like to play volleyball with us on Sunday.
M: Thanks, Jane. How can I⁽³⁾ pass that up⁽⁴⁾?
Q: What does the man mean?
女性：もし日曜日に私たちとバレーボールをしたければ，体育館のコートを1つ予約してあるわ。
男性：ありがとう，ジェーン。見送る手はないね。
質問：男性は何を意味しているか。 | **vocabulary and phrase**
reserve 動 を予約する／pass up 〜 〜を断る／How can I pass that up? どうやって見送ることができるの？（いや，できない）
＊反語的な意味 |

(1) 've は弱い。(2) 'd は弱い。(3) つながって「キャナイ」。(4) 語尾の t が d 化し「ザッラップ」。up の p が弱く，「ザッラッ」のように聞こえる場合もあり。

5. 🎧 34

| W: I know you have class soon. Would you⁽¹⁾ like me to wash the dishes for you? You can make it up⁽²⁾ to me later.
M: Actually, today is just a review session, and I'm already prepared for the test.
Q: What will the man probably do?
女性：あなたはもうすぐ授業よね。代わりにお皿を洗っておいてあげようか？　後で埋め合わせしてくれればいいわよ。
男性：実は，今日はただの復習セッションで，僕はもうテストの準備ができているんだ。
質問：男性はおそらく何をするか。 | **vocabulary and phrase**
make 〜 up 〜の埋め合わせをする／be prepared for 〜 〜に備えている |

(1) つながって「ウッジュウ」。(2) t が d 化し「メイキラップ」。

111

Training

トレーニングを行いましょう。速くてついていけない場合は、カンマやピリオドで一旦CDを止めても構いません。

❶ 音まねシャドーイング（2回）
付属CDのすぐ後についてシャドーイングしましょう。

❷ スラッシュリーディング（2回）
スラッシュごとにポーズを取りながら、読んでみましょう。

❸ 意味取りシャドーイング（2回）
もう一度CDを聞いて、今度は意味も意識しながらシャドーイングしましょう。

1.
(30)
W: Fifteen minutes late for biology class/ because of delays on the train again, huh?// Jason, why don't you just give up/ and take the bus?//
M: The bus that runs by my apartment building?// It's always late!//
Q: What can be inferred about the man?//

2.
(31)
W: Okay,/ how about we get together/ to study for the literature test tomorrow afternoon?//
M: That's out of the question.// Is that the only time you have free?//
Q: What does the man mean?//

3.
(32)
M: How would you like to go with me/ to try that new Chinese restaurant tonight?//
W: I really think/ I need to go to the gym tonight.// I haven't worked out in over a week.//
Q: What will the woman probably do?//

4.
(33)
W: We've reserved/ one of the courts at the gym/ if you'd like to play volleyball with us on Sunday.//
M: Thanks, Jane.// How can I pass that up?//
Q: What does the man mean?//

5.
(34)
W: I know you have class soon.// Would you like me to wash the dishes for you?// You can make it up to me later.//
M: Actually,/ today is just a review session,/ and I'm already prepared for the test.//
Q: What will the man probably do?//

トレーニング，お疲れさま。一歩一歩前に進んでいますので，このがんばりを継続していきましょう！

❹ 練習問題に再チャレンジ（頻出会話パターン③）

p.109の練習問題に再チャレンジしましょう。その後，正解と解説を確認してください。すでに学習済みの会話ですので，ちょっと負荷をかけ，「**意味取りシャドーイング**」をしながら，音声を聞きましょう！

正解と解説

1. 正解 (B)
(A) 彼は今朝電車に乗れなかった。
(B) キャンパスまでの彼の交通手段はあてにならない。
(C) 彼は生物学の授業を何度も休んだ。
(D) 彼の家の近くを走るバスはない。

解説 女性の「バスを使ったらどう？」という提案に対して，男性は「バスはいつも遅れる」と言い，賛成していません。バスはいつも遅れる，つまりあてにならないことが分かります。

2. 正解 (C)
(A) 午後は彼が明日空いている唯一の時間だ。
(B) 彼は女性が文学についてどんな質問があるか知りたがっている。
(C) 彼は明日の午後は空いていない。
(D) 彼は文学のテストがいつか分からない。

解説 女性の「明日の午後に集まるのはどう？」という提案に対して，男性は「それは問題外だよ」と言い，提案に賛成していません。ここから男性は明日の午後は都合が悪いことが分かります。

3. 正解 (D)
(A) 男性と一緒にレストランに行く　　(B) 勉強に取り組む
(C) いつレストランが閉まるか調べる　(D) 運動する

解説 男性の「新しい中華レストランに行かない？」という提案に対して，女性は「ジムに行く」と言い，賛成していません。

4. 正解 (A)
(A) 彼はバレーボールをすることに乗り気である。
(B) 彼は女性と一緒に参加できないことを残念に思う。

(C) 彼は申し出をどのように丁寧に断ればいいか分からない。
(D) 彼は女性の親切のお返しをしたい。

解説 女性の「予約してあるわ」という提案に対して，男性はお礼を言い，「見送る手はない」と賛成しています。

5. 正解 (A)

(A) 授業に行かず自分で皿を洗う
(B) 早くテストを受けることができるかどうか教授に尋ねる
(C) 代わりに女性に授業に行ってもらう
(D) できるだけ多くの皿を洗うように女性に頼む

解説 男性は「今日は復習セッションで，僕はテストの準備はできている」と言うことで授業に行かないことをほのめかし，女性の提案を断っています。

❺ 頻出会話パターン④（問題→解決）

まずは，例題を見てみましょう。

> M: Oh, man! I didn't know it was so late! I'll have to run to class.
> W: Well, my bike is right outside.
> Q: What does the woman mean?

(A) The man should run to class instead of riding her bike.
(B) She will take her bike to class, so she will be on time.
(C) They should go for a ride instead of going to class.
(D) The man can take her bike to class instead of running.

男性が抱える「授業に遅れそう」という問題に対して，女性が「私の自転車がすぐ外にあるわよ」と言うことで「自転車を貸してあげる」と提案し，問題を解決しようとしています。よって，正解は(D)です。この例題のように，**「問題点」が聞こえたら，それに対する「解決法や提案」の内容をしっかり把握する**ように心掛けましょう。

> **訳** 男性：なんてこった！　こんなに遅い時間だとは思わなかった！　教室まで走らないといけない。
> 女性：あら，私の自転車がすぐ外にあるわよ。
> 質問：女性は何を意味しているか。
> (A) 男性は彼女の自転車に乗らずクラスまで走るべきだ。
> (B) 彼女は自転車に乗って授業に行くので間に合う。
> (C) 彼らは授業に行く代わりに自転車で出かけるべきだ。
> (D) 男性は走る代わりに彼女の自転車を使って授業に行ってもよい。

頻出会話パターン④は理解できましたか？　では，さらに学習を進めていきましょう。

❻ 練習問題にチャレンジ（頻出会話パターン④）

CDを聞いて，適切な答えを１つ選びましょう。 🎧 35〜39
（解答時間は設定していませんので，CDを一時停止し解答してください）

6. (A) Sit in her desk while she is absent from the class
(B) Fill in the assignments the woman will miss
(C) Explain the class content to the woman later
(D) Take her place in her economics group

7. (A) Take more cough syrup
(B) Go to bed early
(C) Wait to see whether his cough goes away
(D) See a doctor

8. (A) The ink cartridge is already in the printer.
(B) He took the woman's ink cartridge.
(C) The ink cartridge may not have been stolen.
(D) He didn't buy an ink cartridge.

9. (A) Take him to see another professor
(B) Listen to the professor speak in another city
(C) Meet with the professor before his lecture
(D) Find out whether her sister liked the lecture

10. (A) Concentrate on his studies
(B) Start working full-time
(C) Change the order of his study schedule
(D) Take fewer classes

正解と解説を確認する前に，音と文字とのギャップを確認しましょう。

❼ 音と文字とのギャップ

①スクリプトを見ながらCDを聞く→②訳と下線部の音の変化を確認する→③スクリプトを見ながらCDの音声をまねるという手順で「音の解説」部分を学習してくださいね。

音の解説

6. 🎧 35

W: I'm gonna[(1)] miss class today because of my economics group project.
M: Don't[(2)] worry. I'll be there and[(3)] can fill you in later.
Q: What will the man do for the woman?
女性：私の経済学のグループ・プロジェクトのため，

> **vocabulary and phrase**
> miss class クラスを欠席する／economics 名 経済学／fill 〜 in 〜に詳細を教える

今日はクラスを欠席するわ。
男性：心配ないよ。僕が出席するので，後で君に詳細を教えることができるよ。
質問：男性は女性のために何をするか。

(1) gonna「ゴナ」は going to のくだけた言い方。同様に want to も wanna「ワナ」と言う場合がある。(2) t が弱い。(3) d が弱い。

7. 🎧 36

M: I can't⁽¹⁾ believe I still have this cough. That cough syrup I⁽²⁾ bought at the⁽³⁾ drug store isn't⁽⁴⁾ helping⁽⁵⁾ at all.
W: It's Wednesday; the student health clinic is open till ten tonight.
Q: What does the woman imply the man should do?

vocabulary and phrase
cough 图 咳／health clinic 診療所

男性：まだこんなに咳が出るなんて信じられない。ドラッグストアで買った咳止めシロップが全く役に立っていないんだ。
女性：水曜日なので，学生診療所は夜10時まで開いているわ。
質問：女性は男性が何をすべきだとほのめかしているか。

(1) t が弱い。(2) l が弱い。(3) t と th が同時に発音され「アッザッ」。(4) t と (5) g が弱い。

8. 🎧 37

W: I bought a⁽¹⁾ new ink cartridge for my printer yesterday, and⁽²⁾ now it's gone. I guess someone took it⁽³⁾.
M: Don't⁽⁴⁾ be so sure. Have you⁽⁵⁾ looked on⁽⁶⁾ your desk right next to⁽⁷⁾ your printer?
Q: What does the man imply?

vocabulary and phrase
be gone なくなる／I guess (that) ～ ～と思う

女性：昨日，私のプリンター用に新しいインクカートリッジを買ったんだけど，もうなくなっているわ。誰かが持って行ったのではないかと思うの。
男性：それは分からないよ。プリンターのすぐ隣の君の机の上は見た？
質問：男性は何をほのめかしているか。

(1) t が d 化し「ボオラ」。(2) d が弱い。(3) つながって「トゥッキット」。it の t が弱く，「トゥッキッ」と聞こえる場合もあり。(4) t が弱い。(5) つながって「ハビュ

ウ」。(6) つながって「ルックロン」。(7) つながって「ネクストゥ」。

9. 🎧 38

W:	I can't⁽¹⁾ believe I was too busy to see that⁽²⁾ lecture by Professor Jordan when he⁽³⁾ visited campus.
M:	Well, I think he's speaking⁽⁴⁾ in Chicago next month. You can catch him⁽⁵⁾ when you're there visiting with your sister.
Q:	What does the man suggest the woman do?
女性：	ジョーダン教授がキャンパスを訪れたとき，忙しすぎて講義に出ることができなかったのが信じられないわ。
男性：	まあでも，来月シカゴで彼の講演があると思うよ。お姉さんを訪ねてそこに行ったときに彼に会うことができるね。
質問：	男性は女性が何をすることを提案しているか。

vocabulary and phrase
too ～ to do ～すぎて…できない

(1) tが弱い。(2) tが弱い。(3) heのhが弱く「ウェニィ」。(4) gが弱い。(5) himのhが弱く「キャッチィム」。

10. 🎧 39

M:	I've⁽¹⁾ been working⁽²⁾ so many hours at my job that⁽³⁾ I barely have time to study.
W:	You should⁽⁴⁾ get your priorities in order. You didn't⁽⁵⁾ come to university to work part-time.
Q:	What does the woman tell the man to do?
男性：	僕は仕事でとても多くの時間を働き続けているので勉強する時間がほとんどないんだ。
女性：	優先順位をつけるべきね。あなたはアルバイトをするために大学に入ったわけではないのよ。
質問：	女性は男性に何をするように言っているか。

vocabulary and phrase
so ～ that … とても～なので…だ／barely 副 ほとんど～ない／priority 名 優先事項／in order 順番に

(1) 'veは弱い。(2) gは弱い。(3) tは弱い。(4) dは弱い。(5) tは弱い。

Training

速くてついていけない場合は，カンマ，またはピリオドのところで一旦CDを止めても構いません。

❶ 音まねシャドーイング（2回）

❷ スラッシュリーディング（2回）

❸ 意味取りシャドーイング（2回）

6.
🎧 35
W: I'm gonna miss class today/ because of my economics group project.//
M: Don't worry.// I'll be there/ and can fill you in later.//
Q: What will the man do for the woman?//

7.
🎧 36
M: I can't believe I still have this cough.// That cough syrup/ I bought at the drug store/ isn't helping at all.//
W: It's Wednesday;/ the student health clinic is open till ten tonight.//
Q: What does the woman imply the man should do?//

8.
🎧 37
W: I bought a new ink cartridge/ for my printer yesterday,/ and now it's gone.// I guess someone took it.//
M: Don't be so sure.// Have you looked on your desk/ right next to your printer?//
Q: What does the man imply?//

9.
🎧 38
W: I can't believe/ I was too busy to see that lecture by Professor Jordan/ when he visited campus.//
M: Well,/ I think he's speaking in Chicago next month.// You can catch him/ when you're there visiting with your sister.//
Q: What does the man suggest the woman do?//

10.
🎧 39
M: I've been working so many hours at my job/ that I barely have time to study.//
W: You should get your priorities in order.// You didn't come to university/ to work part-time.//
Q: What does the woman tell the man to do?//

> この調子で，「英文が聞ける自分」をイメージしながらがんばってくださいね！

❽ 練習問題に再チャレンジ（頻出会話パターン④）

p.115の練習問題に再チャレンジしましょう。その後，正解と解説を確認してください。すでに学習済みの会話ですので，ちょっと負荷をかけ，**「意味取りシャドーイング」**しながら，音声を聞きましょう！

正解と解説

6. 正解 **(C)**

(A) 彼女が授業を欠席している間に彼女の机に座る
(B) 女性がし損なう課題を記入する
(C) 後で女性に授業内容を説明する
(D) 彼女の経済学のグループで彼女の代わりをする

解説 女性の「授業を欠席する」という問題に対して，男性は「後で内容を教えてあげるよ」と提案しています。

7. 正解 (D)

(A) 咳シロップをもっと飲む　　　(B) 早く寝る
(C) 咳が止まるかどうか見守る　　(D) 医者にかかる

解説 咳が止まらない男性に対して，女性は「学生診療所は夜10時まで開いているわよ」と言い，医者に行くことを提案しています。

8. 正解 (C)

(A) インクカートリッジはすでにプリンターに入っている。
(B) 彼は女性のインクカートリッジを取った。
(C) インクカートリッジは盗まれたのではないかもしれない。
(D) 彼はインクカートリッジを買わなかった。

解説 「誰かが持って行った」と疑っている女性に対して，男性はプリンターのすぐ隣の机の上を見るように提案しながら，「誰かが持って行ったわけではないかもしれない」と伝えています。

9. 正解 (B)

(A) 彼を別の教授に会わせに連れて行く　(B) 別の都市で教授の講演を聞く
(C) 講義の前に教授に会う
(D) 彼女の姉が講義を気に入ったかどうか確認する

解説 「講義に出ることができなかった」と言う女性に対して，男性が解決策として別の場所での講演に出るように提案しています。

10. 正解 (A)

(A) 勉強に集中する　　　　　　　(B) フルタイムで働く
(C) 彼の勉強スケジュールの順番を変える　(D) 受けるクラスを少なくする

解説 「勉強する時間がない」と言う男性に対して，女性は「優先順位をつけるべきね」と言い，「仕事ではなく学業を優先する」ように提案しています。

以上でLesson 2は終了です。少しずつ文字と音とのギャップに慣れてきましたか？（大きな変化ではないとしても）ちょっとした変化（＝成長）を感じながら，次のレッスンもがんばってくださいね！

Lesson 3
会話のリスニング①教授と学生

ここからは，Lesson 1～2より長い会話（約2分）を使って学習をします。目標は，**重要なポイント（問われやすいポイント）を確認し，長めの会話でもトレーニングをやり切ること**です。長さに負けずに，がんばっていきましょう！

❶ 重要ポイント（問われやすいポイント）

実際の試験の会話問題は学生ともう1人の登場人物（教授，アドバイザー，大学職員，別の学生など）の間の会話が題材です。シチュエーションは，授業についていけず教授やアドバイザーに相談に行ったり，学生寮でトラブルがあり大学職員に相談に行ったり，課題について学生同士で話し合ったりなど，大学生活でよくあるものになります。あまり「試験だ」と力まずに，「大学のキャンパスで行われている日常会話を聞く」つもりで，ちょっと楽しみながら会話を聞くように心掛けましょう。

会話の大きな流れは，基本的に以下の図のとおりです。

❶ 会話のトピック・目的・問題点	例）学生が「学習法が分からないので会いに来ました」などと言いながら，会話のトピック（＝学習法の相談），目的（＝相談のため），問題点（＝学習法が分からない）を提示します。
❷ 問題点の詳細な説明	例）「宿題はしっかりやっているが試験の点数が悪い」など，問題点を詳しく説明します。
❸ 解決策の提案内容	例）「詳細情報は気にせず，メインの情報を掴むように学習しよう」など，問題解決のための提案が話されます。

4 提案への返答＆今後の行動

例）提案を受け，「アドバイスを参考に学習し，また来週相談に来る」など，今後の行動について話します。

以上のような流れで2人の会話は進んでいきます。まとめると，会話問題で重要なポイント（問われやすいポイント）は，主に**「会話のトピック・目的・問題点」**，**「問題点の詳細な説明」**，**「解決策の提案内容」**，**「提案への返答＆今後の行動」**の4つです。まずはこの4つを把握するように練習しましょう！

❷ 問題にチャレンジ

TOEFL形式の問題にチャレンジしましょう（解答用のポーズを設けてあります）。
＊注意：会話が終了し，ナレーターが設問を読みあげるまで設問と選択肢を見ないようにしてください。

🔊 40～41

1. What do the professor and the student mainly discuss?
   (A) The student's study schedule
   (B) Why the student is studying statistics
   (C) How the student can do better in the course
   (D) Possible errors in the grading of the first test

2. Why does the professor ask the student about her math experience?
   (A) He thinks the student could be taking the class by mistake.
   (B) The student may have misunderstood her score on the first test.
   (C) He is surprised an art history major is interested in statistics.
   (D) He wants to know the reason she is falling behind the course.

3. Why can't the student start working with a tutor now?
   (A) She is too busy.
   (B) She has not finished the next three chapters of the text.
   (C) No tutors are available this month.
   (D) She has an art history test to finish first.

4. What will the professor probably do next?
   (A) Tell the tutors to wait until the student is ready
   (B) Give the student additional study materials for the course
   (C) Tutor the student himself
   (D) Regrade the student's exam to make sure he did not make any mistakes

この後，問題に再チャレンジしてもらいますので，答え合わせはちょっと待っていてください。

❸ 問題に再チャレンジ

会話を4つのカタマリに分けて聞き直したうえで，問題に解答します。具体的には以下の手順で問題に再チャレンジしましょう。

① 🔊42 「会話のトピック」と「会話の目的」を把握しましょう。
② 🔊43 「学生が抱える問題点」と「その問題が発生した理由」を把握しましょう。
③ 🔊44 「教授の提案内容」と「その提案に対する学生の反応」を把握しましょう。
④ 🔊45 「教授の提案内容」と「その提案に対する学生の反応」を把握しましょう。
⑤ 🔊40〜🔊41 を聞き，前ページの問題に再チャレンジしましょう。

❹ スクリプトの意味確認

問題の正解と解説を見る前に，以下のステップでスクリプトを確認しましょう。

Step 1 まずはスクリプトを見ずにCDを聞き，その後「大きな流れ」を確認しましょう。
Step 2 スクリプトを見て，より詳しく「小さな流れ」を確認しましょう。最初は単語リストや訳を見ずに挑戦してくださいね。スクリプト中にあるマーカー部分は「ここも押さえよう！」に構文などの解説をまとめています。

① 🔊42 (N: Narrator, W: Student, M: Professor)
〈大きな流れ〉
学生が教授に相談に来た目的や学生が抱えている問題点を説明しています。**会話の冒頭は，会話のトピック，会話の目的，学生が抱えている問題点を把握**するように心掛けましょう！

N: Listen to a conversation between a student and her professor. W1: ❶Hi, Doctor Watkins. M1: ❷Hi Mary. ❸You wanted to see me? W2: ❹Yeah. ❺I saw my score on the first test in our statistics class, and, well, it's just that it's lower than I expected it to be. ❻A lot lower actually. 〈小さな流れ〉 N: 会話問題で「学生と教授の会話」は最頻出です。	訳 N：学生と教授の会話を聞きなさい。 W1：❶こんにちは，ワトキンス博士。 M1：❷こんにちは，メアリー。❸私に用事かい？ W2：❹はい。❺統計学クラスの初回テストの私の得点を見たのですが，その，ただちょっと私が期待していたより低かったのです。❻と言うか，はるかに低

122

ナレーター部分で，会話を聞く前に登場人物が学生と教授であることが分かります。自分が教授に相談や質問をしているつもりで聞きましょう。

M1/W2：❸教授の問いかけ「私に用事かい？」に対して，❹学生はまず直接的に「はい」と答えています。❺具体的な用事の内容を説明しながら，自分が抱えている問題点について明らかにしています。

ここも押さえよう！

W2：❺it's lower than I expected it to be. の it は my score のこと。❻a lot は比較級 lower を強調し，「はるかに，ずっと」の意味。

かったのです。

vocabulary and phrase

statistics 名 統計学（cf. art history 名 美術史／astronomy 名 天文学／biology 名 生物学／economics 名 経済学／environmental science 名 環境科学／geography 名 地理学／geology 名 地質学／linguistics 名 言語学／mathematics（= math）名 数学／physics 名 物理学／psychology 名 心理学／zoology 名 動物学）／it's just that ～ ただちょっと～です

② 🎧 **43**

〈大きな流れ〉

学生が抱えている**問題点を詳しく説明**し，教授は**その理由を知ろう**としています。

M2: ❶Oh? Do you want me to double-check the grading?
W3: ❷It's not that. ❸I'm afraid that I'm falling behind already, and was hoping you could give me some tips on how to catch up.
M3: ❹What's your major, Mary? ❺Do you have a strong math background?
W4: ❻Art history. ❼And, yeah, I was always really good at math in high school. ❽I gotta say, though, there's a lot of stuff in this course that's unfamiliar to me.

〈小さな流れ〉

M2/W3：❶教授の「採点を再確認してほしいということかい？」という問いかけに，❷学生は「そうではない」と答えています。
M3/W4：❺教授の問いかけに，❻学生は直接的に「美術史」と答え，その後，❼❽自分が抱える問題点についてより詳細に（高校時代は数学が得意だったが，統計学の授業は知らないことばかり）説明しています。

ここも押さえよう！

W3：❷It（＝教授にしてほしいこと），that（＝採点を再確認すること）。❸I'm afraid that ～「～で

訳 M2：❶ん？ 私に採点を再確認してほしいということかい？
W3：❷そうではありません。❸私はすでにクラスに遅れてしまっていると思うので，追いつくためのアドバイスをいただけないかと思ったんです。
M3：❹メアリー，君の専攻は何かな？ ❺数学の知識は豊富なのかい？
W4：❻美術史です。❼そして，はい，高校ではいつも数学が本当に得意でした。❽でも，実を言うと，このコースではなじみのないことがたくさん出てきます。

vocabulary and phrase

double-check 動 を再確認する／grading 名 採点／fall behind 後れを取る／tip 名 アドバイス，ヒント／be good at ～ ～が得意である／gotta do = got to do ～しなければならない（have gotta do = have got

はないかと心配している」, I was hoping「〜と思っていた，〜を期待していた」。
W4 : that's (= that is) unfamiliar to me は a lot of stuff を修飾。

to doのhaveが省略されたカタチ）／though 副 でも、だけれど／stuff 名 物事／unfamiliar to 〜 〜になじみのない

③ 🎧44

〈大きな流れ〉

教授が問題の**解決策を提案**し，学生が**その提案に対して返答**しています。

M4: ❶Well, it's not unusual for students to have trouble with some of the concepts in statistics the first time that they encounter them. ❷What I would recommend is that you get a tutor. ❸Like a grad student who is using advanced statistical analysis for his or her research. ❹Would you like me to set that up for you?
W5: ❺That would be great! ❻Oh … I just thought of something. ❼My schedule is so crazy for the next month with work, school and band practice. ❽I mean, I'm definitely interested in working with a tutor, but there's no way that I can start for a while. ❾Is there anything I can do in the meantime?

訳 M4：❶まあ、統計学のいくつかの概念に最初に出会ったときに学生が苦労するのは珍しいことではないよ。❷私がお薦めするのは、個人指導を受けることだ。❸例えば、研究で高度な統計分析を行っている大学院生などのね。❹私が君のために手配してあげようか？
W5：❺それは素晴らしいです！❻あ…今、思い出しました。❼来月の私のスケジュールはアルバイトと学校、バンド練習でいっぱいなんです。❽つまり、個人指導を受けることには非常に興味があるのですが、しばらくのあいだ開始することができません。❾そのあいだ、何か私にできることはありませんか。

〈小さな流れ〉

M4：❶学生が抱えている問題について，教授は「珍しいことではないよ」と言い，学生を安心させようとしています。❷問題の解決策を提案しています。
W5：❺学生は「それは素晴らしいです」と言いながら，教授の提案に賛成しています。❽I mean と言いながら，前で言ったことをより詳しく説明しています。

ここも押さえよう！

M4：❷What I would recommend が主語。What I would recommend is that 〜「私がお薦めするのは，〜だ」は，提案する場合に使う便利な表現なので，ぜひ覚えましょう！　❹that = 個人指導を受けること。
W5：❽there's (= there is) no way that 〜「〜ということはあり得ない」。❾Is there anything (that) I can do?「何か私にできることはありますか」。

vocabulary and phrase
the first time that 〜 最初に〜したときに／encounter 動 に出会う／recommend 動 を薦める／tutor 名 指導員（大学院生が指導員となり，学生に個人指導を行う）／get a tutor 個人指導を受ける／grad student = graduate student 大学院生 (cf. undergraduate student 大学生)／advanced 形 高度な／statistical 形 統計学の／analysis 名 分析／set 〜 up 〜を手配する／I mean つまり／definitely 副 非常に／for a while しばらく

の間／in the meantime その間

④ 🎧 45
〈大きな流れ〉

学生の返答を受け，教授が**新たな提案**をしています。

M5: ❶Well, the next test would be before then. ❷It's going to cover the next unit of the text—the next three chapters. ❸What I can do is give you some extra questions to do on your own time. ❹Not only questions related to what we're doing now, but also some that can help with the content from the first test. ❺You know, so you can catch up. ❻Why don't you work on those, and then we can talk again before the next test?
W6: ❼That sounds fantastic! ❽Thank you so much.

〈小さな流れ〉

M5: ❸教授が新たな提案をしています。追加の問題をくれるなんて優しい教授ですね。❻「また話そう」と提案しています。
W6: ❼学生はThat sounds fantastic!と言って提案に賛成しています。

ここも押さえよう！

M5: ❸What I can do is (to) give O₁O₂「私にできることは，O₁にO₂を与えることだ」。❹related to what we're doing now が後ろから questions を修飾。some that は some (questions) that can ... test のように questions が省略されています。❻Why don't you do ~?「~したらどうですか」は提案する場合によく使うので覚えましょう！

訳 M5: ❶ええと，次のテストはその前だね。❷次のテストではテキストの次の3章を対象とすることになる。❸私にできるのは，君が自分の時間に解くための追加の問題をいくつか君に与えることだ。❹今私たちがやっていることに関連がある問題だけでなく，初回テストの内容に関しても役立つものだよ。❺そう，君が追いつくことができるように。❻それらをやってみて，それから，次のテストの前にまた私と話してみてはどうかな。
W6: ❼素敵です！ ❽どうもありがとうございます。

vocabulary and phrase
on *one's* own time 自由時間に／help with ~ ~に役立つ／work on ~ ~に取り組む

スクリプトの意味は把握できましたか？
次は，問題の正解と解説を確認しましょう！

正解と解説

1. 正解 (C)
教授と学生は主に何について話しているか。
(A) 学生の学習スケジュール　　(B) なぜ学生が統計学を勉強しているか

(C) どうすれば学生がコースでよりうまくやっていけるか
(D) 初回テストの採点でのあり得るミス

解説 会話のトピックに関する問題。学生は冒頭部分，特にW3で「クラスに追いつくためのアドバイス」を求めています。

2. 正解 (D)
なぜ教授は学生に数学の知識について尋ねているか。
(A) 彼は学生が誤ってクラスを受講していると考えている。
(B) 学生は初回のテストで自分の得点を誤解していたかもしれない。
(C) 彼は美術史専攻の学生が統計学に興味を持っていることに驚いている。
(D) 彼は彼女がコースについていけない理由を知りたい。

解説 問題点に関する詳細問題。学生の問題を受け，その理由を知るために，M3で教授が「数学の知識」について尋ね，W4で学生が「その理由」について説明しています。

3. 正解 (A)
なぜ学生は今，個別指導員につくことを開始することができないか。
(A) 彼女は忙しすぎる。
(B) 彼女はテキストの次の3章を終えていない。
(C) 今月は利用できる個人指導員がいない。
(D) 彼女はまず美術史のテストを終える必要がある。

解説 提案に対する返答問題。M4での「個人指導を受ければ」という提案に対して，W5で「来月のスケジュールがアルバイトなどでいっぱいで，個人指導をしばらく受けられない」と述べています。

4. 正解 (B)
教授はおそらく次に何をするか。
(A) 学生の準備が整うまで待つようにと個人指導員に伝える
(B) 学生にコースのための追加の学習教材を与える
(C) 彼自身が学生に個人指導する
(D) 彼がミスしていなかったことを確認するために学生の試験を再採点する

解説 今後の行動に関する問題。W5での「個人指導はしばらく受けられない」という問題に対して，M5で「追加の問題をいくつか君に与える」という提案をしているので，(B)の行動をすると判断します。

Training

最後は仕上げのトレーニングです。スクリプトの意味はしっかり把握していますか？自信のない人は，改めてp.122〜125を確認してからトレーニングをしましょう！速くてついていけない場合は，カンマやピリオドで一旦CDを止めても構いません。

❶ 音まねシャドーイング（2回）
❷ スラッシュリーディング（2回）
❸ 意味取りシャドーイング（2回）

🔊 42

N:　Listen to a conversation/ between a student and her professor.//
W1: Hi, Doctor Watkins.//
M1: Hi Mary.// You wanted to see me?//
W2: Yeah.// I saw my score on the first test/ in our statistics class,/ and, well,/ it's just that/ it's lower than I expected it to be.// A lot lower actually.//

🔊 43

M2: Oh?// Do you want me to double-check the grading?//
W3: It's not that.// I'm afraid that/ I'm falling behind already,/ and was hoping/ you could give me some tips/ on how to catch up.//
M3: What's your major, Mary?// Do you have a strong math background?//
W4: Art history.// And, yeah,/ I was always really good at math/ in high school.// I gotta say,/ though,/ there's a lot of stuff in this course/ that's unfamiliar to me.//

🔊 44

M4: Well,/ it's not unusual for students/ to have trouble with some of the concepts in statistics/ the first time that they encounter them.// What I would recommend is/ that you get a tutor.// Like a grad student/ who is using advanced statistical analysis/ for his or her research.// Would you like me to set that up for you?//
W5: That would be great!// Oh ... / I just thought of something.// My schedule is so crazy for the next month/ with work, school and band practice.// I mean,/ I'm definitely interested in working with a tutor,/ but there's no way/ that I can start for a while.// Is there anything I can do/ in the meantime?//

🔊 45

M5: Well,/ the next test would be before then.// It's going to cover the next unit of the text/—the next three chapters.// What I can do is/ give you some extra questions/ to do on your own time.// Not only questions/ related to what we're doing now,/ but also some that can help with the content/ from the first test.// You know,/ so you can catch up.// Why don't you work on those,/ and then/ we can talk again before the next test?//
W6: That sounds fantastic!// Thank you so much.//

Lesson 4
会話のリスニング②学生同士

Lesson 3に引き続き、会話（約2分）を使って学習をしてもらいます。ここでの目標も、**重要なポイント（問われやすいポイント）を確認し、トレーニングまでやり切ること**です。

❶ 重要ポイント（問われやすいポイント）

まずは復習です。以下の（　）を埋めながら、「大きな流れ」と「重要ポイント（問われやすいポイント）」を確認しましょう。（　）埋めにトライした後、p.120〜121を参照してください。

会話の大きな流れは、基本的に以下の図のとおりです。

❶ 会話の（　　）・（　　）・（　　）	例）学生が「学習法が分からないので会いに来ました」などと言いながら、会話のトピック（＝学習法の相談）、目的（＝相談のため）、問題点（＝学習法が分からない）を提示します。
↓	
❷ 問題点の（　　　）	例）「宿題はしっかりやっているが試験の点数が悪い」など、問題点を詳しく説明します。
↓	
❸ （　　）の提案内容	例）「詳細情報は気にせず、メインの情報を掴むように学習しよう」など、問題解決のための提案が話されます。
↓	
❹ 提案への（　　）＆今後の（　　）	例）提案を受け、「アドバイスを参考に学習し、また来週相談に来る」など、今後の行動について話します。

以上のような流れで2人の会話は進んでいきます。まとめると，会話問題で重要なポイント（問われやすいポイント）は，主に「**会話の（　　）・（　　）・（　　）**」，「**問題点の（　　）**」，「**（　　）の提案内容**」，「**提案への（　　）＆今後の（　　）**」の4つです。まずはこの4つを把握するように練習しましょう！

❷ 問題にチャレンジ

TOEFL形式の問題にチャレンジしましょう（解答用のポーズを設けてあります）。
＊注意：会話が終了し，ナレーターが設問を読みあげるまで設問と選択肢を見ないようにしてください。

🎧 46 ～ 47

1. What are the students mainly discussing?
   (A) The woman's e-mail problems
   (B) Why the woman's family cannot attend graduation
   (C) The woman's shortage of tickets to graduation
   (D) The woman's small family

2. According to the man, why did the university limit the number of tickets to graduation?
   (A) The auditorium is unusually small.
   (B) The number of graduates has increased.
   (C) Each graduate is inviting more family members than before.
   (D) Fewer students are attending the graduation ceremony.

3. What surprised the woman about her memory?
   (A) She remembered the e-mail word for word.
   (B) She deleted the e-mail before reading it.
   (C) She incorrectly remembered about attendance limits.
   (D) She never received the e-mail.

4. What will the woman probably do next?
   (A) Speak to the registrar about extra tickets
   (B) Ask the man's roommate for extra tickets
   (C) Call two of her guests and ask them not to come
   (D) Get a technician to check her computer

> この後，問題に再チャレンジしてもらいますので，答え合わせはちょっと待っていてください。

❸ 問題に再チャレンジ

会話を4つのカタマリに分けて聞き直したうえで，問題に解答します。具体的には以下の手順で問題に再チャレンジしましょう。

① 🎧 48 「**会話のトピック**」と「**会話の目的**」を把握しましょう。

② 🎧49 「女子学生が抱える問題点」と「その問題が発生した理由」を把握しましょう。
③ 🎧50 「女子学生が抱える問題点」と「その問題が発生した理由」の続きを把握しましょう。
④ 🎧51 「男子学生の提案内容」と「その提案に対する女子学生の反応」を把握しましょう。
⑤ 🎧46～47 を聞き，前ページの問題に再チャレンジしましょう。

❹ スクリプトの意味確認

問題の正解と解説を見る前に，以下のステップでスクリプトを確認しましょう。

Step 1 まずはスクリプトを見ずにCDを聞き，その後「大きな流れ」を確認しましょう。
Step 2 スクリプトを見て，より詳しく「小さな流れ」を確認しましょう。最初は単語リストや訳を見ずに挑戦してくださいね。スクリプト中にあるマーカー部分は「ここも押さえよう！」に構文などの解説をまとめています。

① 🎧48 (N: Narrator, M: Man, W: Woman)

〈大きな流れ〉

学生が抱えている問題点を説明しています。**会話の冒頭は，会話のトピック，会話の目的，学生が抱えている問題点を把握する**ように心掛けましょう！

N: Listen to part of a conversation between two students.
M1: ❶Wow, I can't believe we graduate next week. ❷Are you excited?
W1: ❸Am I ever! ❹But I'm also a little stressed.
M2: ❺Why's that?
W2: ❻Well, I thought that the university let us invite up to 15 guests to the ceremony. ❼But when I went to the registrar's office to pick up my graduation packet, I only got enough tickets for 10 people.

〈小さな流れ〉

N：学生同士の会話も頻出です。自分が学生の1人になったつもりで聞きましょう。
W1：❹対比の論理マーカー But以下で，「少しストレスもたまっているの」と女子学生は問題を抱えていることを話しています。その内容に注意しな

訳 N：2人の学生の会話の一部を聞きなさい。
M1：❶ああ，僕たちが来週卒業するなんて信じられない。❷君は興奮しているかい？
W1：❸もちろん！ ❹でも少しストレスもたまっているの。
M2：❺それはどうして？
W2：❻実は，大学が私たちにゲストを15人まで式に招待させてくれると思っていたの。❼でも私が事務局に卒業関連書類一式を取りに行った際に，10人分しか招待券をもらえなかったのよ。

vocabulary and phrase
a little 少し／be stressed ストレスがたまっている／registrar's

がら聞きます。
W2：❼対比の論理マーカー But以下で，彼女が抱えている問題点（＝10人分しか招待券をもらえなかった）を説明しています。

> office 事務局，教務課（成績証明書を発行するのもこのオフィス）

ここも押さえよう！

M1：❶Wow, I can't believe「ああ，信じられない」は驚きを表す表現です。「なぜ驚いているのか」と問われることがありますので，驚きを表す表現には注意しましょう。
W1：❷Am I ever! ＝ Yes, I am.の強調表現です。例えば，Do you like cakes?「ケーキは好きですか？」に対してDo I ever!「もちろん！」のように用います。

② 49

〈大きな流れ〉

女子学生が**問題を抱えるに至った理由**を述べています。

M3：❶Yeah, they decided to cap the number of guests per student at 10 because there are more students in each graduating class now. ❷Even a really big auditorium like ours only holds so many. ❸Didn't you get the e-mail from administration last month?
W3：❹You know, I think I did. ❺But I must have accidentally deleted it, because when I went to check my save folder, I didn't see anything about attendance limits. ❻I could've sworn the university said 15 invites per student.

〈小さな流れ〉

M3：❶理由を表す論理マーカー because以下で，ゲストの人数を制限する理由を述べています。
M3/W3：❸男子学生の問いかけに対して❹女子学生が「Eメールは届いていたと思う」と返答しています。❺対比の論理マーカー But以下で，「Eメールが届いていたにもかかわらず，ゲストの人数制限に気づいていなかった」理由を述べています。

ここも押さえよう！

訳 M3：❶そう，今は卒業するクラスごとの学生数が多くなっているので，学生1人当たりのゲストを10人に制限することが決まったんだ。❷僕たちの大学のような本当に大きな講堂でもそのくらいの数を招くのがやっとなんだよ。❸事務局から先月Eメールが届かなかったの？
W3：❹うん，届いたと思う。❺でも，保存フォルダを確認してみたら，出席人数制限についてのメールは見あたらなかったので，うっかり削除してしまったに違いないわ。❻学生1人当たりの招待客は15人と大学は確かに言っていたはずなんだけど。

vocabulary and phrase
cap 動 を制限する／auditorium 名 講堂／administration 名 事務局／accidentally 副 うっかり

M3: ❶per student at 10「学生1人当たりのゲスト10人」。❷only holds so many「そのくらいの数を招くのがやっとなんだよ」。
W3: ❻swornの後にthatが省略されています。sworn (that) the university said 15 invites per student。

/delete 動 を削除する／save folder 保存フォルダ／attendance 名 出席者, 出席／swear 動 と断言する（swear-swore-sworn）／invite 名 招待

③ 🎧 50

〈大きな流れ〉

引き続き，女子学生が**問題を抱えるに至った理由**を述べています。

M4: ❶That was the old rule, but they actually changed it a year ago. ❷The e-mail was just a reminder to students that they only get 10 tickets now.
W4: ❸So much for my photographic memory! ❹Now what do I do?
M5: ❺Let me guess ... you invited 15 people, and they've all accepted.
W5: ❻Actually, I did invite 15 ... but luckily, only 12 of them can come. ❼Still, I can't exactly pick two people and tell them they can't come now — it might offend them.

〈小さな流れ〉

M4: ❶対比の論理マーカー but以下で，大学側が行ったことについて言及しています。
W4: ❸「私の鮮明な記憶力も，もうだめね」と自分の記憶力の無さに驚き，嘆いています。❹「さて私はどうしよう？」と言いながら，女子学生は解決策を求めています。
W5: ❻対比の論理マーカー but以下で，実際に卒業式に来るゲストの数を述べています。❼問題を抱えた彼女の心の葛藤を話しています。

ここも押さえよう！

M4: ❷お知らせの内容を that以下で説明しています（a reminderとthat以下は同格）。

訳 M4: ❶それは古い規則で，実は1年前に変わったんだ。❷Eメールは，現在10枚しか招待券を受け取れないということを学生に思い出させるための単なるお知らせだよ。
W4: ❸私の鮮明な記憶力も，もうだめね。❹さて私はどうしよう？
M5: ❺当ててみようか…15人を招待して，全員が出席するんでしょう。
W5: ❻実は，確かに15人招待したんだけど…運よく12人しか来られないの。❼とはいえ，2人だけを選んで，もう出席できなくなりましたと伝えることは私にはできないわ。その人たちの気分を害してしまうかもしれない。

vocabulary and phrase

reminder 名 思い出させるもの／photographic 形 鮮明な, 写真のような／memory 名 記憶力／still 副 とはいえ, それでも／offend 動 の気分を害する

④ 🎧 51

〈大きな流れ〉

男子学生が**解決策を提示**し，女子学生がその**提案に対して返答**しています。

M6: ❶Well, I have a solution for you. ❷My roommate only has 7 guests attending graduation. ❸I'll bet he'll be happy to give you two of his extra tickets.
W6: ❹That would be a lifesaver! ❺I'll call him tonight ... thanks!

〈小さな流れ〉
M6:❶男子学生が，解決法があることを伝え，❷❸でその解決法を提示しています。
W6:❹女子学生が，「それは本当に助かるわ！」と男子学生の提案に賛成しています。❺この会話の後で行う行動について述べています。

ここも押さえよう！
M6：I'll bet「きっと〜だろう」。

訳 M6:❶ふむ，解決法があるよ。❷僕のルームメートは，卒業式に出席する招待客が7人しかいないんだ。❸彼が，余った招待券のうち2枚を喜んで君に譲ってくれると思うよ。
W6：❹それは本当に助かるわ！❺今夜，彼に電話してみる…ありがとう！

vocabulary and phrase
solution 图 解決法／attend 動 に出席する／lifesaver 图 救いの手

スクリプトの意味は把握できましたか？つづいてp.129で解いた問題の正解と解説を確認しましょう！

正解と解説

1. 正解 (C)

学生たちは主に何について話しているか。

(A) 女性のEメール問題
(B) なぜ女性の家族が卒業式に出席できないか
(C) 女性の卒業式への招待券の不足
(D) 女性の小さな家族

解説 会話のトピックに関する問題。冒頭部分，特にW2，M3，W3で「女子学生が抱える問題（＝卒業式への招待券の不足）とその問題が発生した理由」について語っています。

2. 正解 (B)

男性によると，大学が卒業式への招待券の数を制限したのはなぜか。

(A) 講堂は非常に小さいから。
(B) 卒業生の数が増加しているから。
(C) 各卒業生が以前より多くの家族を招待しているから。
(D) 卒業式に出席する学生が減っているから。

解説 問題点に関する詳細問題。女子学生の問題を受け，男子学生がM3で「今は卒業するクラスごとの学生数が多くなっているので，学生1人当たりのゲストを10人に制限することが決まったんだ」と招待券の数を制限した理由を述べています。

3. 正解 **(C)**
女性は自分の記憶に関して何に驚いたか。
(A) 彼女はEメールを一語一句覚えた。
(B) 彼女はEメールを読む前に削除した。
(C) 彼女は出席人数制限について間違って覚えていた。
(D) 彼女はEメールを受け取らなかった。

解説 問題点に関する詳細問題。W4で「私の鮮明な記憶力も，もうだめね」と，自分の記憶力の無さに驚き，嘆いています。so much for「～はあきらめるしかない」が解答のカギ。(B)は，W3で「うっかり削除してしまったに違いないわ」と語っていますが，設問で問われている「彼女の記憶」とは関係がないので不適切です。

4. 正解 **(B)**
おそらく女性は次に何をするか。
(A) 事務官に余分の招待券について話す
(B) 男性のルームメートに余分の招待券を頼む
(C) 彼女のゲストのうち2人に電話して来ないように頼む
(D) 技術者に自分のコンピュータを調べてもらう

解説 今後の行動に関する問題。W6で「今夜，彼に電話してみる…ありがとう！」と述べているので，(B)「男性のルームメートに余分の招待券を頼む」と判断できます。(C)は，電話をする相手は男性のルームメートであって，「彼女のゲストのうち2人」ではないので不適切です。

Training

最後は仕上げのトレーニングです。スクリプトの意味はしっかり把握していますか？　自信のない人は，改めてp.130～133を確認してからトレーニングをしましょう！　速くてついていけない場合は，カンマやピリオドで一旦CDを止めても構いません。

❶ 音まねシャドーイング（2回）
付属CDのすぐ後についてシャドーイングしましょう。

❷ スラッシュリーディング（2回）
スラッシュごとにポーズを取りながら，読んでみましょう。

❸ 意味取りシャドーイング（2回）

もう一度CDを聞いて，今度は意味も意識しながらシャドーイングしましょう。

48

N: Listen to part of a conversation between two students.//
M1: Wow,/ I can't believe/ we graduate next week.// Are you excited?//
W1: Am I ever!// But I'm also a little stressed.//
M2: Why's that?//
W2: Well,/ I thought/ that the university let us invite/ up to 15 guests to the ceremony.// But when I went to the registrar's office/ to pick up my graduation packet,/ I only got enough tickets for 10 people.//

49

M3: Yeah,/ they decided to cap the number of guests/ per student at 10/ because there are more students/ in each graduating class now.// Even a really big auditorium like ours/ only holds so many.// Didn't you get the e-mail/ from administration last month?//
W3: You know,/ I think I did.// But I must have accidentally deleted it,/ because when I went to check my save folder,/ I didn't see anything about attendance limits.// I could've sworn/ the university said 15 invites per student.//

50

M4: That was the old rule,/ but they actually changed it a year ago.// The e-mail was just a reminder to students/ that they only get 10 tickets now.//
W4: So much for my photographic memory!// Now what do I do?//
M5: Let me guess ... / you invited 15 people,/ and they've all accepted.//
W5: Actually,/ I did invite 15 ... / but luckily,/ only 12 of them can come.// Still,/ I can't exactly pick two people/ and tell them they can't come now/ — it might offend them.//

51

M6: Well,/ I have a solution for you.// My roommate only has 7 guests/ attending graduation.// I'll bet/ he'll be happy/ to give you two of his extra tickets.//
W6: That would be a lifesaver!// I'll call him tonight ... / thanks!//

「少しトレーニングに慣れてきた」と感じられていれば，それが「成長」です。次のレッスンもがんばってくださいね。

Lesson 5
講義のリスニング① 生物学

さらにステップアップし，講義（約2分）を使って学習をしてもらいます。ここでの目標は，**重要なポイント（問われやすいポイント）を確認し，講義でもトレーニングをやり切ること**です。ちょっと難しいかもしれませんが，がんばっていきましょう！

❶ 問題にチャレンジ

講義問題は，「欧米の大学で教授が授業をしているのを聞いている」状況を想定しています。「実際に授業に参加している」気持ちでTOEFL形式の問題にチャレンジしましょう（解答用のポーズを設けてあります）。

＊注意：講義が終了し，ナレーターが設問を読みあげるまで設問と選択肢を見ないようにしてください。

| Biology | pasteurization | log reduction |

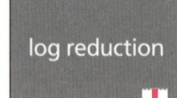

🎧 52 ～ 53

1. What is the main topic of the talk?
   (A) Microorganisms that cause illness in humans
   (B) The most efficient way to sterilize liquids
   (C) Achieving a logarithmic reduction
   (D) The process of pasteurization

2. According to the speaker, what happens in the process of pasteurization?
   (A) All microorganisms are killed.
   (B) The liquid is carefully filtered.
   (C) Heat kills some microorganisms.
   (D) A chemical that prevents the growth of microorganisms is added.

3. Why is pasteurized milk not safe to drink for an indefinite length of time?
   (A) Living microorganisms remain even after pasteurization.
   (B) Microorganisms are able to penetrate milk packaging.
   (C) Technology is not advanced enough to allow for complete sterilization.
   (D) The microorganisms that cause milk to go bad are not affected by pasteurization.

4. According to the lecture, what is "log reduction"?
   (A) The ability to pasteurize food at lower temperatures

(B) A reduction in the quantity of food in each package
(C) Removal of some of the liquid in processed food
(D) The elimination of some but not all microorganisms

> この問題には再チャレンジしてもらいますので，答え合わせはちょっと待っていてくださいね。

❷ 講義問題対策

講義問題はかなり難しかったかもしれませんね。でも大丈夫です。重要なポイント（問われやすいポイント）を知り，トレーニングをしっかりやり切れば，講義問題への対応力が身についていきます。

重要なポイント（問われやすいポイント）を知る

ポイントを知る前に，以下のステップでスクリプトを確認しましょう。
＊学習しやすいように，スクリプトを4つのカタマリに分けています。

Step 1 まずはスクリプトを見ずにCDを聞き，その後「大きな流れ」を確認しましょう。

Step 2 スクリプトを見て，より詳しく「小さな流れ」を確認しましょう。最初は単語リストや訳を見ずに挑戦してくださいね。スクリプト中にあるマーカー部分は「ここも押さえよう！」に構文などの解説をまとめています。

[カタマリ1] 🔊 54 (N: Narrator, P: Professor)

〈大きな流れ〉

講義のトピック（＝ the process of pasteurization「殺菌処理」）に言及し，**用語の説明**をしています。この段階でトピックが「牛乳などを安全に飲むために微生物を破壊する方法」などとイメージできていればOKです。**「自分が苦手な分野や知らない単語であっても，冒頭部分でがんばって，出来る限り理解しよう」**と心掛けながら練習しましょう！

N: Listen to part of a lecture in a biology class.
P: ❶The process of pasteurization was, naturally, developed by Louis Pasteur in 1862. ❷As we all know, pasteurized liquids, such as milk or juice, are heated to destroy microorganisms that may be present. ❸<mark>This makes the liquid safe</mark> for temporary storage and eventual human consumption.

〈小さな流れ〉

❶冒頭で，いきなり講義のトピック（＝ the process of pasteurization「殺菌処理」）に言及しています。❷トピックが専門用語のため，その意味の説明を始めています。❸トピックの説明が続いています。

ここも押さえよう！

❸ This ＝ ❷の内容，V ＝ makes, O ＝ the liquid, C ＝ safe。

訳 ナレーター：生物学クラスの講義の一部を聞きなさい。
教授：❶殺菌処理は，もちろん，ルイ・パスツールによって1862年に開発されました。❷周知の通り，牛乳やジュースといった殺菌された液体は，存在し得る微生物を破壊するために熱せられます。❸これにより液体は一時保存や人間の最終的な消費にとって安全になります。

vocabulary and phrase

biology 名 生物学／as we all know 周知の通り／pasteurized liquids 殺菌された液体／microorganism 名 微生物／present 形 存在する／temporary 形 一時的な／storage 名 保存／eventual 形 最終的な／consumption 名 消費

[カタマリ2] 55

〈大きな流れ〉

因果関係を示しながら、**トピックをさらに詳しく説明**しています。この段階で、「講義のトピックは専門用語の the pasteurization processes」、「これは細菌などを除去する方法のこと」、「この技術によって病気が減少」くらいが理解できていればOKです。

❹The pasteurization processes used today are extremely efficient at eliminating the harmful bacteria, viruses, protozoa, molds and yeasts that can cause illness when consumed in large numbers. ❺Thanks to the widespread use of these techniques, the number of cases of food-borne illnesses has decreased substantially in most developed countries.

訳 ❹今日利用されている殺菌処理は、大量に摂取した際に病気を引き起こす可能性がある有害な細菌、ウィルス、原虫、かび、酵母の除去において非常に効率的です。❺これらの技術の普及のおかげで、食物由来の病気の件数がほとんどの先進国で大きく減少しています。

〈小さな流れ〉

❹ 講義のトピック（＝the process of pasteurization「殺菌処理」）の役割（＝有害な細菌などを除去するのに非常に効率的）を説明しています。❺因果関係を表す論理マーカー Thanks to「〜のおかげで」を使いながら、殺菌がもたらす結果（＝この技術→食物由来の病気が減少）に言及しています。

ここも押さえよう！

❹used today は後ろから The pasteurization processes を修飾。主格の関係代名詞 that から numbers までが形容詞節で the harmful ... yeasts を修飾。when (the harmful bacteria, viruses, protozoa, molds and yeasts are) consumed。

vocabulary and phrase

extremely 副 非常に／efficient 形 効率的な／eliminate 動 を除去する／harmful 形 有害な／bacteria 名 細菌／virus 名 ウィルス／protozoa 名 原虫／mold 名 かび／yeast 名 酵母／cause 動 を引き起こす／illness 名 病気／consume 動 を摂取する／widespread 形 広がった／food-borne 形 食物由来の／decrease 動 減少する／substantially 副 大いに／developed country 先進国

[カタマリ3] 🎧56

〈大きな流れ〉

対比を示しながら，**トピックをさらに詳しく説明**しています。この段階で，「トピックである『殺菌』(pasteurization)では，完全に微生物を除去しない」と理解できていればOKです。

❻It is important to note, however, that pasteurization is not sterilization. ❼In any pasteurized product, there will be a few living microorganisms present, which is why our milk does, eventually, go bad. ❽You can't keep it indefinitely. ❾The aim of pasteurization is not complete elimination of microorganisms.

訳 ❻しかし，殺菌は滅菌ではないことに注意することが重要です。❼あらゆる殺菌製品においては少数の生きた微生物が存在し，そのため，私たちの牛乳は最終的には腐敗します。❽無期限に保存しておくことはできません。❾殺菌の目的は，微生物の完全な除去ではありません。

vocabulary and phrase

note 動 に注意する／indefinitely 副 無期限に／aim 名 目的／complete 形 完全な／elimination 名 除去

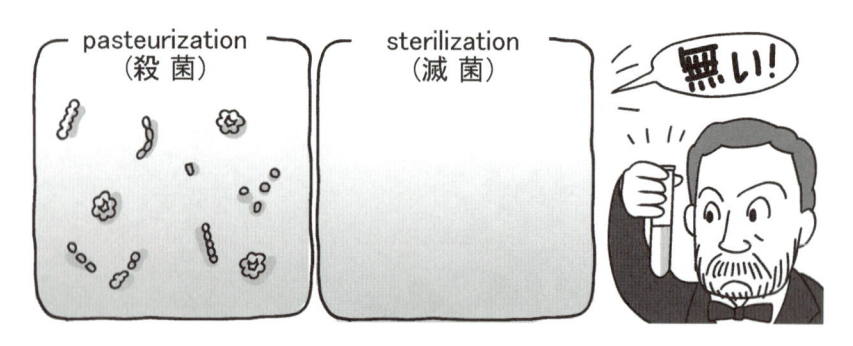

〈小さな流れ〉

❻対比を示す論理マーカー howeverを使いながら，トピックのpasteurizationはsterilization「滅菌」(sterilize「〜を滅菌する」)ではないと言及しています。❼〜❾ ❻の内容をより具体的に説明しています。❼「殺菌では，少数の生きた微生物が存在し，牛乳は最終的には腐敗する」と説明しています。❽「(殺菌では) 無期限に保存はできない」と説明しています。

ここも押さえよう！

❼ 形容詞present が後ろから living microorganisms を修飾。主格の関係代名詞whichの先行詞はIn any pasteurized product, there ... presentの部分です。❽it = milk。

[カタマリ4] 🎧57

〈大きな流れ〉

具体例及び新たな専門用語を提示しながら，**トピックをさらに詳しく説明**しています。この段階で，「トピックである『殺菌』(pasteurization)は病気を引き起こさない程度の低いレベルまで微生物の数を減少させることを意味し，"log reduction"が大きければ大きいほど，殺菌後に残る生きた微生物は少なくなる」と理解できていればOKです。

⓾Rather, it is the reduction of the numbers of these organisms to such low levels that they will not cause illness in healthy humans if consumed. ⓫More specifically, pasteurization aims for a logarithmic reduction, shortened to "log reduction," in the number of viable microorganisms present in a liquid. ⓬For example, if a liquid is pasteurized to a log reduction of 2, it means that 1/10th the number of microbes remain in the liquid compared with the number after a log reduction of 1. ⓭The higher the log reduction value, the fewer living microorganisms left after pasteurization.

訳 ⓾そうではなく，摂取した場合に健康な人間に病気を引き起こさない程度の低いレベルまで，これら微生物の数を減少させることです。⓫より具体的には，殺菌は，液体に存在する生きた微生物の数の対数減少，短縮形はlog reductionですが，これを目的とします。⓬例えば，ある液体が対数減少2に殺菌された場合，それは対数減少1後の数字と比較して10分の1の微生物が液体中に残っていることを意味します。⓭対数減少の値が大きければ大きいほど，殺菌後に残る生きた微生物は少なくなります。

vocabulary and phrase

reduction 名 減少／organism 名 微生物／healthy 形 健康な／aim for ～ ～を目的とする／logarithmic 形 対数の／shorten to ～ ～に短縮する／viable 形 生存能力のある

〈小さな流れ〉

⓾対比の論理マーカー Rather「そうではなく」を使いながら，トピック（＝pasteurization）の正確な意味（＝病気をしない程度の低いレベルまで殺菌）に言及しています。⓫論理マーカー specifically「具体的に」に続いて，⓾の内容を具体的に説明しています。⓬と⓭で専門用語 "log reduction" を説明しています。

ここも押さえよう！

⓾it ＝ the aim of pasteurization（❾に言及あり），these organisms ＝ microorganisms（❾に言及あり），they ＝ these organisms, if (they are) consumed。⓫present in a liquidが後ろから viable microorganismsを修飾。

スクリプトの大きな流れと意味は理解できましたか？　では，このスクリプトを例に，**講義の大きな流れ**を確認しましょう。基本的に以下の図のとおりです。

〈講義の大きな流れ〉　　　　　　　講義「殺菌処理」の場合

❶ 講義のトピック

例）講義のトピックであるthe process of pasteurizationに言及。

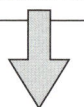

❷ トピックについての詳細な説明

- 専門用語の定義　＊例1）
- 因果関係　　　　＊例2）
- 対比/並立関係　 ＊例3）
- 抽象→具体　　　＊例4）

など

例1）**専門用語（pasteurization）の定義**を「牛乳などを安全に飲むために微生物を破壊する方法」と説明。

例2）「pasteurizationのおかげで，食物由来の病気が減少」と**因果関係**を示しながらトピックを説明。

例3）「pasteurizationはsterilizationではない」と**対比**となるsterilizationに言及しながら，トピックを説明。

例4）「トピックの正確な意味（＝病気を引き起こさない程度の低いレベルまで微生物の数を減少させること）」を論理マーカーMore specificallyの後で**より具体的に説明**。

このように，教授は，冒頭で講義のトピックに言及した後，専門用語の定義を説明したり，「因果関係，対比/並立関係，抽象→具体」という論理構造を用いたりしながらトピックを詳しく説明します。**「講義のトピック」**と**「トピックに関する詳しい説明（定義，因果関係，対比/並立関係，抽象→具体）」**のそれぞれが重要なポイント（問われやすいポイント）になります。皆さんは，**「冒頭で講義のトピックを把握すること」**と**「上述の論理関係を意識しながらトピックの詳しい説明を理解すること」**を心掛けながら練習していきましょう！

Training

講義問題に対応できるようになるために，トレーニングもしっかり行いましょう。スクリプトの意味はしっかり把握していますか？ 自信のない人は，改めてp.138〜141を確認してからトレーニングをしましょう。また，速くてついていけない場合は，カンマ，またはピリオドのところで一旦CDを止めても構いません。

❶ 音まねシャドーイング（2回）
付属CDのすぐ後についてシャドーイングしましょう。

❷ スラッシュリーディング（2回）
スラッシュごとにポーズを取りながら，読んでみましょう。

❸ 意味取りシャドーイング（2回）
もう一度CDを聞いて，今度は意味も意識しながらシャドーイングしましょう。

54

N: Listen to part of a lecture in a biology class.//
P: The process of pasteurization/ was, naturally, developed by Louis Pasteur in 1862.// As we all know,/ pasteurized liquids,/ such as milk or juice,/ are heated to destroy microorganisms/ that may be present.// This makes the liquid safe/ for temporary storage/ and eventual human consumption.//

55

The pasteurization processes used today/ are extremely efficient/ at eliminating the harmful bacteria, viruses, protozoa, molds and yeasts/ that can cause illness/ when consumed in large numbers.// Thanks to the widespread use of these techniques,/ the number of cases of food-borne illnesses/ has decreased substantially/ in most developed countries.//

56

It is important to note, however,/ that pasteurization is not sterilization.// In any pasteurized product,/ there will be a few living microorganisms present,/ which is why our milk does, eventually, go bad.// You can't keep it indefinitely.// The aim of pasteurization/ is not complete elimination of microorganisms.//

🎧57

Rather,/ it is the reduction of the numbers of these organisms/ to such low levels/ that they will not cause illness in healthy humans/ if consumed.// More specifically,/ pasteurization aims for a logarithmic reduction,/ shortened to "log reduction,"/ in the number of viable microorganisms present in a liquid.// For example,/ if a liquid is pasteurized to a log reduction of 2,/ it means that 1/10th the number of microbes remain in the liquid/ compared with the number after a log reduction of 1.// The higher the log reduction value,/ the fewer living microorganisms left after pasteurization.//

> 講義でのトレーニングは疲れますよね。「疲れた」と感じているってことは，講義を聞く力が身についてきている証ですよ。自分のがんばりに自信を持って，学習を継続しましょう！

❸ 問題に再チャレンジ

p.136〜137の問題に再チャレンジしましょう。その後，正解と解説を確認してください。すでに学習済みの講義ですので，ちょっと負荷をかけ，**「意味取りシャドーイング」** しながら，音声を聞きましょう！

正解と解説

1. 正解 (D)

話の主題は何か。

(A) 人間に病気を引き起こす微生物
(B) 液体を滅菌する最も効率的な方法
(C) 対数減少を達成すること
(D) 殺菌処理

解説 **講義のトピックに関する問題。**冒頭部分でトピックについて言及しています。(A)と(C)についても教授は言及していますが，トピック（＝殺菌処理）を説明するための情報の一部なので正解にはなりません。

2. 正解 (C)

話し手によると，殺菌の過程では何が起こるか。

(A) すべての微生物が殺される。
(B) 液体は慎重に濾過される。

(C) 熱はいくらかの微生物を殺す。
(D) 微生物の成長を妨害する化学物質が添加される。

解説 専門用語の定義に関する問題。❷と❸で「牛乳やジュースといった殺菌された液体は，存在し得る微生物を破壊するために熱せられ，これにより液体は一時保存や人間の最終的な消費にとって安全になります」と述べているので，正解は(C)です。(A)は「すべての微生物」が不適切です。(D)「化学物質が添加される」とは言及していません。

3. 正解 **(A)**

殺菌牛乳が無期限に飲用が安全なわけではないのはなぜか。

(A) 生きている微生物が殺菌後にも残る。
(B) 微生物は牛乳の容器を透過することができる。
(C) 完全な滅菌を可能にするほどには技術が進歩していない。
(D) 牛乳を腐敗させる微生物は殺菌による影響を受けない。

解説 因果関係に関する問題。❼「殺菌しても，少数の生きた微生物が存在し，そのため，牛乳は最終的には腐敗する」，❽「無期限に保存しておくことはできない」と述べているので，正解は(A)です。(C)「技術が進歩していない」とは言っていません。「殺菌は微生物の数を減らすことを目的とし，殺菌後にも微生物は残るため腐敗する」と述べているので，(D)「影響を受けない」が間違っています。

4. 正解 **(D)**

講義によると「対数減少」とは何か。

(A) 低温で食物を殺菌する能力
(B) 各容器内の食物の量の低下
(C) 加工食品における水分の一部除去
(D) すべてではないが，ある程度の微生物の除去

解説 抽象→具体に関する問題。❾と❿で「殺菌の目的は，微生物の完全な除去ではなく，むしろ，病気を引き起こさない程度の低いレベルまで微生物の数を減少させること」と述べ，⓫で論理マーカー (More) specifically「(より) 具体的に」に続いて，「殺菌の目的は，『対数減少』です」と語っています。整理すると，殺菌の目的は「微生物の完全な除去ではなく，むしろ，病気をしない程度の低いレベルまでの殺菌＝(より具体的には)『対数減少』」となるので，正解は(D)です。論理マーカー specifically をヒントに，「抽象→具体の関係」が把握できたかが，正解を導くためのポイントです。

> Lesson 5は以上で終了です。リスニングのレッスンも残すところあと1つです。もうひと踏ん張りしてくださいね！

Lesson 6
講義のリスニング②映画史

引き続き，講義（約2分）を使って学習をしてもらいます。ここでの目標は，**講義の大きな流れを再確認し，トレーニングをやり切ること**です。講義問題への対応力を身につけるためにがんばりましょう！

❶ 講義の大きな流れ

まずは復習です。以下の（　）を埋めながら，「講義の大きな流れ」を再確認しましょう。（　）埋めにトライした後，p.142を参照してください。

〈講義の大きな流れ〉

1 (　　　　　　　　　)

↓

2 (　　　　　　　　　)
- (　　　　　　) ＊例1）
- (　　　　) ＊例2）
- (　　／　　) ＊例3）
- (　　→　　) ＊例4）

など

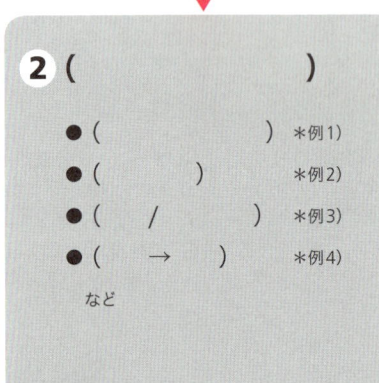

講義「殺菌処理」の場合

例）講義のトピックであるthe process of pasteurizationに言及。

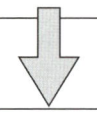

↓

例1）**専門用語（pasteurization）の定義**を「牛乳などを安全に飲むために微生物を破壊する方法」と説明。

例2）「pasteurizationのおかげで，食物由来の病気が減少」と**因果関係**を示しながらトピックを説明。

例3）「pasteurizationはsterilizationではない」と**対比**となるsterilizationに言及しながら，トピックを説明。

例4）「トピックの正確な意味（＝病気を引き起こさない程度の低いレベルまで微生物の数を減少させること）」を論理マーカーMore specificallyの後で**より具体的に説明**。

❷ 問題にチャレンジ

「実際に授業に参加している」気持ちでTOEFL形式の問題にチャレンジしましょう（解答用のポーズを設けてあります）。

＊注意：講義が終了し，ナレーターが設問を読みあげるまで設問と選択肢を見ないようにしてください。

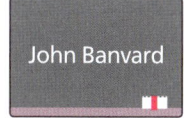

Film History　　moving panorama　　John Banvard

58〜59

1. What is the main topic of the talk?
   (A) How moving panoramas inspired modern filmmaking
   (B) The use of moving panoramas in early silent films
   (C) The career of narrator John Banvard
   (D) The history and elements of the moving panorama

2. Why does the professor mention silent films?
   (A) To show the differences between silent films and moving panoramas
   (B) To show the similarities between silent films and moving panoramas
   (C) To point out that silent films rarely used music or sound effects
   (D) To illustrate the superiority of silent films to moving panoramas

3. How was a narrative moving panorama different from others?
   (A) The scenes depicted were mostly indoors.
   (B) Singers presented songs at key dramatic moments in the story.
   (C) Several actors presented a play with the scene as a backdrop.
   (D) A speaker explained the storyline attached to the scene.

4. Why does the professor mention Banvard's mansion?
   (A) To indicate where Banvard showed many moving panoramas to audiences
   (B) To demonstrate that Banvard had made a lot of money narrating moving panoramas
   (C) To show that moving panoramas were most popular in New Jersey
   (D) To argue that Banvard's mansion was a good subject for a moving panorama

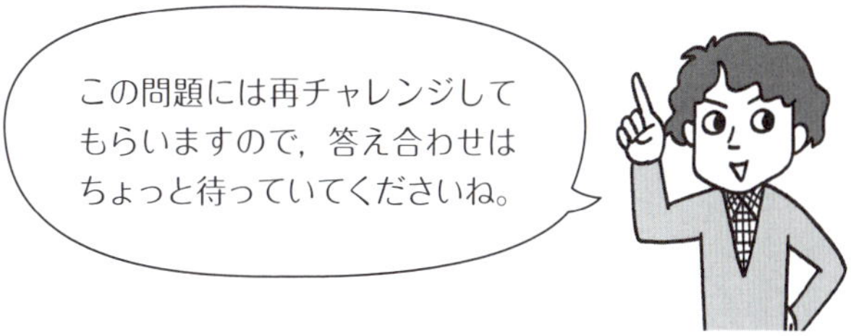

> この問題には再チャレンジしてもらいますので，答え合わせはちょっと待っていてくださいね。

❸ 問題に再チャレンジ

講義を4つのカタマリに分けて聞き直したうえで，問題に解答します。以下の流れで問題に再チャレンジしましょう。

① 🎧60 「**講義のトピック**」，「**トピックの説明**」を把握しましょう。

② 🎧61 「**トピックがどういうものか**」を出来る限り**映像化しながら**，理解してみましょう。

③ 🎧62 「**対比と並立関係**」を意識しながら，トピックの詳細を把握しましょう。

④ 🎧63 「**抽象→具体の関係**」を意識しながら，トピックの詳細を把握しましょう。

⑤ 🎧58〜🎧59 p.147の問題に再チャレンジしましょう。問題の正解と解説の確認は「4. スクリプトの意味確認」終了後に行ってくださいね。

❹ スクリプトの意味確認

以下のステップでスクリプトを確認しましょう。

Step 1 まずはスクリプトを見ずにCDを聞き，その後「大きな流れ」を確認しましょう。

Step 2 スクリプトを見て，より詳しく「小さな流れ」を確認しましょう。最初は単語リストや訳を見ずに挑戦してくださいね。スクリプト中にあるマーカー部分は「ここも押さえよう！」に構文などの解説をまとめています。

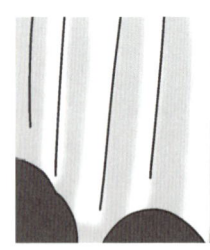

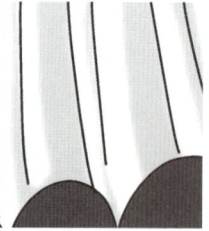

［カタマリ1］ 🎧60 （N: Narrator, P: Professor）

〈大きな流れ〉

講義の冒頭でトピックに言及し，その説明を始めています。この段階で，「この講義のトピックはよく分からないけどthe moving panoramaというもので，それは映画みたいなもの」とイメージできればOKです。

> N: Listen to part of a lecture in a film history class.
> P: ❶It wouldn't be completely accurate to call the moving panorama a predecessor to film, but it did have the same ability to delight 19th-century audiences as movies do today. ❷These "original" moving pictures, which originated in Europe in the late 18th century, consisted of a series of paintings on large pieces of cloth, each portraying part of a vast landscape in linear sequence.

訳 ナレーター：映画史のクラスの講義の一部を聞きなさい。
教授：❶動くパノラマを映画の前身と呼ぶのは完全に正確ではありませんが，それが今日の映画と同じように19世紀の観衆を喜ばせることができたことは確かです。❷18世紀後半のヨーロッパに起源を発するこれらの「最初の」映画は，大きな布の上の一連の絵画から成り，1つ1つの絵が順次，広大な風景の一部を描いていました。

〈小さな流れ〉

❶対比の論理マーカー butを使いながら，講義のトピック（= the moving panorama）が「映画の前身とまでは言えないが，映画と同じような部分はある」と言及しています。❷トピック「動くパノラマ」がどういうものか（= 大きな布を使い，広大な風景の一部を描いている）を説明しています。

ここも押さえよう！

❶ It = to call the moving panorama a predecessor to film，call O C「OをCと呼ぶ」（O = the moving panorama, C = a predecessor to film），it = the moving panorama, asは接続詞で「〜のように」。❷These "original" moving pictures = the moving panorama, each以下は独立分詞構文。

vocabulary and phrase

film history 映画史／completely 副 完全に／accurate 形 正確な／predecessor 名 前身／ability 名 できること／delight 動 を喜ばせる／audience 名 聴衆／moving picture 映画／originate in 〜 〜に起源を発する／consist of 〜 〜から成る／a series of 〜 一連の〜／painting 名 絵画／cloth 名 布／portray 動 を描く／vast 形 巨大な／landscape 名 風景／in linear sequence 順次

[カタマリ2] 🔴61

〈大きな流れ〉

講義のトピックをさらに詳しく説明しています。この段階で,「the moving panoramaを観ている人は,実物を見ているかのような気持ちになるんだ」と分かればOKです。**自分が知らないトピックが語られてもこのように説明をしてくれますので,慌てずに説明を出来る限り理解する**ように心掛けましょう！

❸The paintings were then attached to each other and scrolled to give the audience the sensation of traveling over the landscape, often by boat, carriage, or train. ❹The massive rollers used to scroll the panorama were hidden behind a drop screen. ❺A cutout in the screen showed the pictures but hid the rollers used to move them, so they had the illusion of reality.

訳 ❸そして絵画はお互いに貼り合わされ,観客に風景の中をしばしば船や馬車,列車で旅行しているような感覚を与えるために,スクロールされました。❹パノラマをスクロールするために使われた巨大なローラーは垂れ幕の裏に隠されていました。❺垂れ幕の切り抜き部分が絵を表示し,絵を動かすためのローラーを隠したため,実物のような錯覚を起こしました。

vocabulary and phrase
be attached to ~ ~に付着している／sensation 名 感動／carriage 名 馬車／massive 形 巨大な／hidden 動 hide「~を隠す」の過去分詞 (hide-hid-hidden) ／drop screen 垂れ幕／cutout 名 切り抜き／illusion 名 錯覚／reality 名 実物そっくりなこと

〈小さな流れ〉

❸引き続き,講義のトピック (= the moving panorama) がどういうものか (=絵画が貼り合わさった大きな布をスクロールするもの) を説明。❹スクロールするためのローラーは観客に見えないように隠されていたようです。❺ローラーが隠されていたので,観客は実物を見ているかのような錯覚を起こしたそうです。

ここも押さえよう！

❸often by boat, carriage, or trainはtraveling over the landscapeを修飾。❹used to scroll the panoramaは後ろからThe massive rollersを修飾。were hidden behind a drop screenと言っているので,「巨大なローラーは観客には見えないように幕で覆われている」と分かります。❺used to move them (= the pictures) は後ろからthe rollersを修飾。接続詞so「従って」は結果やまとめを言うときに使います。

[カタマリ3] 🎧 62

〈大きな流れ〉

講義のトピックをさらに詳しく説明しています。この段階で、「風景を描いている動くパノラマと物語を説明する動くパノラマがあり、後者はサイレント映画と類似点がある」と分かればOKです。論理マーカーなどをヒントに、**対比や並立関係を把握する**ように心掛けましょう！

❻Some moving panoramas were accompanied by a lecturer who served as a kind of tour guide, describing the features and history of the landscape as the pictures rolled along. ❼Other moving panoramas were used to illustrate narratives like the exploration of the Rocky Mountains or Bunyan's morality tale, *Pilgrim's Progress*. ❽As was the case with the early silent films, these narrative moving panoramas were often accompanied by dramatic lighting, music, and sound and visual effects ... for example, puffs of smoke and bangs to simulate the sights and sounds of battle.

訳 ❻動くパノラマには、ツアーガイドの一種としての役割を果たす語り手が付き添うものもあり、絵が回転するのに合わせて風景の特徴や歴史を説明しました。❼ロッキー山脈の探検やバニヤンの倫理物語『天路歴程』のような物語を説明するために使われた動くパノラマもありました。❽初期のサイレント映画の場合同様、これらの物語風の動くパノラマには、例えば戦闘の様子や音をまねるための煙が吐き出るさまや銃声のような、劇的な照明や音楽、音響および視覚効果が伴うことがしばしばでした。

〈小さな流れ〉

❻引き続き、講義のトピック（= the moving panorama）の詳細（=風景の特徴や歴史を説明する語り手が付き添う場合がある）を説明しています。❼Other moving panoramasは、風景ではなく、物語を説明するものです。Some 〜. Other 〜. で「風景を描いている動くパノラマ」と「物語を説明する動くパノラマ」を対比しています。❽「初期のサイレント映画」との類似点を説明しています。

ここも押さえよう！

❻describing以下は分詞構文。接続詞asは「〜しながら」。❼論理マーカー likeを使いながら、narratives「物語」の具体例を提示。❽As is (was) the case with「〜と同様に」は並立を示す論理マーカーで、「初期のサイレント映画」との類似点に言及。論理マーカー for example 以下で、dramatic lighting, music, and sound and visual effectsの具体例を提示。puffs of smokeとbangsは並列関係。to simulate the sights

vocabulary and phrase

be accompanied by 〜 〜を伴う／lecturer 图 講演者／serve as 〜 〜としての役割を果たす／describe 動 を説明する／feature 图 特徴／roll along 回転する／illustrate 動 を説明する／narrative 图 物語／exploration 图 探検／morality 图 倫理／tale 图 物語／narrative 形 物語風の／dramatic 形 劇的な／lighting 图 照明／visual 形 視覚の／effect 图 効果／puff 图 ひと吹き／bang 图 銃声／simulate 動 をまねる／sight 图 光景／battle 图 戦闘

and sounds of battle は puffs of smoke and bangs を修飾。

[カタマリ4] 🔴63

〈大きな流れ〉

講義のトピックをさらに詳しく説明しています。この段階で、「the moving panorama の語り手は独演で、その語り手の中で金持ちになったジョン・バンヴァードが有名」と分かればOKです。論理マーカーをヒントに、**抽象→具体の関係を把握する**ように心掛けましょう！

⑨Even in moving panoramas employing multiple people to produce music and effects, the narrator remained a solo figure, using his readings to heighten the dramatic impact of the story unfolding on the screen. ⑩Some of these narrators became quite famous ... like John Banvard, whose successful world tour of a panoramic trip up and down the Mississippi River earned him enough money to build a mansion modeled on Windsor Castle. ⑪Its location in the comparatively modest setting of New Jersey could account for the mansion's nickname of "Banvard's Folly."

訳 ⑨音楽や効果を生み出すため複数の人を使う動くパノラマにおいても、語り手は依然として独演であり、朗読を利用してスクリーン上に展開する物語の劇的なインパクトを高めました。⑩これらの語り手の何人かの中には、ミシシッピ川を南北に移動するパノラマ旅行の世界ツアーを成功させ、ウィンザー城を模した大邸宅を建てるのに十分なお金を稼いだジョン・バンヴァードのように非常に有名になった者もいました。⑪ニュージャージーという比較的質素な環境における立地が、「バンヴァードの愚行」という大邸宅のニックネームを説明できます。

vocabulary and phrase
employ 動 を使う／multiple 形 複数の／narrator 名 語り手／remain 動 のままである／figure 名 人物／reading 名 朗読／heighten 動 を高める／unfold 動 展開する／quite 副 非常に／famous 形 有名な／successful 形 成功した／earn O₁ O₂ O₁にO₂をもたらす／comparatively 副 比較的に／modest 形 質素な／setting 名 環境

〈小さな流れ〉

⑨引き続き、講義のトピック（= the moving panorama）がどういうものかを説明しているが、特に「語り手（＝独演）」について言及しています。⑩有名な語り手の具体例を提示しています。⑪John Banvard の大邸宅について説明しています。

ここも押さえよう！

⑨employing multiple people to produce music and effects の部分は後ろから moving panoramas を修飾。using 以下は分詞構文。⑩論理マーカー like を使いながら、有名な語り手の具体例（= John Banvard）を提示。modeled on Windsor Castle は後ろから a mansion を修飾。⑪A account for B「AがBの理由を説明

> する」。A contribute to B「AはBの一因となる」，A be responsible for B「AはBの原因となる」も一緒に覚えておきましょう。

> スクリプトの意味は把握できましたか？ 次は，問題の正解と解説を確認しましょう！

正解と解説

1. 正解 (D)

話の主題は何か。
(A) 動くパノラマが現代の映画製作にどのようにひらめきを与えたか
(B) 初期のサイレント映画における動くパノラマの利用
(C) 語り手ジョン・バンヴァードの経歴
(D) 動くパノラマの歴史と原理

解説 **講義のトピックに関する問題**。冒頭部分でトピック（＝動くパノラマ）に言及し，❷「18世紀後半のヨーロッパに起源を発する」，「大きな布の上の一連の絵画から成り，1つ1つの絵が順次，広大な風景の一部を描いていました」と，動くパノラマの歴史と原理について説明しています。

2. 正解 (B)

なぜ教授はサイレント映画に言及しているか。
(A) サイレント映画と動くパノラマの相違点を示すため
(B) サイレント映画と動くパノラマの類似点を示すため
(C) サイレント映画が音楽や音響効果をめったに使わなかったことを指摘するため
(D) 動くパノラマに対するサイレント映画の優位点を説明するため

解説 **並立関係に関する問題**。❸でサイレント映画と動くパノラマとの類似点（＝劇的な照明や音楽，音響および視覚効果が伴う）を述べているので，(B)が正解です。**並立関係を示す論理マーカー As was the case with ～「～と同様に」が正解を導くためのポイントです**。
(A)「相違点」は講義内容とは反対になります。

3. 正解 (D)

物語風の動くパノラマは他のものとどのように異なっていたか。
(A) 描写されるシーンはほとんどが屋内であった。
(B) 物語の中心となる劇的な場面で歌手が歌を提供した。
(C) シーンとともに背景で数人の俳優が演劇を提供した。
(D) 語り手がシーンに関連する話の筋を説明した。

解説 対比関係に関する問題。❻と❼で「風景を描いている動くパノラマ」と「物語を説明する動くパノラマ」が対比され，後者（＝物語風の動くパノラマ）の説明が，その後も続いています。❾で「（物語風の動くパノラマにおいて）語り手は依然として独演であり，朗読を利用してスクリーン上に展開する物語の劇的なインパクトを高めました」と述べているので，正解は(D)です。「❻と❼が対比」と「❽以降は❼の説明」の2つが分かることが正解を導くポイントです。(A)「屋内であった」，(B)「歌手が歌を提供した」，(C)「数人の俳優が演劇を提供した」は，それぞれ言及がありません。

4. 正解 **(B)**

教授はなぜバンヴァードの大邸宅に言及しているか。
(A) バンヴァードがどこで多くの動くパノラマを観客に見せたのかを示すため
(B) 動くパノラマの語り手を務めることでバンヴァードが大金を稼いだことを示すため
(C) 動くパノラマがニュージャージー州で最も人気があったことを示すため
(D) バンヴァードの大邸宅が動くパノラマのよいテーマであったことを主張するため

解説 抽象→具体に関する問題。❾動くパノラマの「語り手（＝独演）」について⇒❿有名な語り手の具体例（ジョン・バンヴァードは大邸宅を建てるのに十分なお金を稼いだ）⇒⓫大邸宅のニックネームは「バンヴァードの愚行」，という理解ができたかどうかが，正解を導くためのポイントです。(D)「バンヴァードの大邸宅が動くパノラマのよいテーマであった」とは語っていません。

Training

最後に仕上げのトレーニングです。スクリプトの意味はしっかり把握していますか？　自信のない人は，改めてp.149〜153を確認してからトレーニングをしましょう！　速くてついていけない場合は，カンマやピリオドで一旦CDを止めても構いません。

❶ 音まねシャドーイング（2回）

付属CDのすぐ後についてシャドーイングしましょう。

❷ スラッシュリーディング（2回）

スラッシュごとにポーズを取りながら，読んでみましょう。

❸ 意味取りシャドーイング（2回）

もう一度CDを聞いて，今度は意味も意識しながらシャドーイングしましょう。

60

N: Listen to part of a lecture in a film history class.//
P: It wouldn't be completely accurate/ to call the moving panorama a predecessor to film,/ but it did have the same ability/ to delight 19th-century audiences/ as movies do today.// These "original" moving pictures,/ which originated in Europe in the late 18th century,/ consisted of a series of paintings on large pieces of cloth,/ each portraying part of a vast landscape in linear sequence.//

61

The paintings were then attached to each other/ and scrolled to give the audience the sensation of traveling over the landscape,/ often by boat, carriage, or train.// The massive rollers used to scroll the panorama/ were hidden behind a drop screen.// A cutout in the screen showed the pictures/ but hid the rollers used to move them,/ so they had the illusion of reality.//

62

Some moving panoramas were accompanied by a lecturer/ who served as a kind of tour guide,/ describing the features and history of the landscape/ as the pictures rolled along.// Other moving panoramas were used to illustrate narratives/ like the exploration of the Rocky Mountains or Bunyan's morality tale, *Pilgrim's Progress*.// As was the case with the early silent films,/ these narrative moving panoramas/ were often accompanied by dramatic lighting, music, and sound and visual effects/ ... for example,/ puffs of smoke and bangs to simulate the sights and sounds of battle.//

63

Even in moving panoramas/ employing multiple people to produce music and effects,/ the narrator remained a solo figure,/ using his readings/ to heighten the dramatic impact of the story/ unfolding on the screen.// Some of these narrators became quite famous/ ... like John Banvard,/ whose successful world tour of a panoramic trip up and down the Mississippi River/ earned him enough money/ to build a mansion modeled on Windsor Castle.// Its location in the comparatively modest setting of New Jersey/ could account for the mansion's nickname of "Banvard's Folly."//

> 「大変だな」,「面倒だな」と感じながらも,がんばり切れたみなさんへ一言。がんばり切ってくれてありがとう。着実に「英語が聞ける自分」に近づいていますよ。

Writing

※ライティング・セクションは，2023年7月から従来のIndependent Taskが廃止され，Academic Discussion Taskが新設されました。

※本書はライティングの基礎を固める目的でIndependent Taskの問題を使用し，Lessonを展開しています。

Lesson 1	エッセイの基本構造
Lesson 2	よくある間違いレビュー
Lesson 3	構文①基本5文型＆接続詞
Lesson 4	構文②関係代名詞＆仮定法
Lesson 5	テーマ別作文①人物紹介
Lesson 6	テーマ別作文②経験談
Lesson 7	アイデア出し
Lesson 8	具体例作成

Lesson 1
エッセイの基本構造

Lesson 1では，Independent Taskの質問例とモデルエッセイに目を通し，エッセイの基本構造を確認します。ライティング対策を始めたばかりの皆さんは，語数の多さやセンテンスの長さなどに最初は圧倒されてしまうかもしれません。でも心配ありません！　本書では，エッセイを作成する上で必要な内容を「基礎→発展」の流れで説明していきますから，Lesson 8が終わった段階でライティング力の土台を十分に固めることができます。「できる自分」をイメージしながら，ライティング対策をスタートしましょう！

❶ Independent Task の質問例とモデルエッセイ

まずは，Independent Taskの質問例に目を通してみましょう。

① Question

> Do you agree or disagree with the following statement?
> Studying with others is better for university students than studying alone.
> Use specific reasons and examples to support your answer.

訳 あなたは次の意見に賛成ですか，反対ですか。
大学生にとって，他の人と学習することは，1人で学習することと比べてより良いものである。具体的な理由や例を挙げて，あなたの考えを述べてください。

Independent Taskでは，ある考え方（= statement）に対して賛成か反対かを答え，理由と具体例を述べて，30分でエッセイを作成します。1文目（= Do you agree or disagree with the following statement?）と3文目（= Use specific reasons and examples to support your answer.）は，基本的に毎回同じです。2文目は，「学習，仕事，生活，人間関係，文化，テクノロジー」などの幅広いトピックが取り上げられます。本番の試験では，上のようなQuestionがPC画面上に表示されたらすぐにエッセイ作成に取りかかります。

では，Questionに対するモデルエッセイを一通り読んでみましょう。

② Model Essay (365 words)

For the following reasons, I believe that studying with others is better for university students than studying alone.

First of all, university students can complete more challenging assignments when they study with others. For example, in the music class which I took when I was a freshman in university, Professor Nishijima required us to complete an assignment, which was to write a short piece of music based on our understanding of Chopin's style. I felt that it was a very challenging task to do by myself, so I asked two of my classmates for help. One of them, Aki, studied classical piano for many years, and the other one, Emi, had a wide range of classical music knowledge because her father was a music teacher. Thanks to their support, I was able to write my own composition, and my professor thought that it was excellent. I truly feel that without their support, I might not have been able to finish this difficult assignment. As this example illustrates, university students can complete more challenging assignments by studying with others.

In addition, if university students study alone, they may have to spend more time studying a subject. For example, in the psychology class which I took in university, one day I missed the lecture because I was sick. I asked my classmates to help me review the content, and it took just one hour to understand it. However, several weeks later, when I missed another lecture, I reviewed the content alone because my classmates were busy, and I realized that it took more than five hours to understand this content. This was because studying alone required me to do many things, such as visiting the library, searching for reference books, and finding the pages related to the lecture that I missed. While studying alone, I felt that if I had studied with my classmates, I might have been able to understand this lecture in a shorter period of time. This experience shows that studying alone may require university students to spend more time learning about a subject.

In conclusion, I agree with the idea that studying with others is more beneficial to university students than studying independently.

＊訳はp.161にあります。

> どのようなエッセイを最終的に書くか（＝ゴール）を把握しておくと，この先の学習内容とゴールのつながりを感じながら学習することができますよ！

語数が多くセンテンスも長いので，読むのに少し苦労したかもしれませんね。でも，読み終えてみると，「4段落構成なんだ！」，「案外難しい語彙が使われていない！」，「個人的な経験談を多く語っていて，これなら自分でも書けそう！」などの発見もあったのではないかと思います。本書では，難易度の高い語彙を多用せず，自分や身の回りに起こる出来事を具体例として取り入れ，4段落構成のエッセイを作成することを目標とします。

❷ エッセイの基本構造

ここで，4段落構成のエッセイの基本構造を確認します。左側は各段落の役割，右側は内容を示しています。

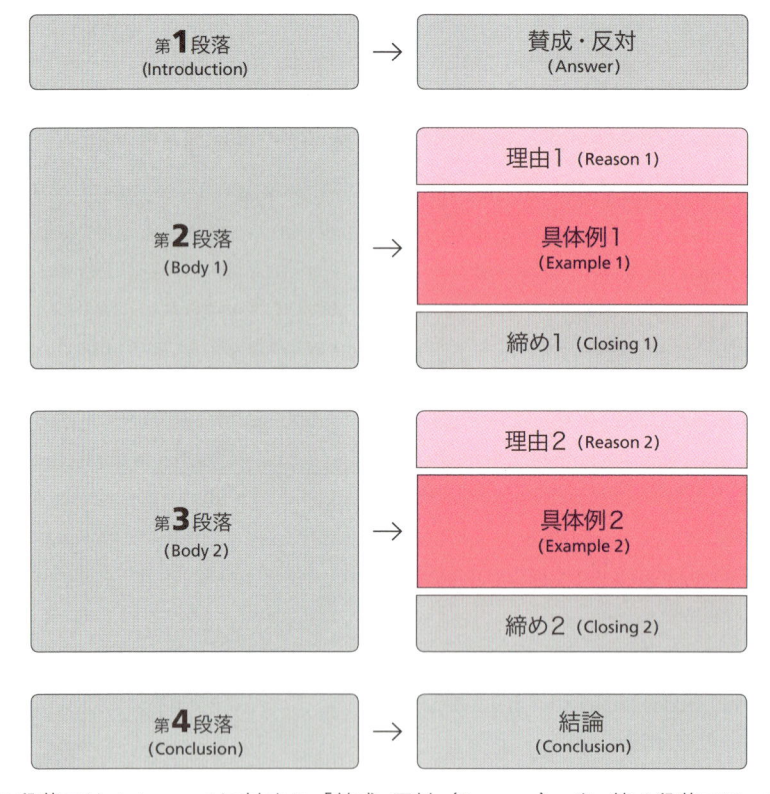

第1段落 (Introduction)	→	賛成・反対 (Answer)
第2段落 (Body 1)	→	理由1 (Reason 1) / 具体例1 (Example 1) / 締め1 (Closing 1)
第3段落 (Body 2)	→	理由2 (Reason 2) / 具体例2 (Example 2) / 締め2 (Closing 2)
第4段落 (Conclusion)	→	結論 (Conclusion)

第1段落ではstatementに対する「賛成・反対（Answer）」を，第4段落では，エッセイ全体の締めにあたる「結論（Conclusion）」をそれぞれ述べます。また，第2・第3段落では，「賛成・反対」の根拠となる「理由（Reason）」，理由を裏付ける「具体例（Example）」，最後に「締め（Closing）」を述べます。これが4段落構成のエッセイの大まかな流れです。

このうち、「Answer」「Conclusion」「Closing」については、1センテンスでシンプルに述べれば十分ですから、本書で対策は行いません。**Lesson 2以降で特に力を注いでいるのが「Reason」と「Example」の書き方です。**「Reason」は、読み手にとって理解しやすい理由の特徴を把握し、よく伝わるように書く演習が必要になります。「Reason」の後に述べる「Example」は、1つのエピソードを具体的に掘り下げて書いていきますが、伝わりやすい情報の出し方や、使い回しがききそうな表現・文章構造をしっかりと習得する必要があります。

これでLesson 1は終了です。Lesson 2からはエッセイ作成に必要な演習を少しずつ行っていきます。皆さん、がんばりましょう！

モデルエッセイの訳

以下の理由で、大学生は1人で学習するよりも他の人と学習する方が良いと考える。

まず、他の人と学習すると、大学生はより難しい課題を完成させることができる。例えば、私が大学1年生の頃に受けた音楽のクラスで、西島教授はある課題を完成させることを必須としたが、それは、ショパンの様式の理解に基づいて短い音楽作品を作るというものだった。自分1人で取り組むには非常に難しい課題だと感じたので、私はクラスメートの2人に助けを求めた。そのうちの1人のアキは何年もクラシックピアノを習っていて、もう1人のエミは、父親が音楽の先生だったので、幅広いクラシック音楽の知識を持っていた。彼女たちのサポートのおかげで、私は自分の作品を書くことができ、教授は素晴らしいと思ってくださった。彼女たちのサポートなしではこの難しい課題を終えることはできなかったかもしれないと心から感じる。この例が示しているように、他の人と学習することで、大学生はより難しい課題を完成させることができる。

加えて、もし大学生が1人で学習すると、ある科目を学習するのにより多くの時間をかけなければならないかもしれない。例えば、大学で受けた心理学の授業で、ある日、私は病気で講義を欠席した。クラスメートに講義内容を復習する手伝いをしてくれるように頼み、その内容を理解するのにかかった時間は1時間だけだった。しかし、数週間後に別の講義を欠席したとき、クラスメートが忙しかったので、1人で講義内容を復習した。すると、この内容を理解するのに5時間以上もかかることが分かった。1人で勉強すると、図書館に行き、参考文献を探し、欠席した講義に関連するページを探すなど、多くのことをやる必要があるからだった。1人で勉強しながら、もしクラスメートと勉強していたら、もっと短い時間でこの講義を理解できたかもしれないと感じた。この経験は、1人で学習することが、大学生により多くの時間をかけてある科目を学習することを必要とするかもしれないことを示している。

よって、1人で学習するよりも他の人と学習する方が大学生にとってより有益であるという考えに賛成する。

Lesson 2
よくある間違いレビュー

Lesson 2では，Independent Taskの解答でよくある間違いを見ていきます。

Lesson 1で目を通したエッセイは「モデルエッセイ」なので，文法や表現などの間違いはありません。ですが，実際の試験では30分という限られた時間の中でエッセイを作成するので，何らかの間違いが含まれることは十分にありますし，それだけで評価が大きく下がるということはありません。しかし，同じ間違いを繰り返していたり，その間違いによって理解しにくい内容の文になっていたりすると，高い評価をもらいにくくなってしまいます。

そこで，ここでは「多くの受験者がやりがち」で，なおかつ「気をつけていれば自分で気づいて修正できるはずの間違い」をまとめました。それぞれの特徴を把握して，自分の書いた英文を確認・修正する習慣を身につけていきましょう。

練習問題 ①

次の英文は，Independent Taskの解答でよくある間違いを含んでいます。間違いを見つけて修正しましょう。なお，間違いは1か所とは限りません。

1. Mr. Tanaka received an MA from Agos university.
   (田中さんはAgos大学で修士号を取得した)

2. The proffessor gave us a lot of reading assingments.
   (教授は私たちにリーディングの課題をたくさん出した)

3. I was very tired. Because I did not sleep well last night.
   (私はとても疲れていた。なぜなら昨夜よく眠れなかったからだ)

4. Attending classes allow me to learn new ideas.
   (授業に参加することで私は新しいアイデアを学ぶことができる)

5. When I was a sophomore in university, I take Professor Nishida's music class.
   (大学2年生の頃，私は西田教授の音楽の授業を受けた)

6. I was able to gain a lot of informations about economics.
   (私は経済学に関してたくさんの情報を得ることができた)

7. My classmates and I discussed about various issues.
   (クラスメートと私は様々な課題について議論した)

8. Chatting with classmates is more interesting and relax than talking with teachers.
   (クラスメートとおしゃべりすることは、先生と話すよりも面白くてリラックスできる)

9. Attending every classes is sometimes hard for university student.
   (すべての授業に参加することは、大学生には時として難しい)

10. In my opinion, the people would like to attend college for following reasons.
    (私の意見では、人々は以下の理由で大学に行きたいと思っている)

ここがポイント！

- 大文字・小文字の使い方は正しい？
- カンマ・ピリオドの後にスペースは空いている？
- スペルは間違っていない？
- 接続詞の使い方は正しい？
- 主語の単数・複数と動詞の形は対応している？
- 時制は正しい？
- 可算名詞・不可算名詞の使い方は正しい？
- 動詞の使い方は正しい？
- 並列の情報は正しく表現されている？
- 数量表現は正しい？
- 冠詞の使い方は正しい？

正解と解説

1. Mr.Tanaka received an MA from Agos university.
正解 Mr. Tanaka received an MA from Agos University.
ポイント スペース，大文字・小文字
解説 Mr. と Tanaka の間にはスペースが必要です。PC 上でエッセイを作成するときは，単語と単語の間に必ず1スペース空けるように気をつけましょう。また，Agos University は固有名詞なので，university の U は大文字にします。

2. The proffessor gave us a lot of reading assingments.
正解 The professor gave us a lot of reading assignments.
ポイント スペル
解説 スペルミスには，「間違って覚えてしまったもの」と「タイプミスによるもの」があります。日頃から単語のスペルは正しく覚え，タイプミスは発見・修正できるように注意しましょう。

3. I was very tired. Because I did not sleep well last night.
正解 I was very tired because I did not sleep well last night.
ポイント 接続詞の使い方
解説 Because SV. は正しいセンテンスではありません。接続詞は2組のSVをつないで1文にする役割を持つので，SV because SV.，または Because SV, SV. としましょう。

4. Attending classes allow me to learn new ideas.
正解 Attending classes allows me to learn new ideas.
ポイント 主語の単数・複数と動詞の形
解説 動詞の形は主語が単数か複数かによって変わります。主語の attending classes「授業に出席すること」は単数扱いなので，3単現のsをつけて allows とします。直前にある classes に惑わされて主語を複数と勘違いしないように注意しましょう。

5. When I was a sophomore in university, I take Professor Nishida's music class.
正解 When I was a sophomore in university, I took Professor Nishida's music class.
ポイント 時制
解説 「大学2年生のとき〜だった」という「過去」の文ですが，When ... university, は過去（was），I ... class は現在（take）で時制が一致していません。take を took に変えます。過去・現在・未来を表す動詞の形は，同じ文の中では基本的に統一することがルールです。

6. I was able to gain a lot of <u>informations</u> about economics.
正解　I was able to gain a lot of <u>information</u> about economics.

ポイント 可算名詞・不可算名詞

解説 不可算名詞は複数形にできないので，informationsをinformationに直します。同様のミスにknowledges「知識」，helps「助け」，advices「助言」などがあります。なお，a lot of ～ の後ろには，可算名詞，不可算名詞のどちらも置くことができます。

7. My classmates and I <u>discussed about</u> various issues.
正解　My classmates and I <u>discussed</u> various issues.

ポイント 動詞の使い方

解説 discussは「～について議論する」という日本語からdiscuss aboutと書きがちですが，aboutは必要ありません。同様の例にattend「～に出席する」(toは不要) があります。一方，「～について話す」はtalk about ～とaboutが必要です。注意しましょう。

8. Chatting with classmates is more interesting and <u>relax</u> than talking with teachers.
正解　Chatting with classmates is more interesting and <u>relaxing</u> than talking with teachers.

ポイント 並列

解説 andは文法上同じ働きをする2つ以上のものを並べるので，interesting（形容詞）and relax（動詞）は誤り。interestingにそろえてrelaxing（形容詞）とするのが正しいです。

9. Attending every <u>classes</u> is sometimes hard for university <u>student</u>.
正解　Attending every <u>class</u> is sometimes hard for university <u>students</u>.

ポイント 数量表現

解説 「every＋単数名詞」がルールなので，everyの後のclassesをclassにします。また，可算名詞の単数形には冠詞が必要なのでa / the university studentとするのが正しいですが，ここでは複数形のstudentsを用いて「一般的な大学生」という意味を表します。

10. In my opinion, <u>the people</u> would like to attend college for <u>following reasons</u>.
正解　In my opinion, <u>people</u> would like to attend college for <u>the following reasons</u>.

ポイント 冠詞

解説 theは多くの場合「対象の限定」を意味します。この問題のpeopleは不特定の「一般的な人」を表し，限定不要なので，theを削除します。一方，following reasonsは「この後にある理由」と「限定」されるため，theを加える必要があります。

練習問題 ②

練習問題①と同様に各センテンスを読み，間違いを見つけて修正しましょう。間違いは複数含まれていますから，注意して目を通しましょう。

1. In the begining,I was not able to consentrate on studying.
   （最初の頃，私は勉強に集中することができなかった）

2. After taking professor Oshima's English class, I became to be better at reading English newspapers.
   （大島教授の英語の授業を受けた後，私は英字新聞を読むことがより得意になった）

3. My friend say that traveling foreign countries are good way to meet local people and talking with them.
   （外国を旅行することは地元の人たちと会って話をする良い方法だ，と私の友人は言う）

4. Three year ago, I graduated from Agos University in Tokyo, presently I work at full-time job at a language school.
   （私は3年前に東京のAgos大学を卒業し，現在は語学学校で常勤で働いている）

5. For example, in 2012, when I was sophomore in high school, I study Mathematics with some of my classmate after school.
   （例えば，高校2年生だった2012年に，私は数人のクラスメートと一緒に放課後，数学を勉強した）

正解と解説

1. In the begining,I was not able to consentrate on studying.
   正解 In the beginning, I was not able to concentrate on studying.
   ポイント スペル，スペース
   解説 beginingとconsentrateは，どちらも「間違って覚えたスペルミス」と考えられます。このようなミスは，スペルを正しく覚えれば防ぐことができます。また，カンマの後は必ず1スペース空けましょう。

2. After taking professor Oshima's English class, I became to be better at reading English newspapers.
   正解 After taking Professor Oshima's English class, I was better at reading English newspapers.

166

ポイント 大文字・小文字，動詞の使い方

解説 「○○教授」と書く場合はprofessorの頭文字を大文字にします。「〜がより得意になる」は，be good at 〜「〜が得意である」を比較級で用いて，be better at 〜 とします。become to doという表現はありません。

3. My friend say that traveling foreign countries are good way to meet local people and talking with them.

正解 My friend says that traveling to foreign countries is a good way to meet local people and talk with them.

ポイント 主語の単数・複数と動詞の形，動詞の使い方，可算名詞・不可算名詞，並列

解説 my friendは3人称単数で，また時制は現在なので，動詞にはsがつきます。「〜を旅行する」は動詞travelにtoを加えてtravel to 〜 とします。that以下の主語traveling to foreign countries「外国を旅行すること」は単数扱いなので，areをisにします。wayは可算名詞の単数形なので，冠詞aが必要です。andを挟んだto meetとtalkingはto meet … and talk … として形をそろえると正しい並列関係になります。

4. Three year ago, I graduated from Agos University in Tokyo, presently I work at full-time job at a language school.

正解 Three years ago, I graduated from Agos University in Tokyo, and presently I work full-time at a language school.

ポイント 数量表現，接続詞の使い方，動詞の使い方

解説 センテンス全体を見ると，I graduated …, I work … と「SV, SV.」の構造になっていますが，2組のSVをつなぐのには接続詞が必要です。文脈から考えてandを間に加えます。冒頭はthreeに合わせてyear（単数）をyears（複数）にします。work at 〜「〜で働く」の後には働いている場所や組織などがくるので，work at full-time jobとするのは誤り。ここではfull-timeを副詞で用いてwork full-time「常勤で働く」とします。

5. For example, in 2012, when I was sophomore in high school, I study Mathematics with some of my classmate after school.

正解 For example, in 2012, when I was a sophomore in high school, I studied mathematics with some of my classmates after school.

ポイント 冠詞，時制，大文字・小文字，可算名詞・不可算名詞

解説 「2012年に〜した」という「過去」の文なので，study→studiedとして時制を合わせます。sophomore「（高校・大学の）2年生」は可算名詞の単数形なので，冠詞aが必要です。mathematics「数学」などの科目は通常，小文字で表記します。some of 〜 の後の可算名詞は複数形にする必要があるため，classmate→classmatesに変えます。

Lesson 3
構文①基本5文型&接続詞

Lesson 3からは，実際に英文を書く練習を始めていきます。
Lesson 1で紹介したモデルエッセイは，一見すると1センテンスが長く難しく感じたかもしれませんが，基本的には，以下のように「基本5文型（SV，SVOなど）と接続詞（whenなど）の組み合わせ」で書かれています。

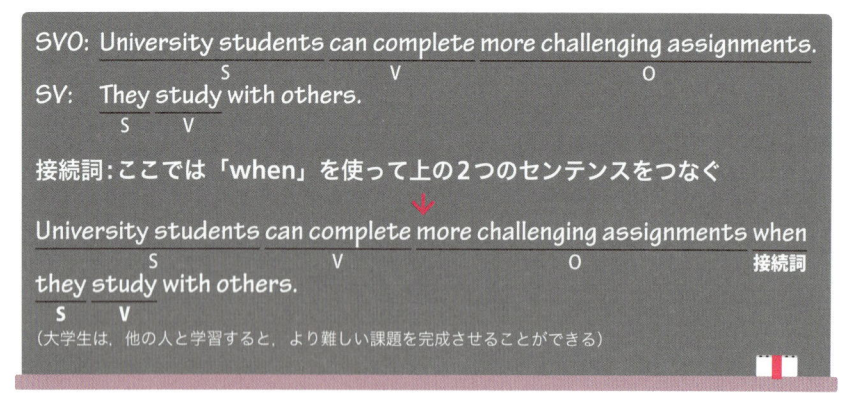

```
SVO: University students can complete more challenging assignments.
      S                V              O
SV:   They study with others.
      S    V

接続詞：ここでは「when」を使って上の2つのセンテンスをつなぐ
               ↓
University students can complete more challenging assignments when
      S                V              O                       接続詞
they study with others.
  S    V
（大学生は，他の人と学習すると，より難しい課題を完成させることができる）
```

＊p.159 モデルエッセイより

このように，「基本5文型」と「接続詞」を上手に使って英文を書くことができれば，Independent Taskで作成する英文の土台は十分に固めることができます。そこで，Lesson 3では，「基本5文型」と「接続詞」を使って，1文の和文英訳演習を行います。

❶ 基本5文型

「基本5文型」には以下の5つがあります。（詳しくはp.19〜20を参照してください）

- SV（主語＋動詞）
- SVC（主語＋動詞＋補語）
- SVO（主語＋動詞＋目的語）
- SVOO（主語＋動詞＋目的語＋目的語）
- SVOC（主語＋動詞＋目的語＋補語）

さっそく，これらを使って練習してみましょう！

練習問題

以下の日本語を1センテンスの英語にしましょう。適切な語彙が思い浮かばない場合は,「知っている語彙で言い換えられないか」を考えて英語にしてみましょう。

1. 私は,犬をたくさん飼っている。

2. コンピュータは役に立つ道具だ。

3. 私はその知らせにワクワクした。

4. 私の母は私にアメリカについて多くを教えてくれた。

5. この経験によって私は自立心がより強くなった。

6. 知性のあるクラスメートと話すのは面白い。

7. 私の姉は,試験に合格するために一生懸命に英語を勉強した。

8. 私はイギリス映画を見ることによって,英国について多くを知った。

9. スマートフォンは,時に子どもたちの行動に悪影響を与える。

10. 私の父は,朝早く家を出て,夜遅く帰宅する。

正解と解説

1. I have many dogs.
　　S　V　　　O

解説　「SVO」を使ったセンテンスです。「飼っている」という表現にはhaveが使えます。

2. Computers are useful tools.
　　　　S　　　V　　　C

解説　「SVC」を使ったセンテンスです。可算名詞を用いて「一般的な情報」を述べる場合は、基本的には「複数形（computers, toolsなど）」を使います。

3. I felt excited about the news.
　　S　V　　C

解説　「SVC」を使ったセンテンスです。excitedは「興奮する」という意味だけでなく「ワクワクする」というニュアンスも含んでいます。なお、人が主語の場合にはexcited、人以外（出来事や行動など）が主語の場合にはexcitingを使います。

4. My mother told me a lot about America.
　　　　S　　　V　O　　O

解説　「SVOO」を使ったセンテンスです。tell（人）a lot about 〜「（人）に〜について多くを語る」とまとめて覚えてしまいましょう。「教える＝teach」を思いつきそうですが、teachは「（科目）を教える」という意味です。ここでの「教える」には「語る＝tell」を使います。

5. This experience made me more independent.
　　　　S　　　　　V　　O　　　C

解説　「SVOC」を使ったセンテンスです。主語をthis experience「この経験」として、make O C「OをCにする」を用いると、シンプルなセンテンスになります。「自立心が強い」にはindependentを使います。

6. Talking with intelligent classmates is interesting.
　　　　　　　　S　　　　　　　　　　V　　C

解説「SVC」を使ったセンテンスです。「〜すること」と動詞を名詞の形に変えて主語にする場合は *doing* を使います（to *do* よりも好まれる傾向があります）。人の性質を表す語彙としては intelligent の他に，friendly「親しみやすい」，honest「正直な」，diligent「勤勉な」なども覚えておきましょう。

7. My sister studied English hard in order to pass the exam.
　　　　S　　　　V　　　O

解説「SVO」に in order to *do* を加えたセンテンスです。「一生懸命に」は hard を使いましょう。hardly はスペルが似ていますが「ほとんど〜ない」という意味なので注意しましょう。

8. I learned a lot about the UK from watching British movies.
　　S　　V　　　O

解説「SVO」に from *doing* を加えたセンテンスです。「知った」という日本語から know が浮かぶかもしれませんが，know は「知っている」という「状態」を表します。ここでは learn 「学ぶ」を使うのが適切です。learn a lot about ... from *doing* で「〜して…について多くを学ぶ」という意味になります。

9. Smartphones sometimes have a negative impact on children's behavior.
　　　　S　　　　　　　　V　　　　O

解説「SVO」を使ったセンテンスです。「与える」という日本語から give が浮かぶかもしれませんが, have an impact on 〜「〜に影響を与える」が自然な言い回しです。negative「悪い」，positive「良い」などを impact の前に置いて使います。

10. My father leaves home early in the morning |and| comes back late at night.
　　　　S　　　V₁　　　　　　　　　　　　　　　and　　　V₂

解説「SV₁ and V₂」を使ったセンテンスです。情報を付け加える際には and が便利ですが，「文法上同じ働きをするものを2つ以上並列させることができる」という and のルールに注意しましょう。ここでは leaves と comes が並列の関係です。

❷ 接続詞

接続詞は2組のSVをつなげる役割を持ち，少し長めのセンテンスを作る上で頻繁に使います（詳しい説明はp.23〜24にあります）。中でも，以下の5つは，Independent Taskで作成するエッセイでは使用頻度の高い接続詞です。

- when「〜の頃，〜のとき」
- because「〜なので」
- so「〜なので」
- although「〜だけれども」
- but「〜だが」

これらを使って，和文英訳の練習をしていきましょう。

練習問題

指定した接続詞を使って，以下の日本語を1センテンスの英語にしましょう。

1. 私が4歳の頃，母は私にピアノを習う機会を与えてくれた。（when）

2. 仕事で疲れ果てていたので，私は1人で好きな小説を読んで休日を過ごした。（because）

3. 田中教授は出席を必須としなかったので，私は授業に出席する代わりに時々自分で勉強した。（so）

4. ロンドンの生活費は非常に高かったが，私は自分の給料でどうにか生活することができた。（although）

5. 東京には訪れる場所がたくさんあるが，平日も週末も多くの人であふれている。（but）

正解と解説

1. [When] I was four years old, my mother gave me a chance to learn to play the piano.
　　接続詞　S　V　　　　C　　　　　　S　　　V　O　　O

解説 冒頭に接続詞whenを置いて,「SVC」と「SVOO」を使ったセンテンスです。give O a chance to do「Oに～する機会を与える」とlearn to do「～することを習う」は,使用頻度が高いオススメ表現です。

2. [Because] I was exhausted from work, I spent my day off reading my favorite novels by myself.
　　接続詞　　S　V　　　C　　　　　　　S　V　　　O

解説 冒頭に接続詞becauseを置いて,「SVC」と「SVO」を使ったセンテンスです。「(原因)で疲れる」はbe exhausted from ～ を使います。また, spend (時間) doing「(時間)を～して過ごす」は使い回しがきくオススメ表現です。

3. Professor Tanaka did not require attendance, [so] I sometimes studied independently instead of going to class.
　　　　　　S　　　　　　V　　　　　O　　　接続詞 S　　　　V

解説 「SVO」と「SV」を接続詞soでつないだセンテンスです。「～なので」という意味の表現にはthereforeもありますが,これは「副詞」なので,2組のSVをつなげることはできません。「～する代わりに」はinstead of doingを用います。

4. [Although] the cost of living in London was extremely high, I could manage to live on my salary.
　　接続詞　　　　　S　　　　　　　　　V　　　　　　　C　 S　　V　　　　O

解説 冒頭に接続詞althoughを置いて,「SVC」と「SVO」を使ったセンテンスです。the cost of living「生活費」, live on (お金)「(お金)で生活する」, salary「給料」など,「お金」に関する表現をここでまとめて覚えましょう。

5. Tokyo has various places to visit, [but] they are full of many people both on weekdays and weekends.
　　　S　　V　　　　O　　　　　　接続詞 S　 V　　C

解説 「SVO」と「SVC」を接続詞butでつないだセンテンスです。なお,「しかしながら」という意味の表現にはhoweverもありますが, howeverも先ほどのtherefore同様「副詞」なので, 2組のSVをつなげることはできません。

Lesson 4
構文②関係代名詞&仮定法

Lesson 4では，「関係代名詞」と「仮定法」に焦点を当てて，多少難易度の高い英文作成を行います。Lesson 1で紹介したモデルエッセイの中でも時々使用していた文法項目ですから，ここでまとめて習得しましょう！

❶ 関係代名詞

関係代名詞は，ある情報をより具体的に説明する場面などで使える文法項目です（詳しくはp.21を参照してください）。ここでは，英文を作成する上での注意点に絞って説明します。

①「主役」と「脇役」を決めて，関係代名詞でつなぐ

関係代名詞を使って英文を作成する基本は，Lesson 3で学んだ「基本5文型」にあたる箇所を「主役」，主役の中のある情報を具体的に説明する箇所を「脇役」と捉え，主役と脇役を関係代名詞でつないでセンテンスを完成させることです。

例1 ▶ 先生とは，[通常学校で教えている] 人のことだ。

主役　　　　　　　　　　　　　　　　　[脇役]
先生とは，人のことだ　　　　　　　　　[通常学校で教えている]
A teacher is someone　　　　　　　　　[usually teaches at school].
　　　　　　　　　└── who でつなぐ ──┘
　　　　　　　　　　　　　　↓
A teacher is someone [who] usually teaches at school].

例2 ▶ 私の友人の1人は，[面白い人物が登場する] 物語が好きだ。

主役　　　　　　　　　　　　　　　　　　　　[脇役]
私の友人の1人は，物語が好きだ　　　　　　　[面白い人物が登場する]
One of my friends likes stories　　　　　　[have funny characters].
　　　　　　　　　　└── which (または that) でつなぐ ──┘
　　　　　　　　　　　　　　↓
One of my friends likes stories [which (または that)] have funny characters].

例3 ▶ ここは，[シンガポール出身の友人がかつて住んでいた]家だ。

主役　　　　　　　　　　[脇役]
ここは家だ　　　　　　　[シンガポール出身の友人がかつて住んでいた]
This is the house　　　　[my friend from Singapore used to live in].
　　　　　　└── which（または that）でつなぐ ──┘
　　　　　　　　　　　　　　　　　　　　　　　　　　　　　　＊inを残す

This is the house [which（または that) my friend from Singapore used to live in].

例3は，in（前置詞）を関係代名詞の前に持ってきて，in whichとしてもOK！

This is the house [which my friend from Singapore used to live in].

This is the house [in which my friend from Singapore used to live].

② カンマを置く

以下の2つの場合は，関係代名詞の前にカンマを忘れずに置きましょう。

●説明する情報が「特定の人や物」などの場合

例1 ▶ 先週，私の同僚が，現在日本に住んでいる私の兄弟のDavidに会った。
Last week, my co-worker met my brother David, [who currently lives in Japan].
＊my brother Davidは「特定の人物」なので，whoの前にカンマが必要。

例2 ▶ 妻と私は，特別割引を提供するキングホテルに宿泊した。
My wife and I stayed at the King Hotel, [which offered a special discount].
＊the King Hotelは「特定の場所」なので，whichの前にカンマが必要。

●説明する情報が「文全体」を指す場合

例1 ▶ 先生は私の中間試験に「A」をつけたが，それは私をとても驚かせた。
My teacher gave me an A on my mid-term exam, [which surprised me a lot].
＊説明する情報がMy teacher ... examまですべてなので，whichの前にカンマが必要。カンマがないと「私を驚かせた」のはwhichの直前にある「中間試験」になってしまいます。

練習問題

まず、日本語に目を通し、「説明する箇所（グレー）」を確認します。次に、改めて日本語に目を通して、「主役（基本5文型にあたる箇所）」と「脇役（説明にあたる箇所）」を見分けましょう。最後に、指定の関係代名詞を使って、英文を1センテンスで作成しましょう。単語が思い浮かばない場合は、下にある「ヒント」を参照してください。

1. 私の英語の先生は、最新のインターネットの資料からしばしば例を使う 知性的な人 だった。（who または that）

2. 今朝、最近の異常気象に関する背景を詳細に述べた 興味深い新聞記事 を読んだ。（which または that）

3. 大学2年生の頃、アカデミックライティングの授業 を受けていたが、その授業では、教授が毎回の授業の冒頭で出席をとっていた。（in which）

4. 高校生の頃、クラスで一番優秀な クラスメートのKate と一緒によく試験勉強をしていた。（カンマ＋who）

5. 私の英文学の教授は、私の期末プロジェクトに「C」をつけた が、私は「A」が取れると思っていたのでショックだった。（カンマ＋which）

ヒント

1. 最新の＝updated，インターネット＝Internet（Iは基本的に大文字），BからAを使う＝use A from B，知性的な＝intelligent
2. 異常気象＝unusual weather，～に関する背景＝the background of ～，詳細に＝in detail，新聞記事＝newspaper article
3. 大学2年生の頃＝during *one's* sophomore year，～の最初に＝at the beginning of ～，出席をとる＝take attendance
4. 試験勉強をする＝study for exams，クラスメート＝classmate，一番優秀な生徒＝the best student
5. （試験・課題など）に対して（人）に（成績）をつける＝give（人）（成績）on（試験・課題など），～に値する＝deserve，ショックを与える＝shock

正解と解説 　*主役＝太字，脇役＝[　]，説明する箇所＝■■

1.
　主役：私の英語の先生は 知性的な人 だった
　脇役：[最新のインターネットの資料からしばしば例を使う]

正解 **My English teacher was an intelligent person** [who（または that）] often used examples from updated Internet sources].

2.
　主役：興味深い新聞記事 を読んだ
　脇役：[最近の異常気象に関する背景を詳細に述べた]

正解 This morning, **I read an interesting newspaper article** [which（または that）] gave the background of the recent unusual weather in detail].

3.
　主役：アカデミックライティングの授業 を受けていた
　脇役：[その授業では，教授が毎回の授業の冒頭で出席をとっていた]

正解 During my sophomore year, **I took an academic writing class** [in which] the professor took attendance at the beginning of every class].

4.
　主役：クラスメートのKate と一緒によく試験勉強をしていた
　脇役：[クラスで一番優秀な]

正解 When I was in high school, **I often studied for exams with my classmate Kate**, [who] was the best student in class].

5.
　主役：私の英文学の教授は，私の期末プロジェクトに「C」をつけた
　脇役：[私は「A」が取れると思っていたのでショックだった]

正解 **My English literature professor gave me a C on my final project**, [which] shocked me because I thought that I deserved an A].

知っておくと便利!

2.〜4.では，「主役」の前に，「追加情報」として「副詞」(This morning,)，「前置詞句」(During my sophomore year,)，「接続詞＋SV」(When I was in high school) を置いています。このように「追加情報を主役の前に加える」だけで，表現の幅を広げることができます。積極的に実践してみましょう。

❷ 仮定法

仮定法は，「ある事柄を仮定のこととして述べる」ときに使われる，多少難易度の高い文法項目です。ここでは仮定法の一般的な考え方を紹介し，仮定法を使った英文作成へとつなげていきます。

ここでは，以下の2種類の用法を押さえましょう。

① 仮定法過去

現在や未来についての，可能性がない（または乏しい）内容を表します。

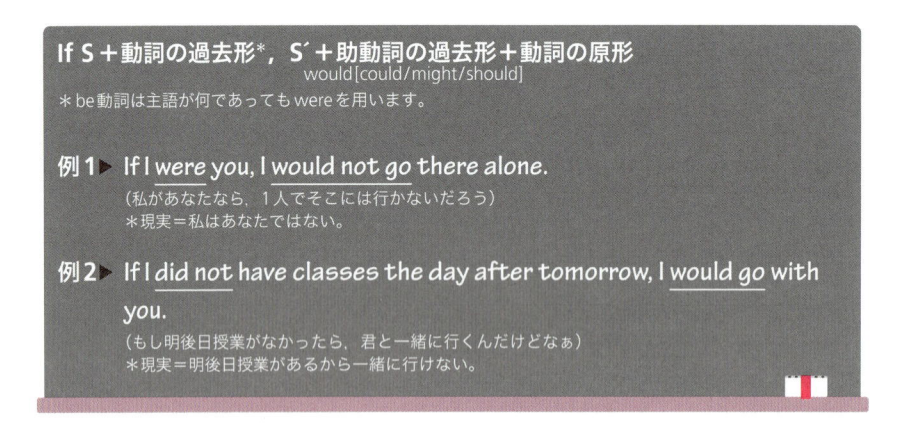

> **If S ＋動詞の過去形*，S´＋助動詞の過去形＋動詞の原形**
> 　　　　　　　　　　　　　　　would[could/might/should]
> *be動詞は主語が何であってもwereを用います。
>
> **例1▶** If I were you, I would not go there alone.
> 　　（私があなたなら，1人でそこには行かないだろう）
> 　　＊現実＝私はあなたではない。
>
> **例2▶** If I did not have classes the day after tomorrow, I would go with you.
> 　　（もし明後日授業がなかったら，君と一緒に行くんだけどなぁ）
> 　　＊現実＝明後日授業があるから一緒に行けない。

② 仮定法過去完了

過去の事実とは反対の内容を表します。

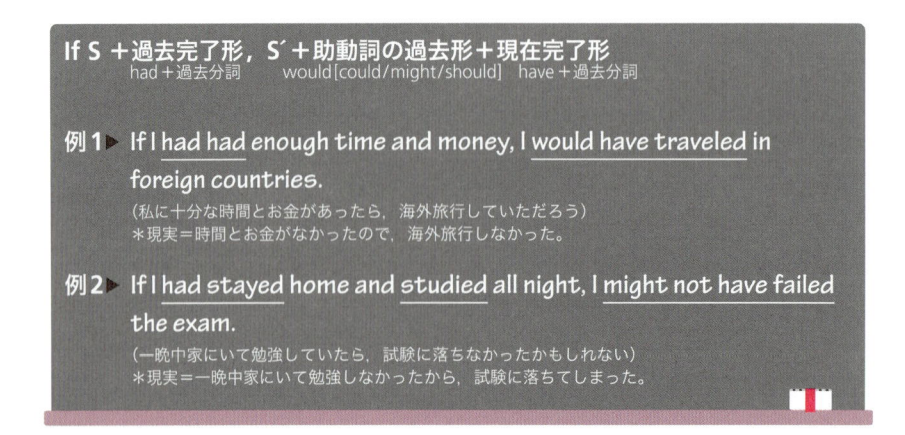

> **If S ＋過去完了形，S´＋助動詞の過去形＋現在完了形**
> 　　had ＋過去分詞　　would[could/might/should]　have ＋過去分詞
>
> **例1▶** If I had had enough time and money, I would have traveled in foreign countries.
> 　　（私に十分な時間とお金があったら，海外旅行していただろう）
> 　　＊現実＝時間とお金がなかったので，海外旅行しなかった。
>
> **例2▶** If I had stayed home and studied all night, I might not have failed the exam.
> 　　（一晩中家にいて勉強していたら，試験に落ちなかったかもしれない）
> 　　＊現実＝一晩中家にいて勉強しなかったから，試験に落ちてしまった。

練習問題

以下の日本語を，仮定法を用いて1センテンスの英語にしましょう。「仮定法過去」，「仮定法過去完了」のどちらを使うかを決めて，正しい用法で作成しましょう。単語が思い浮かばない場合は，下にある「ヒント」を参照してください。

1. もし私がこの会社の社長なら，違う決断を下すのに。
   ＊現実＝会社の社長ではない。

2. もし今日天気が良ければ彼女と僕は山登りに行くんだけどなぁ。
   ＊現実＝今日は天気が良くないから彼女と僕は山登りに行かない。

3. もし私の同僚が，私の会社で働き続けていたら，管理職に昇進していたかもしれない。
   ＊現実＝同僚は私の会社で働き続けなかった。

4. もし出席が任意だったら，何人かの学生は授業に参加せず，その代わりに自分で勉強していたかもしれない。
   ＊現実＝出席は必須だった。

5. もしクラスメートと私が全学期を教授とともにクラスで勉強していたら，最終的な成績はもっと良かったかもしれない。
   ＊現実＝クラスメートと私は全学期を教授とともにクラスで勉強していたわけではなかった。

ヒント

1. 社長＝the president，決断を下す＝make a decision
2. 山登りに行く＝go mountain climbing
3. 管理職＝a management position，～に昇進する＝be promoted to ～
4. 任意の＝optional，その代わりに＝instead
5. 学期＝semester，成績＝grade

正解と解説

1. もし私がこの会社の社長なら，違う決断を下すのに。

正解 If I <u>were</u> the president of this company, I <u>would make</u> a different decision.
　　　動詞の過去形　　　　　　　　　　　　　　助動詞の過去形＋動詞の原形

ポイント 仮定法過去
解説 「現在」について述べているので，「仮定法過去」を使います。

2. もし今日天気が良ければ彼女と僕は山登りに行くんだけどなぁ。

正解 If the weather <u>were</u> good today, my girlfriend and I <u>would go</u> mountain climbing.
　　　　　　　動詞の過去形　　　　　　　　　　　　　助動詞の過去形＋動詞の原形

ポイント 仮定法過去
解説 「現在」について述べているので，「仮定法過去」を使います。特に，if SVの中で過去を表すwereと現在を表すtodayが同時に使われている点に注意しましょう。

3. もし私の同僚が，私の会社で働き続けていたら，管理職に昇進していたかもしれない。

正解 If my co-worker <u>had continued</u> to work for my company, he[she] <u>might have been promoted</u> to a management position.
　　　　　　　　　　過去完了形　　　　　　　　　　　　　　　　　助動詞の過去形＋現在完了形

ポイント 仮定法過去完了
解説 「過去」について述べているので，「仮定法過去完了」を使います。

4. もし出席が任意だったら，何人かの学生は授業に参加せず，その代わりに自分で勉強していたかもしれない。

正解 If attendance <u>had been</u> optional, some students <u>might have decided</u> not to go to class but instead to study by themselves.
　　　　　　　　過去完了形　　　　　　　　　　　　　助動詞の過去形＋現在完了形

ポイント 仮定法過去完了
解説 「過去」について述べているので，「仮定法過去完了」を使います。

5. もしクラスメートと私が全学期を教授とともにクラスで勉強していたら、最終的な成績はもっと良かったかもしれない。

正解 If my classmate and I <u>had studied</u> with the professor in the class
　　　　　　　　　　　　　　　過去完了形

for the entire semester, our final grades <u>might have been</u> better.
　　　　　　　　　　　　　　　　　　　　　　　　助動詞の過去形＋現在完了形

ポイント 仮定法過去完了

解説 「過去」について述べているので、「仮定法過去完了」を使います。

知っておくと便利!

Lesson 1, 7, 8で紹介しているモデルエッセイでは、主に「過去の経験」を具体例として取り入れ、「仮定法過去完了」を使っています。また、実際には起こっていないことを、「もし～であったら」という「仮」の話として述べる場合は、助動詞の過去形はmight「～だったかもしれない」を使うことをオススメします。

Lesson 5
テーマ別作文①人物紹介

Lesson 5〜6では，各テーマに沿った4〜5センテンスの文章を作成する演習を行います。

Lesson 1で確認したように，エッセイでは「自分や身の回りに起こる出来事」を掘り下げた具体例を書くことが理想です。そのような「パーソナル」な具体例を書く下地を作るために，ここでは「自己紹介」，「友人紹介」，「尊敬する人物紹介」の3つを題材とした「人物紹介」をテーマに文章を作成します。

また，ここからは「英借文」しながら英文を書いていきます。「英借文」とは，すでに完成している英文から「流れ」や「型」を借りて英作文することです。「テーマに沿って自由に英作文しましょう！」と言われても，一から自分で考えて書くのはなかなか難しいものです。しかし，「英借文」すれば流れや表現に悩む必要がないので，スムーズに書けるようになります。やってみましょう！

❶ 自己紹介

以下の英文を読んで，自己紹介の「流れ」や「型」を確認しましょう。

1. 名前	1. **My name is** Yasuo Matsuda.
2. 出身＆現在	2. **I was born in** Yamaguchi, Japan, **and currently live** alone **in** Yokohama.
3. 年齢＆学歴	3. **I am** thirty **years old, and graduated from** W University in the UK two **years ago**.
4. 職業	4. **Right now, I work full-time at** an electronics company in Tokyo.
5. 趣味	5. **I enjoy** reading novels, doing exercises, and watching movies.

訳 私の名前は松田保男です。日本の山口県で生まれ，現在は横浜で1人暮らしをしています。私は30歳で，2年前に英国のW大学を卒業しました。現在，東京の電子機器会社で正社員として働いています。小説を読んだり，運動をしたり，映画を見たりするのが好きです。

さあ，このサンプルから英借文してみましょう！

英借文の「流れ」と「型」

1. 名前	1. My name is _名前_ . （私の名前は～です）〔名前の最初は大文字〕〔カンマを忘れずに〕
2. 出身＆現在	2. I was born in _県・地域_ , _国_ , and currently live in _県・地域_ .〔「県・地域」と「国」の間にカンマを入れる〕 （～の～で生まれ，現在は～に住んでいます）
3. 年齢＆学歴	3. I am _年齢_ years old, and graduated from _大学/高校名_ _年数_ years ago. （～歳で，～年前に～大学/高校を卒業しました）
4. 職業など	4. Right now, 現在, ┌ I work full-time/part-time at _会社情報など_ . 　　　　　　　　（～で常勤/パートで働いています） 　　　　　　　└ I am _学年_ at _大学名_ , and my major is _専攻_ . 　　　　　　　　（～大学の～年生で～を専攻しています）
5. 趣味	5. I enjoy *doing* _趣味_ . / I like to *do* _趣味_ . （～するのが好きです）〔趣味を説明するときは My hobby is ～ よりも，これらの表現を使った方が自然です〕

英借文例

My name is Yumiko Katahira. **I was born in** Kyoto, Japan, **and currently live** there with my family. **I am** nineteen **years old**, **and I graduated from** ABC High School in Kyoto last year. **Right now, I am** a freshman **at** the University of A&B, **and my major is** international studies. **I like to** play the piano and listen to music.

訳 私の名前は片平由美子です。日本の京都で生まれ，現在も京都で家族と一緒に暮らしています。私は19歳で，昨年京都のABC高校を卒業しました。現在A&B大学1年生で，国際関係学を専攻しています。ピアノを弾いたり音楽を聞いたりするのが好きです。

練習問題

①名前　②出身＆現在　③年齢＆学歴　④職業など　⑤趣味 を英語でメモし，英借文しながら自己紹介を書いてみましょう。

❷ 友人紹介

以下の英文を読んで，友人紹介の「流れ」や「型」を確認しましょう。隣にいる友人を周囲の人に紹介している場面を想定して読んでみましょう。

1. 導入	1. **This is my friend,** Ryo Nishida.
2. 出会い	2. **We first met in** 2004, **when** we were studying at the same university in England, and we are still good friends.
3. 職業など	3. **Presently, he works at** a large trading company located in the central area of Tokyo.
4. 特徴	4. **He is a very** active **person who** often goes camping in summer and skiing in winter.

訳 こちらは，私の友人の西田亮さんです。私たちは，イングランドの同じ大学で勉強していた2004年に出会い，現在も仲の良い友人です。現在，彼は都心にある大きな貿易会社に勤務しています。彼は非常に活発な人で，夏はキャンプ，冬はスキーによく行きます。

英借文の「流れ」と「型」

〔カンマを忘れずに！〕

1. 導入	1. **This is my friend,** 名前 .
	（こちらは私の友人の〜さんです）
2. 出会い	2. **We first met in** XX年 , **when** XX年の説明，共通点など .
	（私たちは〜したXX年に出会いました）
3. 職業など	3. ┌ **Presently/Currently, he/she works at** 会社情報 .
	│ （現在，彼/彼女は〜で働いています）
	└ **Right now, he/she majors in** 専攻 **at a** 大学/大学院 .
	（現在，彼/彼女は〜大学/大学院で〜を専攻しています）
4. 特徴	4. **He/She is a very** 性格 **person who** 性格の説明 .
	（彼/彼女はとても〜な人で〜します）

〔自己紹介と同様に趣味を書いてもOK〕

英借文例

This is my friend, Akiko Okamura. **We first met in** 2008, **when** we were taking the same English class in junior high school, and we even attended the same high school. **Presently, she** is a sophomore at A&C University in Osaka, Japan, and **she majors in** education. **She is a very** diligent **person who** usually spends a lot of time studying at the university library.

訳 こちらは，私の友人の岡村晶子さんです。私たちは，中学校で同じ英語の授業を受けていた2008年に出会い，その後同じ高校にも進学しました。現在，彼女は日本の大阪にあるA&C大学の2年生で，教育学を専攻しています。彼女は非常に勤勉な人で，ふだんは多くの時間を大学の図書館で勉強して過ごしています。

練習問題

紹介したい友人を1人決めて，その人に関する情報（名前，出会い，職業，特徴など）を英語でメモしましょう。メモができたら，英借文しながらその人の紹介文を書いてみましょう。

英借文のコツがつかめてきましたか？次は「尊敬する人物」を紹介する内容を作成しますよ！

❸ 尊敬する人物紹介

以下の英文を読んで，尊敬する人物紹介の「流れ」や「型」を確認しましょう。
隣にいる人物を周囲の人に紹介している場面を想定して読んでみましょう。

1. 導入	1. **This is my professor,** Professor Smith.
2. 学位＋現在	2. **He received an MA in** applied linguistics **from** V University, **and is currently** the professor of my Introduction to English Language Teaching class at W University.
3. 追加情報	3. **Also, he** has conducted workshops for teachers from Asian countries, including China and Thailand.
4. 専門	4. **His specialty is** textbook analysis and learner autonomy.

(注) 博士号を取得している場合は Doctor Smith「スミス博士」
(注) クラス名の頭文字は大文字に

訳 こちらは私の教授のスミス先生です。V大学で応用言語学の修士号を取得されて，現在はW大学で私の英語教授法入門クラスを担当されています。また，中国やタイを含むアジアの国出身の教師を対象としたワークショップも実施されています。専門は教科書分析と学習者の自律性です。

Vocabulary & Phrase

MA 修士号／Ph. D. 博士号
the professor of my ～ class 私の～クラス担当の教授
conduct workshops ワークショップを実施する

英借文の「流れ」と「型」

(注) カンマを忘れずに！

1. 導入	1. **This is my professor,** ___名前___ . （こちらは私の教授の～です）
2. 学位＋現在	2. **He/She received a Ph.D./an MA in** ___分野___ **from** ___大学___ , **and is currently** ___現在の情報___ . （～大学で～の博士号/修士号を取得されて，現在は～です）
3. 追加情報	3. **Also, he/she** ___追加情報___ . （また，～です）
4. 専門	4. **His/Her specialty is** ___専門分野___ . （専門は～です）

英借文例

> **This is my professor,** Doctor Mochida. **She received a Ph. D. in** political science **from** X University, **and is currently** the professor of my Introduction to International Relations class at Y University. **Also,** for many years, **she** has worked as an academic advisor for political science majors at my university. **Her specialty is** international political economy.

訳 こちらは私の教授の持田博士です。X大学で政治学の博士号を取得されて，現在はY大学で私の国際関係論入門クラスを担当されています。また，長年，私の大学で政治学専攻の学生のアドバイザーを務めていらっしゃいます。専門は国際政治経済です。

練習問題

紹介したい先生や教授を1人決めて，その人に関する情報（名前，学位，現在，追加情報，専門など）を英語でメモしましょう。メモができたら，英借文しながらその人の紹介文を書いてみましょう。

これで Lesson 5 は終了です。引き続き Lesson 6 でもテーマ別に英借文していきます。楽しみながら英文を作っていきましょう！

Lesson 6
テーマ別作文②経験談

Lesson 5に引き続き，Lesson 6でも各テーマに関する文章を4～5センテンスで作成していきます。ここでは，「学習」，「旅行」，「忘れられない思い出」といった，自分の経験に即したエッセイを作成していきます。

❶ 学習

まずは，「学習」をテーマに経験談を作成します。以下を一通り読んで，流れ，使える型，表現を確認しましょう。

1. 場面設定	1. **Five years ago, I** joined a one-year MA program **at** WW University **in** England.
2. 詳細①	2. **In this** program, **I** <u>attended inspiring lectures</u> and met intelligent professors.
3. 詳細②	3. **In particular,** I remember that Professor Wilson, who was my <u>supervisor</u> for my <u>thesis</u>, always <u>motivated</u> me and <u>gave</u> me <u>clear direction</u> for my studies.
4. 評価＋α	4. **This was a valuable experience, and** I would like her to be my supervisor again if I study for a Ph.D. in the future.

訳 5年前，イングランドのWW大学で1年間の修士課程プログラムに参加した。このプログラムでは，学習意欲がわく講義に参加し，知性的な教授にお会いした。特に，ウィルソン教授は私の論文の指導教官だったのだが，いつも私のモチベーションを高め，研究について分かりやすい指示を出してくださったのを覚えている。これは貴重な経験となり，将来博士号取得のための研究を行う際は，ウィルソン教授に再び指導教官になっていただきたいと思っている。

Vocabulary & Phrase
attend inspiring lectures 学習意欲がわく講義に参加する
＊attend "to" としない！
supervisor 指導教官／thesis 論文
motivate モチベーションを高める
give O clear direction O に分かりやすい指示を出す

英借文の「流れ」と「型」

1. 場面設定	1. ＿年数＿ **years ago, I** ＿経験談＿ **at** ＿大学名＿ **in** ＿国＿ . （～年前，私は～（国）の～大学で～をした）
2. 詳細①	2. **In this** ＿プログラムなど＿ **, I** ＿詳細＿ . （この～で，私は～をした）
3. 詳細②	3. **In particular,** ＿詳細＿ .　←前の内容をより具体的に書く際に使える前提表現 （特に～だった）
4. 評価＋α	4. **This was a valuable experience, and** ＿＋αの情報＿ .　←それまで説明した経験が「プラス」だと感じた際に使える型 （これは貴重な経験となり，～だった［である］）

英借文例

Three **years ago, I** took an American history class **at** KK University **in** Kobe, Japan. **In this** class, **I** learned about various aspects of American history from enthusiastic professors. **In particular,** I remember that Professor Yokoi, who was the professor for this class, put an emphasis on the importance of freedom to American people. **This was a valuable experience, and** two years later, I decided to get an MA in American history in Tennessee.

訳 3年前，日本の神戸にあるKK大学で，アメリカ史の授業を受けた。この授業で，熱心な教授からアメリカ史の様々な側面を学んだ。特に，横井教授はこの授業の担当で，アメリカ人にとっての自由の重要性を強調されていたことを思い出す。これは貴重な経験となり，2年後に私はテネシー州でアメリカ史の修士号を取得する決意をした。

練習問題

「学習」に関する経験談を1つ決めて，関連する情報（クラス，教科，大学，教授の名前，学んだ内容など）を英語でメモしましょう。「メモ」と上記の「流れ」と「型」を参考に，「学習に関する経験談」の英文を書いてみましょう。

❷ 旅行

次に,「旅行」に関する経験談を作成しましょう。以下を一通り読んで,流れ,使える型,表現を確認しましょう。

1. 場面設定	1. **Last year, I spent** one week **traveling in** Berlin **with** my friend Henry, **and we had a lot of fun**.
2. 詳細①-1 ＊場所	2. **We** took bicycle trips, and stopped at various places along the way to take in the sights.
3. 詳細①-2 ＊場所	3. **In particular,** the East Side Gallery, located in the center of Berlin, was an impressive place, in which part of the famous Berlin Wall is beautifully painted by local artists.
4. 詳細② ＊食事	4. **Also, we enjoyed delicious foods, including** a meat dish called wiener shinitzel.
5. 評価＋α	5. **We had such a good time that** we are planning to go on a trip to Berlin this year again.

訳 昨年,友人のヘンリーと1週間ベルリンを旅行してとても楽しかった。自転車で旅をして,途中色々な場所に立ち寄り,観光した。特に,ベルリン中心部に位置するイーストサイドギャラリーは印象的な場所で,その場所では,地元のアーティストによって,有名なベルリンの壁の一部に美しく絵が描かれている。また,ヴィーナー・シュニッツェルという肉料理などのおいしい食事を楽しんだ。とても楽しい時間を過ごしたので,私たちは今年再びベルリンを旅行する計画を立てている。

Vocabulary & Phrase

spend O *doing* O（期間・時間）を〜して過ごす
take bicycle trips 自転車で旅行する
stop at 〜 〜に立ち寄る／along the way 途中で
take in the sights 観光する
A located in B B（街・国など）に位置するA
＊場所を説明する際に使える表現
go on a trip to 〜 〜に旅行する

> 旅行で訪れた場所や味わった食事を思い出して,早速英借文してみましょう！

英借文の「流れ」と「型」

1. 場面設定	1. __時期__, I spent __期間__ traveling in __街・国__ with __人__, and we had a lot of fun. (〜年前，〜と〜日間，〜を旅行してとても楽しかった)
2. 詳細①-1 ＊場所	2. We _____ __詳細__ _____. (私たちは〜した)
3. 詳細①-2 ＊場所	3. In particular, _____ __詳細__ _____. 　前の内容をより具体的に書く際に使える前提表現 (特に〜だった)
4. 詳細② ＊食事	4. Also, we enjoyed delicious foods, including __特定の食事__. (また，私たちは〜などのおいしい食事を楽しんだ)
5. 評価＋α	5. We had such a good time that __その結果起こったこと__. (私たちはとても楽しい時間を過ごしたので〜だ)

英借文例

Three years ago, I spent three days **traveling in** the south of Taiwan **with** my husband, **and we had a lot of fun**. **We** took bus trips, and stopped at many places along the way to take in the sights. **In particular,** Kenting National Park, located in the most southern part, was an impressive place, in which we enjoyed a view of a beautiful landscape from a huge hill. **Also, we enjoyed delicious local foods, including** unique Taiwanese sausages available at local food stands. **We had such a good time that** we still often talk about this trip.

訳 3年前，夫とともに3日間台湾南部を旅行してとても楽しかった。バスで旅をして，途中色々な場所に立ち寄り，観光した。特に，最南端に位置する墾丁国家公園は印象的な場所で，広大な丘から見える美しい景色を楽しんだ。また，地元の屋台で売られている独特な台湾のソーセージなどのおいしい地元の食事を楽しんだ。とても楽しい時間を過ごしたので，私たちは今でもこの旅行のことをよく話す。

練習問題

「旅行」に関する経験談を1つ決めて，関連する情報（期間，国や街，一緒に行った人，印象深い場所や食事，旅行の後のことなど）を英語でメモしましょう。「メモ」と上記の「流れ」と「型」を参考に，「旅行に関する経験談」の英文を書いてみましょう。

❸ 忘れられない思い出

「忘れられない思い出」には，「プラスの思い出」と「マイナスの思い出」の2種類が考えられます。それぞれのサンプルに目を通し，「流れ」を参考にして英文を作成してみましょう。

プラスの思い出

1. 場面設定	1. One of my most unforgettable experiences was when I joined a one-year exchange program in Singapore.
2. 詳細①	2. In this program, I was able to make a lot of foreign friends with various backgrounds.
3. 詳細②	3. I had many chances to communicate with them in English, and I realized that their values and customs are greatly different from mine.
4. 詳細③	4. Communicating with them enabled me to broaden my perspective and become a more flexible person.
5. 評価＋α	5. This is something which might not have happened if I had not left my country, Japan.

訳 私が最も忘れられない経験の1つは，シンガポールの1年間の交換留学プログラムに参加したときのことだ。このプログラムで，私は様々な背景を持つ外国人の友人をたくさん作ることができた。彼らと英語でコミュニケーションをとる機会がたくさんあり，彼らの価値観や習慣が私のものとは大いに異なることに気づいた。彼らとコミュニケーションをとることで，私は視野が広がり，より柔軟な人間になることができた。これは，もし私の国，日本を離れていなかったら起こらなかったことかもしれない。

Vocabulary & Phrase

One of my most unforgettable experiences was when ~
最も忘れられない経験の1つは〜のときだ　＊経験談の導入部分で使えるオススメ表現
an exchange program 交換留学プログラム
foreign friends with various backgrounds 様々な背景を持つ外国人の友人
＊「(人) with (背景・興味など)」をカタマリで覚えよう
communicate with A in B B (言語) でA (人) とコミュニケーションをとる
enable O to do Oが〜できるようにする
broaden one's perspective 〜の視野を広げる
This is something which might not have happened if ~
これは，もし〜だったら起こらなかったことかもしれない
＊Lesson 4で学んだ「関係代名詞」と「仮定法」の両方を用いたオススメ表現

マイナスの思い出

1. 場面設定	1. I will never forget a rainy day when I was a freshman in high school.
2. 詳細①	2. I was bicycling on the way to school with an open umbrella, and after a while, an ambulance hit me and I was knocked off my bicycle.
3. 詳細②	3. The ambulance immediately stopped and the driver anxiously ran up to me to see if I needed any help.
4. 詳細③	4. Fortunately, I was not seriously hurt, and my bicycle only received a scratch.
5. 評価＋α	5. Still, I hate to think what might have happened if I had been seriously injured and no one had been around to help.

訳 高校1年生だったときのある雨の日のことは決して忘れないだろう。傘をさしたまま自転車に乗って学校に向かっていると、しばらくして、救急車に跳ねられ、自転車から跳ね飛ばされてしまった。救急車はすぐに停車し、運転手が心配そうに駆け寄ってきて、助けが必要かどうか確認した。幸い、大した怪我はなく、自転車に傷がついたくらいだった。だが、もし大怪我をして、助けてくれる人が周りに誰もいなかったらどうなっていたかは考えたくもない。

Vocabulary & Phrase
(be) knocked off 〜 〜から跳ね飛ばされる
anxiously 心配そうに
run up to 〜 〜のところに駆け寄る
(be) seriously hurt 重傷を負う
receive a scratch かすり傷を負う
I hate to think what might have happened if 〜
もし〜だったらどうなっていたかは考えたくもない

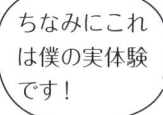

ちなみにこれは僕の実体験です！

練習問題

「プラスの思い出」、「マイナスの思い出」のどちらかをテーマに選んで、そのテーマに関する情報を英語でメモし、「忘れられない思い出」の英文を書いてみましょう。

Lesson 7
アイデア出し

Lesson 7では，Independent Taskのエッセイ作成に使えるアイデア出しを行います。ここで言う「アイデア」とは，4段落構成のエッセイの中で「理由」に該当する情報を指します。最初に，Lesson 1で触れた内容のうち，「Question」「賛成・反対」「理由1」「理由2」に再び目を通してみましょう。

Question

> Do you agree or disagree with the following statement?
> Studying with others is better for university students than studying alone.
> Use specific reasons and examples to support your answer.

訳 あなたは次の意見に賛成ですか，反対ですか。
大学生にとって，他の人と学習することは，1人で学習することと比べてより良いものである。具体的な理由や例を挙げて，あなたの考えを述べてください。

> 賛成・反対：For the following reasons, I believe that **studying with others is better for university students than studying alone**.
> 理由1：First of all, **university students can complete more challenging assignments when they study with others**.
> 理由2：In addition, **if university students study alone, they may have to spend more time studying a subject**.

訳 賛成・反対：以下の理由で，大学生は1人で学習するよりも他の人と学習する方が良いと考える。
　理由1：まず，他の人と学習すると，大学生はより難しい課題を完成させることができる。
　理由2：加えて，もし大学生が1人で学習すると，ある科目を学習するのにより多くの時間をかけなければならないかもしれない。

「賛成・反対」では「賛成（＝他の人と学習する方が良いと考える）」を示し，「理由1」では「選んだスタンスのプラス面（＝他の人と学習すると，大学生は難しい課題を完成できる）」，「理由2」では「もう1つのスタンスのマイナス面（＝1人で学習すると，学習するのにより多くの時間をかけなければならないかもしれない）」を述べています。このように，**「理由1＝選んだスタンスのプラス面」，「理**

由2＝もう1つのスタンスのマイナス面」という順番で書くことを決めておき，アイデアを事前に整理しておくと，エッセイ作成の際にとても役に立ちます。
では，そのようなアイデアを出して，整理していくステップを紹介します。

① キーワードを設定する

Questionの2文目にあたるStatementには，アイデア出しやエッセイ作成の際に使える「キーワード」が存在します。下線部をキーワードに設定します。

Statement

<u>Studying</u> <u>with others</u> is <u>better</u> for <u>university students</u> than <u>studying</u> <u>alone</u>.

↓

キーワード		重要情報
studying	→	トピックは「学習」
university students	→	人物は「大学生」
with others / alone	→	アイデアは「他の人と学習すること」と「1人で学習すること」の2つが存在する
better	→	比較級が使われているので「2つのアイデアの両方に触れ，比較したエッセイ」を作成する必要がある

② 連想できる情報を挙げて整理する

次に，キーワードから連想できる情報を挙げて，それらをエッセイで使えるように整理します。その際，以下のプロセスをたどるとアイデアをエッセイで使いやすい流れで整理できます。

Statementに対して「賛成」を選んだ場合

質問 他の人と学習すると，大学生にとってどのようなプラス面がありますか？
↓
連想 より多くを学ぶことができる
↓
英文1 learn more
↓
英文2 University students can learn more about a subject when they study with others.
（他の人と学習すると，大学生はある科目に関してより多くを学ぶことができる）

「質問」とは「選んだスタンスのプラス面は何か」を尋ねた内容，「連想」とは「質問に対して思いついたシンプル・クリアな情報」，「英文1」とは「連想した内容を英語で表現したもの」，最後の「英文2」は「英文1をエッセイの「理由」にあたる部分で書けるようにした1文」を意味します。

質問と連想については，「シンプル・クリアな質問や連想」を心掛けるとアイデアが出やすくなります。また，「英文1→英文2」に変える際には，以下のように，**「選んだスタンスを加える」，「人物をはっきりさせる」，「プラス・マイナスが分かるようにする」，「必要に応じて情報を付け足す」**といった工夫を凝らしましょう。

英文1　learn more

↓

英文2　University students can learn more about a subject when they study with others.

→ when they study with others ─ 選んだスタンス
　＊「when SV」は，選んだスタンスを表す際に使える型。

→ university students ─ statementで設定されている人物
　＊人物が設定されていない場合は，「people」を主語にします。

→ can ─ プラス面

→ about a subject ─「より多く」の内容が分かるように「ある科目に関して」という情報を追加

同様のプロセスをたどって，今度はStatementに対して「反対」を選んだ場合の情報を整理してみます。

Statementに対して「反対」を選んだ場合

質問　1人で学習すると，大学生にとってどのようなプラス面がありますか？

↓

連想　自分のペースで学習できる

↓

英文1　learn at *one's* own pace

↓

英文2　If university students study alone, they can learn at their own pace.
　　　（1人で学習すれば，大学生は自分のペースで学ぶことができる）
　　　＊選んだスタンスを表す際には，先ほどの「when SV」に加えて，「if SV, (If university students study alone,)」という型も使うことができます。

このように,「質問→連想→英文1→英文2」のプロセスをたどることで,アイデアが思いつきやすくなり,かつ,思いついたアイデアをエッセイで使えるように,1センテンスでシンプルにまとめることができます。

練習問題 ①

以下のQuestionに対して,「質問→連想→英文1→英文2」のプロセスに合わせて,エッセイで使えるアイデアを整理しましょう。

Question

Do you agree or disagree with the following statement?
Studying with others is better for university students than studying alone.
Use specific reasons and examples to support your answer.

Statementに対して「賛成」を選んだ場合

質問 他の人と学習すると,大学生にとってどのようなプラス面がありますか？

連想 ＿＿＿＿＿＿＿＿＿＿＿＿＿＿＿＿＿＿＿＿＿＿＿＿＿＿＿＿

英文1 ＿＿＿＿＿＿＿＿＿＿＿＿＿＿＿＿＿＿＿＿＿＿＿＿＿＿＿＿

英文2 ＿＿＿＿＿＿＿＿＿＿＿＿＿＿＿＿＿＿＿＿＿＿＿＿＿＿＿＿

Statementに対して「反対」を選んだ場合

質問 1人で学習すると,大学生にとってどのようなプラス面がありますか？

連想 ＿＿＿＿＿＿＿＿＿＿＿＿＿＿＿＿＿＿＿＿＿＿＿＿＿＿＿＿

英文1 ＿＿＿＿＿＿＿＿＿＿＿＿＿＿＿＿＿＿＿＿＿＿＿＿＿＿＿＿

英文2 ＿＿＿＿＿＿＿＿＿＿＿＿＿＿＿＿＿＿＿＿＿＿＿＿＿＿＿＿

> [解答例]

Statementに対して「賛成」を選んだ場合

連想　　より難しい課題をこなせる
英文1　complete more challenging assignments
英文2　<u>University students</u> <u>can</u> complete more challenging assignments <u>when they study with others</u>.
　　　（他の人と学習すると，大学生はより難しい課題を完成させることができる）

連想　　より短い時間で学べる
英文1　learn in a shorter period of time
英文2　<u>University students</u> <u>can</u> learn <u>about a subject</u> in a shorter period of time <u>when they study with others</u>.
　　　（他の人と学習すると，大学生はより短い時間である科目を学ぶことができる）

連想　　モチベーションがもっと高まる
英文1　feel more motivated
英文2　<u>University students</u> <u>can</u> feel more motivated <u>to learn</u> <u>when they study with others</u>.
　　　（他の人と学習すると，大学生は学習するモチベーションをより高めることができる）

Statementに対して「反対」を選んだ場合

連想　　自分の勉強に集中できる
英文1　concentrate on *one's* studies
英文2　<u>If university students study alone</u>, they <u>can</u> concentrate on their studies.
　　　（1人で学習すると，大学生は自分の勉強に集中することができる）

連想　　自立心が高まる
英文1　become more independent
英文2　<u>If university students study alone</u>, they <u>can</u> become more independent.
　　　（1人で学習すると，大学生はより自立心を高めることができる）

連想	学びたいことに集中できる
英文1	focus on what they want to learn
英文2	<u>If university students study alone</u>, they <u>can</u> focus on what they want to learn.

（1人で学習すると，大学生は学びたいことに集中することができる）

練習問題 ②

以下のQuestionに対して，「質問→連想→英文1→英文2」のプロセスに合わせて，エッセイで使えるアイデアを整理しましょう。今回は，選んだスタンスをサポートする理由として「もう1つのスタンスのマイナス面」を挙げてみましょう。

Question

> Do you agree or disagree with the following statement?
> Studying with others is better for university students than studying alone.
> Use specific reasons and examples to support your answer.

Statementに対して「賛成」を選んだ場合

質問	1人で学習すると，大学生にとってどのようなマイナス面がありますか？
連想	
英文1	
英文2	

Statementに対して「反対」を選んだ場合

質問	他の人と学習すると，大学生にとってどのようなマイナス面がありますか？
連想	
英文1	
英文2	

解答例

Statementに対して「賛成」を選んだ場合

連想　あまり多くは学べないかもしれない
英文1　may learn less
英文2　If university students study alone, they may learn less about a subject.
（1人で勉強すると，大学生はある科目についてあまり多く学べないかもしれない）

連想　難しい課題を終えられないかもしれない
英文1　may not be able to complete challenging assignments
英文2　If university students study alone, they may not be able to complete challenging assignments.
（1人で勉強すると，大学生は難しい課題を終えられないかもしれない）

連想　モチベーションを維持することが難しくなるかもしれない
英文1　may have difficulty maintaining the motivation
英文2　If university students study alone, they may have difficulty maintaining the motivation to learn.
（1人で勉強すると，大学生は学習するモチベーションを維持することが難しくなるかもしれない）

Statementに対して「反対」を選んだ場合

連想　時として自分のペースで学ぶことができない
英文1　sometimes cannot learn at *one's* own pace
英文2　University students sometimes cannot learn at their own pace when they study with others.
（他の人と勉強すると，大学生は時として自分のペースで学ぶことができない）

連想	時として自分の勉強に集中できない
英文1	sometimes cannot concentrate on *one's* study
英文2	University students sometimes cannot concentrate on their studies <u>when they study with others</u>.

(他の人と勉強すると，大学生は時として自分の勉強に集中できない)

連想	時に学びたくないことにも触れなければならなくなるかもしれない
英文1	may sometimes need to cover what university students do not want to learn
英文2	University students may sometimes need to cover what they do not want to learn <u>when they study with others</u>.

(他の人と勉強すると，大学生は時に学びたくないことにも触れなければならないかもしれない)

知っておくと便利!

もう1つのスタンスのマイナス面を述べる際は，「相手の上げ足取り」的な強いインパクトを与えないように，may「〜かもしれない」や sometimes「時々」などの表現を使いましょう。

Lesson 8
具体例作成

Lesson 8では，Independent Taskのエッセイのうち「具体例」を作成していきます。Independent Taskのエッセイ作成の基盤をここでガッチリと固めていきましょう。Lesson 5〜6で紹介した「英借文作成」を引き続き行います。

Independent Taskで高評価が得られるエッセイを作成するためには，具体例に多少のバリエーションが必要になります。そこで，以下の「3つの具体例パターン」を紹介し，各型に沿った演習を行っていきます。

・プラスの具体例①　・プラスの具体例②　・マイナスの具体例

Lesson 7に引き続き，この問題を例に取り組みます。

Question

> Do you agree or disagree with the following statement?
> Studying with others is better for university students than studying alone.
> Use specific reasons and examples to support your answer.

❶ プラスの具体例①

最初に，「プラスの具体例①」を見てみましょう。「具体例」は「理由」で挙げた情報を裏付ける具体的な内容を指すため，今回使う理由を確認するところから始めましょう。

理由 1

> First of all, university students can learn more about a subject when they study with others.

訳 まず，他の人と学習すると，大学生はある科目に関してより多くのことを学ぶことができる。

この後の具体例では，理由1の以下の情報を掘り下げていくことになります。

- **university students** → 「大学生」を対象とする
- **learn more** → 「より多くのこと」の具体的内容を説明する

- **a subject** → 「具体的な科目」を挙げる
- **study with others** → 「具体的な人物」を「複数」挙げる

では，「プラスの具体例①」に沿った具体例に目を通し，「流れ」や「型・表現」を見ていきましょう。

❶場面 ↓ ❷詳細 ↓ ❸ ↓ ❹ ↓ ❺評価 ↓	❶For example, during my freshman year in university, I often studied with two of my classmates after school in order to prepare for my German language class. ❷One of them, Sae, was a very intelligent person, and she assisted me in mastering difficult German grammar rules. ❸The other one, Masaki, provided me with various German expressions which he acquired by watching many German movies. ❹Both Sae and Masaki helped me to learn a lot about German language, and I was able to get a good grade on the final exam. ❺I truly feel that if I had not studied with them, I might not have learned as much about German language.

訳 例えば，大学1年生の頃，ドイツ語のクラスの予習をするために，放課後クラスメートの2人と一緒によく勉強していた。2人のうち，サエはとても知性的な人で，難しいドイツ語の文法ルールを習得する手助けをしてくれた。もう1人のマサキは，たくさんのドイツ映画を見て習得した様々なドイツ語表現を私に教えてくれた。サエとマサキの助けで，私はドイツ語に関して多くを学ぶことができ，期末試験で良い成績をとることができた。彼らと勉強していなかったら，ドイツ語に関してこれほど多くを学ぶことはできなかったかもしれないと心から感じる。

場面 ↓ ↓ ↓ 詳細 ↓ ↓ ↓ ↓ ↓ ↓ ↓ 評価 ↓	For example, いつ・誰が・どこで・何をした（している）か． ＊during *one's* ... year in university（大学…年生の頃） ＊study with ... in order to *do*（〜のために…と一緒に勉強する） →クラス名，目的，人物を述べる One of them, 名前 , was 特徴 , and he/she 詳細 . The other one, 名前，詳細 . Both 名前 and 名前 詳細 , and I 詳細 . ＊assist（人）in *doing*（人が〜するのを助ける） ＊provide（人）with（物）（人に物を与える） ＊help（人）to *do*（人が…する助けとなる） ＊get a good grade on ...（…で良い成績をとる） I truly feel that if S had (not) 〜ed ..., S might (not) have 〜ed ... →「もし〜だったら…だったかもしれない」という，裏返しのマイナス評価

「プラスの具体例①」では，最初に「いつ・誰が・どこで・何をした（している）か」といった情報を具体的に述べながら，**ある特定の「場面」を設定**します。次に，**その場面における「詳細」**を「3センテンス」を目安に書いていきます。今回は，理由1で触れた情報のうち「learn more」と「study with others」の点を掘り下げて，「どのような特徴を持つ人たちと学習し，どれほど多くのことを学んだか」を述べましょう。最後の**「評価」**は，**「裏返しのマイナス評価」**を書きます。「裏返し」とは，「場面と詳細の反対を指すもの」を意味し，今回であれば，「サエとマサキと一緒に学習して多くを学んだ」という内容を元に，「もしサエとマサキと一緒に学習していなかったら，これほど多くは学んでいなかったかもしれない」と書いています。過去の経験談を振り返るため，Lesson 4で学習した「仮定法過去完了」を用いています。難易度は高めですが，正しく書くことで「難易度の高い文法が使えている」という印象を与えられますから，ぜひ使えるようにしましょう。

このサンプルから英借すると，以下のような具体例が出来上がります。「場面→詳細→評価」の流れをきちんとたどっているだけではなく，使えそうな表現を積極的に使っていることが分かると思います。

英借文例

> **For example,** when I was a sophomore in university, I often studied with two of my classmates at the library in order to review for my international relations class. **One of them,** Ken, **was** a very wise person, **and he** assisted me in grasping different political systems and governments. **The other one,** Akane, told me a lot about her experiences overseas, which were useful in understanding different countries. **Both** Ken **and** Akane helped me to learn a lot about international relations, **and I** was able to get a good grade on the mid-term exam. **I truly feel that if I had not** studied with them, **I might not have** learned as much about international relations.

訳 例えば，大学2年生の頃，国際関係論のクラスの復習をするために，図書館でクラスメートの2人と一緒によく勉強していた。2人のうち，ケンはとても賢い人で，異なる政治システムや政府のことを理解する手助けをしてくれた。もう1人のアカネは，彼女の海外経験を沢山語ってくれたが，それらは異なる国を理解するのに役に立った。ケンとアカネの助けで，私は国際関係論について多くを学ぶことができ，中間試験で良い成績をとることができた。彼らと勉強していなかったら，国際関係論についてこれほど多くを学ぶことはできなかったかもしれないと心から感じる。

練習問題 ①

❶場面，❷詳細，❸評価を英語でメモし，英借文しながら「プラスの具体例①」を書いてみましょう。5センテンスで仕上げることを目標としましょう。

流れ	英借文
理由1 場面 ↓ 詳細 ↓ ↓ ↓ ↓ 評価	First of all, university students can learn more about a subject when they study with others. For example, _____ _____ _____ _____ _____ _____ _____

❷ プラスの具体例②

次に，「プラスの具体例②」を習得します。先ほどの「プラスの具体例①」に「問題＋解決」というプロセスを途中で加えたパターンで，具体例作成の際に頻繁に使えます。ここでは，以下の理由を掘り下げた具体例を見ていきます。

理由1

> First of all, <u>university students</u> can <u>complete more challenging assignments</u> when they <u>study with others</u>.

訳 まず，他の人と学習すると，大学生はより難しい課題を完成させることができる。

- **university students** → 「大学生」を対象とする
- **complete more challenging assignments** → 「難しい課題」を具体的に述べる
- **study with others** → 「具体的な人物」を「複数」挙げる

では，「プラスの具体例②」に沿った具体例に目を通し，「流れ」や「型・表現」

205

を見ていきましょう。Lesson 1で取り上げたモデルエッセイのExample 1に該当します。

❶場面/詳細 ↓ ↓ ❷問題 ↓ ❸❹解決 ↓ ↓ ↓ ↓ ❺評価 ↓	❶For example, in the music class which I took when I was a freshman in university, Professor Nishijima required us to complete an assignment, which was to write a short piece of music based on our understanding of Chopin's style. ❷I felt that it was a very challenging task to do by myself, so I asked two of my classmates for help. ❸One of them, Aki, studied classical piano for many years, and the other one, Emi, had a wide range of classical music knowledge because her father was a music teacher. ❹Thanks to their support, I was able to write my own composition, and my professor thought that it was excellent. ❺I truly feel that without their support, I might not have been able to finish this difficult assignment.

訳 例えば、大学1年生の頃に受けた音楽のクラスで、西島教授は私たちにある課題を完成させることを必須としたが、それは、ショパンの様式の理解をもとに短めの音楽作品を書くというものだった。非常に難しい課題だと感じたので、クラスメートの2人に助けを求めた。そのうちの1人のアキは何年もクラシックピアノを習っていて、もう1人のエミは、お父さんが音楽の先生だったので、クラシック音楽に対する幅広い知識を持っていた。彼女たちのサポートで、私は自分の作品を書くことができ、教授は素晴らしいと思ってくださった。彼らのサポートなしではこの難しい課題を終えることはできなかったかもしれないと心から感じる。

場面/詳細 ↓ ↓ 問題 ↓ ↓ ↓ 解決 ↓ ↓ ↓ 評価 ↓	For example, ＿いつ・誰が・どこで・何をした（している）か＿. 　＊in the ... class which I took when I was ... （クラス名, 学年など） 　＊an assignment, which was to ... （課題の中身） I felt that it was ＿＿＿＿＿＿＿＿＿＿問題＿＿＿＿＿＿＿＿＿. 　＊Reasonで述べた情報を裏返した問題にする 　　→Reason: ... complete more challenging assignments 　　→Problem: it was a very challenging assignment to do by myself One of them, ＿名前＿, ＿＿＿詳細＿＿＿, and the other one, ＿名前＿, ＿＿＿詳細＿＿＿. Thanks to their ＿特徴＿, I ＿＿＿解決＿＿＿, and my professor ＿＿＿追加情報＿＿＿. I truly feel that without ～, S might (not) have ～ed ... 　→「もし～がなかったら…かもしれない」という裏返しのマイナス評価

「プラスの具体例②」では，「プラスの具体例①」と同様に，**場面設定からスタートし，必要に応じて詳細情報も加えます**。ここでは，「場面＋詳細」をひとまとめにして1センテンスで書いています。次に，**「ある特定の問題」**を1センテンスで述べますが，ここで重要なのは，**理由1で述べた情報をそのまま用いて問題として提示する**と，理由と具体例のつながりが強くなります。特にここでは，「他の人と学習する」「1人で学習する」という2つのアイデアが含まれていることを踏まえて，自分とは異なるスタンスに触れて「1人で学習するには難しい課題だった」と述べることで，Questionとのつながりもより一層強くすることができます。後は，**解決に至るまでの道のりを「2センテンス」を目安**に述べて，最後は「プラスの具体例①」と同様に，仮定法過去完了を用いて**「裏返しのマイナス評価」**を述べれば，5センテンスの具体例が完成します。

では，左ページのサンプルを英借した例を見てみましょう。「場面/詳細→問題→解決→評価」の流れに沿っていて，今まで目を通した表現なども生かされていることが分かると思います。

英借文例

> **For example,** in the sociology class which I took when I was a junior in university, Professor Lieberman required us to complete an assignment, which was to conduct interviews of local people in a particular community and write a report. **I felt that it was** a very challenging task to do by myself, so I asked two of my classmates for help. **One of them,** Takashi, grew up in this community and was familiar with the local people, **and the other one,** Erina, was good at conducting interviews because she worked on a high school newspaper for years. **Thanks to their** cooperation, I was able to conduct interviews and write my own report, **and my professor** thought that it was excellent. **I truly feel that without** their cooperation, I might not have been able to finish this difficult assignment.

訳 例えば，大学3年生の頃に受けた社会学のクラスで，Lieberman教授は私たちにある課題を完成させることを必須としたが，それは，ある特定のコミュニティの地元の人たちにインタビューを行い，レポートを作成するというものだった。非常に難しい課題だと感じたので，クラスメートの2人に助けを求めた。そのうちの1人のタカシは，そのコミュニティで育ち地元の人たちとは顔なじみで，もう1人のエリナは何年も高校新聞の作成に携わっていたのでインタビューをするのが得意だった。彼らの協力で，私はインタビューを行って自分のレポートを作成することができ，教授は素晴らしいと思ってくださった。彼らの協力なしではこの難しい課題を終えることはできなかったかもしれないと心から感じる。

練習問題 ②

❶場面・詳細，❷問題，❸解決，❹評価を英語でメモし，英借文しながら「プラスの具体例②」を書いてみましょう。5センテンスで仕上げることを目標としましょう。

流れ	英借文
理由1 場面/詳細 ↓ 問題 ↓ 解決 ↓ 評価 ↓	First of all, university students can complete more challenging assignments when they study with others. For example, _____ _____ _____ _____ _____ _____ _____

❸ マイナスの具体例

最後に，3つ目の「マイナスの具体例」を学習します。以下の理由2を掘り下げた具体例を作成します。

理由2

In addition, if <u>university students</u> <u>study alone</u>, they may have to <u>spend more time</u> <u>studying a subject</u>.

訳 加えて，もし大学生が1人で学習すると，ある科目を学習するのにより多くの時間をかけなければならないかもしれない。

- **university students** → 「大学生」を対象とする
- **study alone** → 「1人で学習する」点における問題点を書く
- **spend more time** → 「学習にかかった時間数」を具体的に述べる
- **studying a subject** → 「科目」を設定し，学習に必要な行為を書く

では,「マイナスの具体例」に沿った具体例に目を通し,「流れ」や「型・表現」を見ていきましょう。Lesson 1 で取り上げたモデルエッセイの Example 2 に該当します。

❶場面 ↓ ❷詳細 ↓ ❸❹問題 ↓ ↓ ↓ ↓ ❺評価 ↓ ↓	❶For example, in the psychology class which I took in university, one day I missed the lecture because I was sick. ❷I asked my classmates to help me review the content, and it took just one hour to understand it. ❸However, several weeks later, when I missed another lecture, I reviewed the content alone because my classmates were busy, and I realized that it took more than five hours to understand this content. ❹This was because studying alone required me to do many things, such as visiting the library, searching for reference books, and finding the pages related to the lecture that I missed. ❺While studying alone, I felt that if I had studied with my classmates, I might have been able to understand this lecture in a shorter period of time.

訳 例えば,大学生の頃に受けた心理学の授業において,私はある日病気で講義を欠席した。クラスメートに講義内容を復習する手伝いをしてくれるようにお願いした結果,この内容を理解するのにかかった時間は1時間だけだった。しかし,数週間後,別の講義を欠席した際,クラスメートが忙しかったことで,今度は1人で授業内容を復習した。すると,この講義を理解するのに5時間以上もかかることが分かった。なぜならば,1人で勉強すると,図書館に行き,参考文献を探し,欠席した講義に関連するページを探し出すなど,多くのことをやる必要があるからだった。1人で勉強しながら,もしクラスメートと勉強していたら,もっと短い時間でこの講義を理解できたかもしれないと感じた。

場面 ↓ 詳細 ↓ ↓ ↓ 問題 ↓ ↓ ↓ 評価 ↓ ↓	For example, ＿いつ・誰が・どこで・何をした（している）か＿. 　＊in the ... class which I took when I was ...（クラス名,学年など） I ＿＿具体的行動＿＿, and ＿＿＿結果＿＿＿. 　＊ask O to *do*（Oに～するようにお願いする） 　＊it takes just 時間 to *do*（～するのに（時間）しかかからない） However, ＿いつ＿, ＿何をしたか＿, and I realized that ＿問題点＿. This was because ＿＿＿問題点に関する具体的背景＿＿＿. 　＊require O to *do*（Oが～することを必須とする） 　＊*A*, such as *B*（*B*などの*A*） ＊*A*＝抽象的情報,*B*＝具体的情報 While *doing*, I felt that if I had (not) ～ed ～, I might (not) have ～ed ... 「～しながら,もし～だったら…かもしれないと感じた」という,裏返しのプラス評価

「マイナスの具体例」は，大まかに言うと，**「プラスの具体例②」から「解決」をはずし，「問題」を全面的に記述した後に，「裏返しのプラス評価」を書けば完成する型**です。まずは，これまで同様に「場面」と「詳細」を述べます。ここでは，「相手方のプラス内容」として「他の人たちとの勉強はxxx時間しかかからなかった」という記述にすると，理由2とのつながりがとても強くなります。次に，「However」を冒頭で用いて，場面や状況を変えて，問題点を述べます。この際，理由2で挙げた「より多くの時間」の具体的内容が分かるように，「xxx時間以上もかかった」といった記述にします。この問題点は解決しなかったことを踏まえて，なぜこの問題点が起こったのかを「This was because」以降で述べます。最後に，「1人で学ばずに他の人と学んでいたら，もっと短い時間で学ぶことができたのに」という「裏返しのプラス評価」で締めます。これまで同様，5センテンスでの完成を目指しましょう。

では，前ページのサンプルを英借した例を見てみましょう。「場面→詳細→問題→評価」の流れや，今まで学習した表現を最大限活用した例になっていることが分かると思います。

英借文例

> **For example,** during my junior year in university, one day I missed a lecture because I had a fever. **I** asked my classmates to assist me in covering the content, and it took only two hours to understand it. **However,** one month later, when I missed another lecture due to an internship program, I reviewed the content alone because my classmates also missed this lecture, **and I realized that** it took more than ten hours to understand the content. **This was because** this lecture covered very difficult terms regarding fraud, and it took a lot of time to fully understand their definitions. **While** studying alone, **I felt that** if I had studied with others, I might have been able to understand this point within a shorter period of time.

訳 例えば，大学3年生の頃，発熱のためある授業を欠席した。クラスメートに講義内容を復習する手伝いをしてくれるようにお願いした結果，この内容を理解するのに2時間しかかからなかった。しかし，1か月後，インターンシッププログラムのため別の講義を欠席したとき，クラスメートたちも欠席したため1人で復習した結果，その内容を理解するのに10時間以上もかかることが分かった。なぜならば，この講義では，詐欺に関する非常に難しい専門用語を扱っていて，それらの定義を十分に理解するのに多くの時間がかかったからだ。1人で勉強しながら，もし他の人と勉強していたら，もっと短い時間でこの点を理解することができたかもしれないと感じた。

練習問題 ③

❶場面, ❷詳細, ❸問題, ❹評価を英語でメモし, 英借文しながら「マイナスの具体例」を書いてみましょう。5センテンスで仕上げることを目標としましょう。

流れ	英借文
理由2 場面 ↓ 詳細 ↓ 問題 ↓ 評価	In addition, if university students study alone, they may have to spend more time studying a subject. For example, _____

お疲れ様でした！　これでライティングの全レッスンが終了しました。エッセイ作成に必要な土台はこれで十分に固められたと思います。ここで，改めてLesson 1のモデルエッセイ（p.159）に目を通してみましょう。学習をスタートした時には，語数の多さやセンテンスの数の多さに圧倒された方も，今見てみると「ここまでの学習内容が反映されたエッセイで，今の自分なら書ける！」と胸を張って言えるのではないでしょうか。その気持ちを忘れずに，学習を続けていってくださいね！

> 全8レッスン，よくがんばりましたね！次のスピーキングでは，ここまで学習した内容の一部が登場します。どこで出てくるかは見てからのお楽しみです！

Speaking

※スピーキング・セクションは，2019年8月から従来のTask 1とTask 5が廃止されました。本書は変更前の問題形式に基づいて執筆されています。

Lesson 1	スピーキング・セクションで大切なこと
Lesson 2	発音&リズム①基礎編
Lesson 3	発音&リズム②実践編
Lesson 4	Task 1 実戦演習

Lesson 1
スピーキング・セクションで大切なこと

Lesson 1では，スピーキング・セクションで大切なことを「評価のポイント」，「本書のフォーカス」の2つに分けてお話していきます。

スピーキング対策をスタートされる皆さんには，「スピーキングに自信がない」といった不安があるかもしれません。でも，大丈夫！　自信を持ってスピーキングができるようになるために，「たくさん発声する」機会を作ります。Lesson 4が終了する頃には，「最初と比べて自信がついた！」と言えるようになっています。そんな自分を想像しながら，スピーキング対策を始めましょう！

❶ 評価のポイント

スピーキング・セクションは，指定された時間内に「マイクに向かって一方的に英語を話す」という独特なスタイルを採用しています。全部で6つのタスクで構成されていますが，全タスクに共通して以下の3つのポイントが評価されます。

① 話し方（Delivery）
クリアな話し方かどうかが評価されます。ネイティブレベルが求められるわけではなく，分かりやすい発音，自然なリズム・ペース・イントネーションなどの要素が関わり，最終的に「聞きやすいか聞きにくいか」の印象で評価されます。

② 言語の使い方（Language Use）
文法や語彙を適切に使って内容を伝えているかが評価されます。文法や語彙の難易度を細かくチェックされるわけではなく，バリエーションのある文構造や語彙を使い，ミスが少ない状態に仕上がっているかどうかが重視されます。

③ 話題の展開（Topic Development）
十分な情報量で，設問に対して適切に答えているかどうかが評価されます。45秒・60秒といった制限時間を十分に使って解答していて，一貫性のある内容を論理的に話せているかどうかが判断されます。

なお，試験ではこの3点が個別に評価されるわけではありません。解答を一度聞いて受けた「総合的な印象」が評価に結びつくことになります。

❷ 本書のフォーカス

次に，スピーキング・セクションのサンプル問題と解答例に目を通し，どのような点を本書で主に扱うかを確認していきます。

Task 1

> Your friend is changing to a new school and wants to make friends. What advice would you give him or her? Use specific details in your explanation.
>
> | Preparation Time: 15 seconds |
> |---|
> | Response Time: 45 seconds |

Model Answer (126 words)

> If my friend wanted to make friends at a new school, I would tell him to play a sport.
>
> First, you can spend a lot of time with the same people. For example, I moved to a new school when I was in eighth grade, and I joined the football team. We practiced after school every day, so I spent more time with the members than anyone else. I made friends with many of them, and we're still good friends now.
>
> Also, everyone is working toward the same goals, and this is helpful when you build a friendship. For example, my football team was always preparing for the next game, so even when we lost, we still bonded because we were trying to do our best.

訳 あなたの友達は新しい学校に移ることになり，友達を作りたいと思っています。そのような友達にどのようなアドバイスをしますか。詳細な情報を含めて説明しなさい。
（準備時間：15秒，解答時間：45秒）

私の友達が新しい学校で友達を作りたいならば，スポーツをするように伝えるでしょう。

最初に，同じ人と多くの時間を過ごすことができます。例えば，私は中学2年のときに新しい学校に移り，フットボールチームに入りました。放課後毎日練習したので，私は他の誰よりもチームのメンバーと多くの時間を過ごしました。多くのメンバーと仲良くなり，今でも良い友達でいます。

また，みんなが同じゴールに向けて努力することになり，友情を築くときに役立ちます。例えば，私のフットボールチームは，いつも次の試合に向けて準備していたので，負けたときでも，ベストを尽くそうと努力していたので，私たちは依然として絆で結ばれていました。

これは，Task 1用のサンプル問題と解答例です。「あれ？ ライティング用のサンプルアンサーと似ている？」と思われたかもしれませんね。そうです。実は，ライティングとスピーキングのIndependent Taskは，「出題されるトピックや解答

が似ている」という特徴があります。身の回りに関わるテーマが共通して出題され，ライティング対策で紹介した構成と非常によく似た，次のような流れで解答を組み立てます。

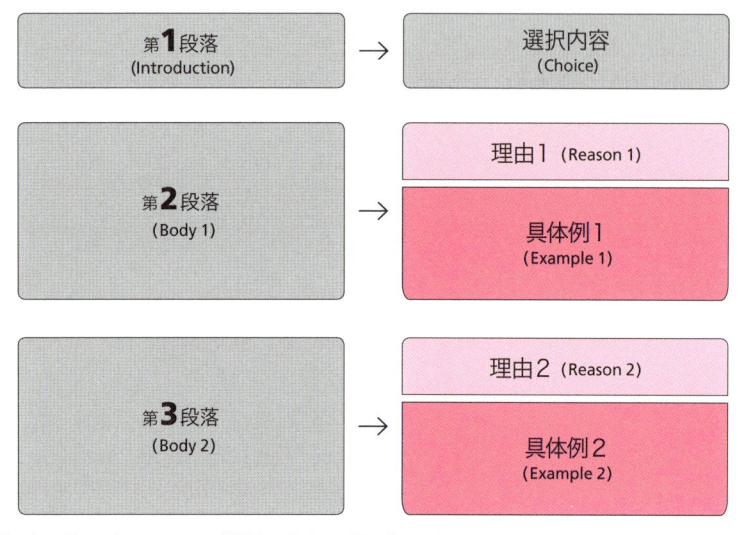

第1段落 (Introduction)	→	選択内容 (Choice)
第2段落 (Body 1)	→	理由1 (Reason 1) / 具体例1 (Example 1)
第3段落 (Body 2)	→	理由2 (Reason 2) / 具体例2 (Example 2)

＊スピーキング・セクションでは，結論までをすべて語る必要はありません。
＊「具体例」において，「経験談」が思いつかない場合には，一般的な内容を少し掘り下げて話す程度で問題ありません。

実際の試験では，問題に対して15秒で準備して45秒で話さなければならないため，話したい内容を話したようにスラスラ話すには時間と訓練が必要です。ですが，ライティングとスピーキングのIndependent Taskの共通性を考えると，ライティング対策の土台が固まった状態であれば，スピーキングの評価ポイントのうち「言葉の使い方」と「話題の展開」の2点は，ある程度のレベルに達していると考えてよいと言えます。言い換えると，**スピーキングの土台を固めるには，残りの評価基準にあたる「話し方」を訓練する必要がある**ということです。

そこで，スピーキングのLesson 2〜3では，ライティングのLesson 2〜6で使用した英文を最大限活用しながら，この「話し方」に焦点を当てた訓練を行い，最後のLesson 4でTask 1対策を行うことにします。

なお，Lesson 2は英語独特の様々な発音やリズムのうち，「日本人だからこそ克服すべき項目」として，次の点をしっかりと学んでいきます。

発音―日本人が特に気をつけるべき子音

[l] **l**ot **l**ost e**l**se p**l**ay te**ll** sti**ll**
[r] g**r**ade t**r**ying
[f] **f**or **f**irst **f**riend a**f**ter help**f**ul
[v] o**v**ed mo**v**ed e**v**ery e**v**eryone
[θ] eigh**th**
[ð] **th**is **th**an **th**em

音の変化①―音が弱まる・消える

[p][t][k][b][d][g]
   woul**d** bonde**d** tryin**g** pre**p**aring foo**t**ball goo**d** friends

音の変化②―音がつながる

   a**t_a** buil**d_a** anyo**ne_e**lse fo**r_e**xample a lo**t_o**f whe**n_I** wa**s_i**n

リズム―強く長めに発する語（太字）と弱く短めに発する語（それ以外）

If my **friend** wanted to **make friends** at a **new school**, I would **tell**
 ·   ●   ·   ·   ●   ●   · ·   ●   ●   ·   ·   ●

him to **play** a **sport**.
 · ·   ●   ·   ●

ここで，CDのトラック64（学習をスタートする前の日本人），トラック65（学習を終え，話し方のレベルが上がった日本人），トラック66（英語を母国語とするアメリカ人）を聞き比べてみてください。すべて，p.215のModel Answerを読み上げたものです。

🔊 64～66

Lesson 2以降で収録しているサンプル音声はもちろん，トラック66のようなネイティブによる音声です。ですが，評価ポイントにも書いた通り，本番ではネイティブレベルの話し方が求められるわけではありませんから，現実的にはトラック65でも十分に高い評価は狙えます。「トラック66を参考にして練習を重ね，トラック65のような話し方に到達する」という目標を持って，Lesson 2以降の練習問題に取り組んでほしいと思います。一緒にがんばっていきましょう！

Lesson 2
発音&リズム①基礎編

Lesson 2では，話し方に大きな影響を与える「発音」と「リズム」の基礎を学びます。「発音」については，「日本人が特に気をつけるべき子音」と「音が弱まる・消える・つながる」といった「音の変化」を，「リズム」については，「アクセント（強勢）がかかる箇所とかからない箇所の基本ルール」を学びます。

なお，Lesson 2で登場する単語やセンテンスは，主にライティング Lesson 2〜6で使用したものを使っています。ライティングで学習した内容を思い出しながら，「発音」と「リズム」の基礎をしっかりと学んでいきましょう。

1 日本人が特に気をつけるべき子音

① [l] & [r]

日本語では，どちらもカタカナで「ラリルレロ」と同じ表記をしがちですが，英語の[l]と[r]は舌の使い方と空気の流し方に大きな違いがあります。[l]と[r]，それぞれの発音の仕方を確認しましょう。

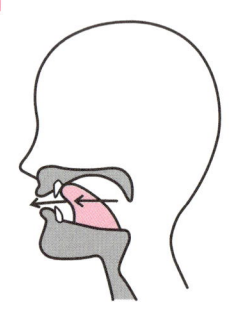

[l]

発音の仕方
- 舌の先を上の歯の後ろのはぐきにしっかりつける。
- 舌の両サイドから空気を流し出す。
- すると「ウ」が混じったような[l]の音が出る。

練習問題 🎧67

CDに続いて発音してみましょう（発音用のポーズを設けてあります）。

[l] lot like large locate language
　　old also allow class intelligent
　　will well school people example

[r]

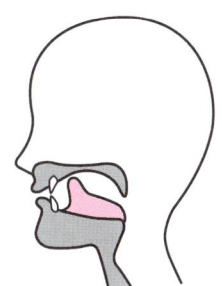

発音の仕方
- 舌の先は歯やはぐきにつけない
  ＊[l]との大きな違い
- 舌の先を後ろに巻くようなつもりで「ゥ」を発する。
- すると「こもったような[r]の音」が出る。
- 「read＝ゥリード」のように最初に「ゥ」が入る感覚。

練習問題 🔊 68

CDに続いて発音してみましょう（発音用のポーズを設けてあります）。

[r] **r**un **r**ead **r**ight **r**eason **r**ecent
  a**r**ea g**r**ade p**r**oject B**r**itish expe**r**ience
  ou**r** yea**r** majo**r** summe**r** teache**r**

② [f] & [v]

英語の[f]と[v]は日本語にはない音なので、多少練習が必要ですが、発声方法が似ているので、両方の音をここで一緒にマスターしましょう！

[f]

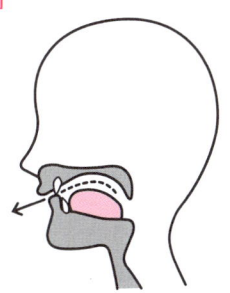

発音の仕方
- 上の歯を下唇に軽くあてる（慣れていない場合は「噛む」くらいの意識で行う）。
- 息を強く吐き出す。
- 「歯の間から出ていく音」が英語の[f]。

練習問題 🔊 69

CDに続いて発音してみましょう（発音用のポーズを設けてあります）。

[f] **f**or **f**ull **f**irst **f**riend **f**reshman
  a**f**ter di**ff**erent pro**f**essor in**f**ormation smart**ph**one
  i**f** o**ff** tou**gh** enou**gh** mysel**f**

[v]

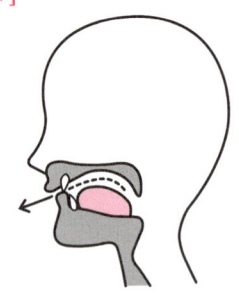

発音の仕方
- [f]と同じく，上の歯を下唇に軽くあてて息を吐き出す。
- このとき，手を喉仏に軽くあてて，震えを感じられるように発する。（震えを感じないと[f]の音のまま）
- 「ヴ〜」という音が英語の[v]。

練習問題 70

CDに続いて発音してみましょう（発音用のポーズを設けてあります）。

[v] very visit value various valuable
even never advisor university supervisor
give live leave receive negative

---

③ [θ] & [ð]

英語の[θ]&[ð]は，どちらも舌先を上下の歯ではさんだ状態で発する子音です。日本語にはない音ですから，しっかり身につけて正しく発音できるようにしましょう。

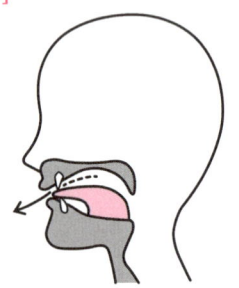

[θ]

発音の仕方
- 舌先を上下の歯ではさみ息を出す。
- 舌の上から出ていくかすかな音が[θ]。

練習問題 71

CDに続いて発音してみましょう（発音用のポーズを設けてあります）。

[θ] three think thesis thirty thought
nothing anything something everything mathematics
both math Smith eighth breath

[ð]

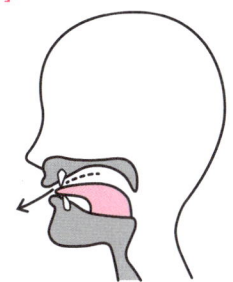

発音の仕方
- [θ]と同じく舌先を上下の歯ではさみ息を出す。
- このとき，手を喉仏に軽くあてて，震えを感じられるように発する。（震えを感じないと[θ]の音のまま）
- 「ズ〜」や「ヅ〜」といった感じの音が英語の[ð]。

練習問題 72

CDに続いて発音してみましょう（発音用のポーズを設けてあります）。

[ð] **the this that them themselves
father mother weather southern
with bathe clothe breathe smooth**

❷ 音の変化

ここでは，「音が弱まる・消える」と「音がつながる」という2点の現象に焦点を当てて，英語独特の音の変化のルールを学習します。

① 音が弱まる・消える

英語の音には，はっきりと発音されずに弱くなったり，その周りの音に影響を受けてまるで消えているかのようにほとんど発音されない音があります。その典型的な例が，[p] [t] [k] [b] [d] [g] で表記される6種類（「破裂音」といいます）です。以下の例を見てみましょう。

last night　＊日本語の音からイメージすると「ラストナイト」と発音しがち。
↓
las_t night　＊実際には「ラスッナイツ」のような発音になる。

これは，1つの単語だけで起こる場合もあれば，特定の単語と単語が連なることで起こる場合もあるため，とても頻繁に起こる現象です。このような現象があることをまずは知り，あとは音声をまねしながら発音して，1つずつ習得していきましょう。

練習問題 🎧73

太字で表記した箇所（＝音が弱まったり消えたりしている箇所）に注意しながら，CDに続いて実際に発音してみましょう（発音用のポーズを設けてあります）。

coul**d**　　woul**d**　　abou**t**　　slee**p**　　beginnin**g**
Interne**t**　　grea**t**ly　　curren**t**ly　　ba**ck**ground　　independen**t**ly
hi**t** me　　talkin**g** with　　goo**d** way　　goo**d** friends
a**t** night　　woul**d** li**k**e to　　better a**t** reading　　I di**dn't** slee**p**

---

② 音がつながる

英語の音で最も頻繁に起こる変化は，隣り合う2語以上の単語の音がつながり，途切れずにつながって，まるで1語のように発音される現象です。以下がその例になります。

turn in　　＊日本語の音からイメージすると「ターンイン」と発音しがち。
↓
tur**n i**n　　＊turnの「n」とinの「i」がつながり，「ターニン」のような発音になる。

練習問題 🎧74

太字と下線で表記した箇所（＝音がつながる箇所）に注意しながら，CDに続いて実際に発音してみましょう（発音用のポーズを設けてあります）。

hav**e a**　　whe**n I**　　gav**e us**　　bot**h on**　　impac**t on**　　ful**l of**
instea**d of**　　concentrat**e on**　　computer**s a**re　　informatio**n a**bout
a lo**t of**　　i**n o**rder to　　three year**s a**go　　a**n i**ntelligent classmate

❸ リズム

ここまでは，単語や2語以上といった英文の「一部」に焦点を当て，英語の「発音」についてお話をしてきました。ですが，もう一点忘れてはならないのが，「英語独特のリズム」です。ここでは，英語独特のリズムを作る基本ルールをまずは押さえましょう。例として，ライティングLesson 2で使用した以下のセンテンスを使います。

The professor gave us a lot of reading assignments.
(教授はリーディングの課題をたくさん出しました)

このセンテンスを，日本語のイメージで読んだ場合，先ほどまで学んだ発音や音の変化を活かしても「単調な発し方」になってしまうでしょう。一方で，英語独特のリズムのルールに合わせると，以下のような音声に変わります。

The **professor gave** us a **lot** of **reading assignments**.
・　●　　●　・・●・●　　●

シンプルに言うと，「太字箇所（●）を強く長めに」，「それ以外の箇所（・）を弱く短めに」発すると，英語らしいリズムが出来上がります。強く長めに発する語と弱く短めに発する語には，以下のような特徴があります。

強く長めに発する語
　　→professor, gave, lot, reading, assignments
　　　＊名詞，形容詞，副詞，動詞など
　　　＊センテンスの中で伝えたい内容を指す語（「内容語」と呼ばれます）

弱く短めに発する語
　　→the, us, a, of
　　　＊冠詞，人称代名詞，前置詞，be動詞，助動詞，関係詞，接続詞など
　　　＊センテンスを文法上正しくするために使われる語（「機能語」と呼ばれます）

これらはあくまでも「基本ルール」であって，文脈などによって強弱は大きく変わります。ですから，ここではあくまでも強弱をつけて読む第一歩を踏み出すことを目的としましょう。強く長めに発されやすい語と弱く短めに発されやすい語の特徴を理解し，あとはCDを聞いて，それをまねるように発していきながら，強弱のあるスピーキング力の土台を作っていきましょう。

練習問題 🎧 75

以下は、ライティングLesson 3で使用したセンテンスです。CDに続いて「音まねシャドーイング」をしてみましょう。次に、もう一度CDを聞いて、強く発された箇所に印をつけてみましょう。

1. I have many dogs.

2. Computers are useful tools.

3. I felt excited about the news.

4. My mother told me a lot about America.

5. This experience made me more independent.

6. Talking with intelligent classmates is interesting.

7. My sister studied English hard in order to pass the exam.

8. I learned a lot about England from watching British movies.

9. Smartphones sometimes have a negative impact on children's behavior.

10. My father leaves home early in the morning and comes back late at night.

練習問題 🎧 75

以下は，先ほどの練習問題で使用したセンテンスに「強く長めに発した箇所（●）」と「弱く短めに発した箇所（•）」を加えたものです。CDに続いて音の強弱を意識しながら「音まねシャドーイング」をしましょう。次に，意味を考えながら「意味取りシャドーイング」をして，仕上げましょう。

1. I have **many dogs**.
2. **Computers** are **useful tools**.
3. I felt **excited** about the **news**.
4. My **mother told** me a **lot** about **America**.
5. **This experience** made me **more independent**.
6. **Talking** with **intelligent classmates** is **interesting**.
7. My **sister studied English hard** in order to **pass** the **exam**.
8. I **learned** a **lot** about **England** from **watching British movies**.
9. **Smartphones sometimes** have a **negative impact** on **children's behavior**.
10. My **father leaves home early** in the **morning** and **comes back late** at **night**.

Lesson 3
発音&リズム②実践編

Lesson 3では，Lesson 2で学習した発音とリズムのルールを習得する練習を行います。題材には，ライティング Lesson 5〜6「テーマ別作文」のモデルアンサーを使います。Lesson 2と同じように，ライティングで学習した内容を復習しながら，スピーキング力をさらに伸ばしましょう！

❶ 自己紹介

以下は，ライティング Lesson 5「自己紹介」のモデルアンサーです。

> My name is Yasuo Matsuda. I was born in Yamaguchi, Japan, and currently live alone in Yokohama. I am thirty years old, and graduated from W University in the UK two years ago. Right now, I work full-time at an electronics company in Tokyo. I enjoy reading novels, doing exercises, and watching movies.

訳 私の名前は松田保男です。日本の山口県で生まれ，現在は横浜で1人暮らしをしています。現在30歳で，2年前に英国W大学を卒業しました。現在，東京の電子機器会社で正社員として働いています。小説を読んだり，運動をしたり，映画を見たりするのが好きです。

練習問題 ① (子音) 🎧 76

太字は，モデルアンサーの中に含まれる [l] [r] [f] [v] [θ] に該当する箇所です。太字箇所を意識しながらCDに続いて発音してみましょう。

- [l]　o**l**d　a**l**one
- [r]　**r**ight　**r**eading　g**r**aduated　cu**rr**ently　elect**r**onics　yea**r**
- [f]　**f**rom　**f**ull-time
- [v]　no**v**el　mo**v**ie　uni**v**ersity　li**v**e
- [θ]　**th**irty

練習問題 ② (音の変化) 🎧 77

太字は，モデルアンサーの中に含まれる音の変化（弱まる・消える・つながる）に該当する箇所です。太字箇所を意識しながらCDに続いて発音してみましょう。

bor**n in**　 **and** curren**t**ly　 li**ve al**one **in** Yokohama
thirty year**s ol**d　 **and** graduate**d** from W University　 two year**s ag**o

right now　　I work full-time　　at an electronics company
reading novels, doing exercises, and watching movies

練習問題 ③ (リズム) 🔊 78

太字で表記した箇所は，強く長めに発する箇所です。音の強弱を意識しながらCDに続いて「音まねシャドーイング」をしましょう。

1. My name is **Yasuo Matsuda**.

2. I was **born** in **Yamaguchi**, **Japan**, and **currently** live **alone** in **Yokohama**.

3. I am **thirty years old**, and **graduated** from **W University** in the **UK two years ago**.

4. **Right now**, I work **full-time** at an **electronics company** in **Tokyo**.

5. I enjoy **reading novels**, **doing exercises**, and **watching movies**.

練習問題 ④ (仕上げ) 🔊 79

最後に，CDに続いて「意味取りシャドーイング」をして仕上げましょう。

知っておくと便利!

練習問題③の**5.**では，音の強弱に加えて，"novels"と"exercises"で音のピッチが上がり，最後の"movies"で音のピッチが下がっています。「A, B, and C」では，AとBのピッチを上げ，Cのピッチを下げて発音すると，より英語らしいスピーキングへと変化します。「音の高低」にも注意して発音してみましょう。

❷ 友人紹介

以下は，ライティング Lesson 5「友人紹介」のモデルアンサーです。

> This is my friend, Ryo Nishida. We first met in 2004, when we were studying at the same university in England, and we are still good friends. Presently, he works at a large trading company located in the central area of Tokyo. He is a very active person who often goes camping in summer and skiing in winter.

訳 こちらは，私の友人の西田亮さんです。私たちは，イングランドの同じ大学で勉強していた2004年に出会い，現在も仲の良い友人です。現在，彼は都心にある大きな貿易会社に勤務しています。彼は非常に活発な人で，夏はキャンプ，冬はスキーによく行きます。

練習問題 ① (子音) 🎧80

太字は，モデルアンサーの中に含まれる [l] [r] [f] [v] [ð] に該当する箇所です。太字箇所を意識しながらCDに続いて発音してみましょう。

- [l] **l**arge   **l**ocated   Eng**l**and
- [r] **R**yo   a**r**ea   t**r**ading   p**r**esently   cent**r**al   summe**r**   winte**r**
- [f] **f**riend   **f**irst   o**f**ten
- [v] **v**ery   uni**v**ersity   acti**v**e
- [ð] **th**is

練習問題 ② (音の変化) 🎧81

太字は，モデルアンサーの中に含まれる音の変化（弱まる・消える・つながる）に該当する箇所です。太字箇所を意識しながらCDに続いて発音してみましょう。

We firs**t** me**t␣i**n 2004   when we were studyin**g␣i**n England
still goo**d** friends   he work**s␣at␣a** large tradin**g** company
locate**d␣i**n the central area   goes campin**g** in summer an**d** skiin**g** in winter

練習問題 ③（リズム） 🎧 82

太字で表記した箇所は，強く長めに発する箇所です。音の強弱を意識しながらCDに続いて「音まねシャドーイング」をしましょう。

1. This is my **friend**, **Ryo Nishida**.

2. We **first met** in **2004**, when we were **studying** at the **same university** in **England**, and we are **still good friends**.

3. **Presently**, he works at a **large trading company located** in the **central area** of **Tokyo**.

4. He is a **very active person** who **often goes camping** in **summer** and **skiing** in **winter**.

練習問題 ④（仕上げ） 🎧 83

最後に，CDに続いて「意味取りシャドーイング」をして仕上げましょう。

❸ 経験談（学習）

以下はライティング Lesson 6「学習に関する経験談」のモデルアンサーです。

> Five years ago, I joined a one-year MA program at WW University in England. In this program, I attended inspiring lectures and met intelligent professors. In particular, I remember that Professor Wilson, who was my supervisor for my thesis, always motivated me and gave me clear direction for my studies. This was a valuable experience, and I would like her to be my supervisor again if I study for a Ph.D. in the future.

訳 5年前，イングランドのWW大学で1年間の修士課程プログラムに参加しました。このプログラムでは，学習意欲がわく講義に参加し，知性的な教授にお会いしました。特に，ウィルソン教授は私の論文の指導教官でしたが，いつも私のモチベーションを高め，研究について分かりやすい指示を出してくださったのを覚えています。これは貴重な経験となり，将来博士号取得のための研究を行う際は，ウィルソン教授に再び指導教官になっていただきたいと思っています。

練習問題 ① (子音) 🔊 84

太字は，モデルアンサーの中に含まれる [l] [r] [f] [v] [θ] [ð] に該当する箇所です。太字箇所を意識しながらCDに続いて発音してみましょう。

- [l] **l**ike **l**ectures a**l**ways Wi**l**son Eng**l**and inte**ll**igent
- [r] di**r**ection inspi**r**ing yea**r** clea**r r**emembe**r** pa**r**ticula**r** p**r**ogram
- [f] **f**or **f**uture pro**f**essor i**f**
- [v] **v**aluable super**v**isor moti**v**ated fi**v**e ga**v**e
- [θ] **th**esis
- [ð] **th**is **th**at

練習問題 ② (音の変化) 🔊 85

太字は，モデルアンサーの中に含まれる音の変化（弱まる・消える・つながる）に該当する箇所です。太字箇所を意識しながらCDに続いて発音してみましょう。

Five year**s a**go　　I joine**d a** one-year MA program
I attende**d i**nspiring lecture**s a**nd me**t i**ntelligen**t** professors
I remember tha**t**　　motivate**d** me an**d** gave me clear direction
an**d** I woul**d** like her to be my superviso**r a**gain　　i**f I** study fo**r a** Ph.D.

練習問題 ③ (リズム) 🔊 86

太字で表記した箇所は，強く長めに発する箇所です。音の強弱を意識しながら

CDに続いて「音まねシャドーイング」をしましょう。

1. **Five years ago**, I **joined** a **one-year MA program** at **WW University** in **England**.

2. In **this** program, I attended **inspiring lectures** and met **intelligent professors**.

3. In **particular**, I remember that **Professor Wilson**, who was my **supervisor** for my **thesis**, **always motivated** me and **gave** me **clear direction** for my **studies**.

4. This was a **valuable experience**, and I would **like** her to be my **supervisor again** if I **study** for a **Ph.D.** in the **future**.

練習問題 ④ (仕上げ) 🎧 87

最後に，CDに続いて「意味取りシャドーイング」をして仕上げましょう。

知っておくと便利!

1センテンスの中で語る情報が増えて，一息で語るのが苦しい場合は，当然，途中でポーズ（以下「ᵛ」で表記）を入れて呼吸をしても問題ありません。

例1 In particular, ᵛ I remember that Professor Wilson, ᵛ who was my supervisor for my thesis, ᵛ always motivated me and gave me clear direction for my studies.

例2 This was a valuable experience, ᵛ and I would like her to be my supervisor again ᵛ if I study for a Ph.D. in the future.

＊「and」に関しては，「and ᵛ」のように，andの後でポーズを入れてもOKです。

Lesson 4
Task 1 実戦演習

いよいよスピーキング・セクション最後のレッスンです。Lesson 4では，Task 1 のサンプル問題を使って，本番形式に沿った実戦演習を行います。ここでは，Lesson 1で紹介した評価基準のうち，「言語の使い方（Language Use）」と「話題の展開（Topic Development）」も意識して進めていきます！

❶「構成」を事前に決めておく

試験では，最初に準備時間が与えられますが，15秒と非常に短いため，構成や具体的な内容などをすべてじっくり考える余裕はありません。ですから，15秒は話す「内容」を考える時間に費やせるように，話す「構成」は，以下のように事前に決めておくとよいでしょう。

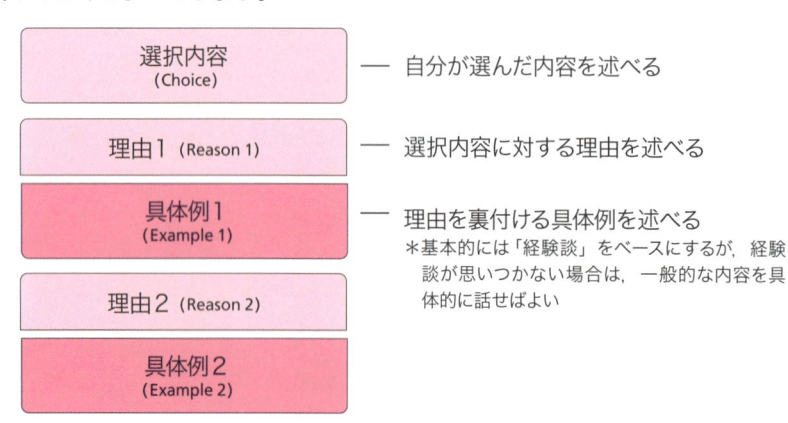

選択内容 (Choice)	自分が選んだ内容を述べる
理由1 (Reason 1)	選択内容に対する理由を述べる
具体例1 (Example 1)	理由を裏付ける具体例を述べる ＊基本的には「経験談」をベースにするが，経験談が思いつかない場合は，一般的な内容を具体的に話せばよい
理由2 (Reason 2)	
具体例2 (Example 2)	

❷「内容」を15秒でさっと決める

準備時間の15秒で，「選択内容」，「理由」，「具体例・詳細」をさっと決めます。基本的には「頭にパッと浮かんだもの」かつ「自分がよく知っていてたくさん話せそうなもの」を選び，次のサンプルのように「簡潔に」メモしましょう。

Question

> Your friend is changing to a new school and wants to make friends. What advice would you give him or her? Use specific details in your explanation.

訳 あなたの友達は新しい学校に移ることになり、友達を作りたいと思っています。そのような友達にどのようなアドバイスをしますか。詳細な情報を含めて説明しなさい。

サンプルメモ

C	play a sport	—— スポーツをする
R1	a lot of time e.g., 8th grade - my football team	—— 多くの時間を過ごす [例] 中学2年の頃のフットボールチームの話
R2	same goal e.g., my team - bond	—— 同じ目標に向かう [例] フットボールチーム、絆で結ばれる

＊「C = Choice」、「R = Reason」、「e.g. = Example」を指します。

❸「構成」に沿って45秒間話す

最初に見た「構成」に沿って45秒間話します。ここでは、「選択内容」、「理由」、「具体例」に分けて、それぞれのサンプルに目を通して、どのような内容をどのような表現を使って話すかを学びます。サンプルに目を通す際は、**「話し方」をブラッシュアップするために、自分で実際に発話する**ように心掛けましょう。

① 選択内容（C）

まず、冒頭の「選択内容」のサンプルから確認しましょう。

C	play a sport	—— スポーツをする

↓ ＊話してみよう！

> If my friend wanted to make friends at a new school, I would tell him to **play a sport**.

訳 私の友達が新しい学校で友達を作りたいならば、スポーツをするように伝えるでしょう。

「選択内容」は、基本は1センテンスで述べます。設問文に含まれる内容（Your friend is changing to a new school and wants to make friends.）と、自分が選択した内容（play a sport）の両方の情報を含めて話し、はっきりと伝わるように心掛けましょう。

なお，今回はQuestionがWhat advice would you give 〜 と仮定法のwouldを用いているので，解答も"wanted"や"would tell"としたサンプルを提示しています（仮定法に関しては，ライティング Lesson 4のp.178を参照）。しかし，仮定法を使わずIf my friend wants to make friends at a new school, I will tell him to play a sport. と言っても全く問題ありません。

②理由1（R1）＆具体例1（e.g.）

次に「理由1」と「具体例1」のサンプルを見てみましょう。

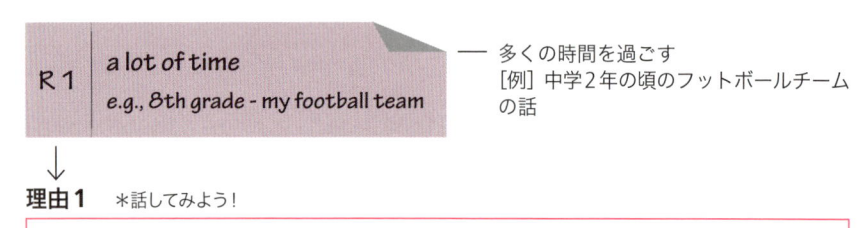

| R1 | a lot of time
e.g., 8th grade - my football team |

— 多くの時間を過ごす
[例] 中学2年の頃のフットボールチームの話

↓

理由1　＊話してみよう！

> First, you can spend **a lot of time** with the same people.

訳 最初に，同じ人と多くの時間を過ごすことができます。

具体例1　＊話してみよう！

> For example, I moved to a new school when I was **in eighth grade**, and **I joined the football team**. We practiced after school every day, so I spent more time with the members than anyone else. I made friends with many of them, and we're still good friends now.

訳 例えば，私は中学2年のときに新しい学校に移り，フットボールチームに入りました。放課後毎日練習したので，私は他の誰よりもチームのメンバーと多くの時間を過ごしました。多くのメンバーと仲良くなり，今でも良い友達でいます。

「理由1」は，FirstやFirst of allなど，最初の理由であることが分かる表現を冒頭で述べて，その後に，思いついた内容を15秒程度で，基本的に1センテンスで述べます。主語のyouはここでは「あなた」ではなく，一般的な人を表しています。

「理由1」に続いて，今度は「具体例1」を述べます。冒頭で，具体例に入ることを示すFor exampleなどの表現を使い，その後，理由として述べた内容に関する具体例（または詳細情報）を，「2〜3センテンス程度」で話すことが理想です。具体例を話す際は，あまり難しく考えず，ライティングLesson 8「プラスの具体例①」で学習した「場面→詳細→評価」の流れ（詳しくはp.203参照）を思い浮かべ，この流れに沿って1つ1つじっくり話してみましょう。

③理由2（R2）& 具体例2（e.g.）

R2	same goal e.g., my team - bond

― 同じ目標に向かう
　[例] フットボールチーム，絆で結ばれる

↓

理由2　＊話してみよう！

> Also, everyone is working toward the **same goals**, and this is helpful when you build a friendship.

訳 また，みんなが同じゴールに向けて努力するので，友情を築くときに役立ちます。

具体例2　＊話してみよう！

> For example, **my football team** was always preparing for the next game, so even when we lost, we still **bonded** because we were trying to do our best.

訳 例えば，私のフットボールチームは，いつも次の試合に向けて準備していたので，負けたときでも，ベストを尽くそうと努力していたので，私たちは依然として絆で結ばれていました。

「理由2」は，AlsoやIn additionのような，2つ目の理由であることが分かる表現を冒頭で使い，思いついた内容を15秒程度で，基本的に1センテンスで述べます。続いて「具体例2」を述べます。「具体例1」と同様に「2〜3センテンス程度」が理想ですが，今回のモデルアンサーのように「1センテンス」で話して45秒が終了という流れでも問題ありません。

知っておくと便利！

試験では，「選択内容」から「理由2」までを語り，「具体例2」の途中くらいで45秒が経過してしまったとしても，「この話し手はこの後も話し続けられる」という良い印象が与えられれば，十分に高い評価は狙えます。一般的な語数の目安は，「45秒＝100語」とされています。なお，モデルアンサーは「練習」という面を考えて「約120語」で作成しています。

練習問題 ①

ヒントを参考にしながら,「C」「R1 + e.g.」「R2 + e.g.」を一通り話せる状態にするトレーニングを,3つのステップに分けて行います。

Step 1 以下は,「Questionに対して,新たなアイデアを15秒間でメモしたもの」です。目を通して,どのような内容を話すか考えてみましょう。

Question

> Your friend is changing to a new school and wants to make friends. What advice would you give him or her? Use specific details in your explanation.

C	join school newspaper
R1	many people e.g., two - my friends
R2	different topics e.g., I vs friends

Step 2 45秒間で話す大雑把な内容(日本語)をメモの右側に載せています。日本語はあくまでも「ヒント」として目を通し,どのような内容を英語で話すか考えてみましょう。

C	join school newspaper	— 友人に「学校新聞に携わる」ように伝える
R1	many people e.g., two - my friends	— [R1] たくさんの人に会える [e.g.] 2人の友人が,学校新聞に携わり,記事作成のため全部活の学生に会った 全学年の学生と話す → 多くの友人ができた
R2	different topics e.g., I vs friends	— [R2] 様々な話題について話せる [e.g.] 私:スポーツする→部活仲間=同じ話題 しかし 学校新聞に携わった友人:様々な記事を作成 → 話題豊富 → たくさんの友人ができた

Step 3 メモと大雑把な内容を見た後，スピーチ原稿に目を通し，空欄にどのような英語表現を入れるか考えましょう（空欄に入る英語表現は一語とは限りません）。その後，原稿から目を離して実際に話してみましょう。

C join school newspaper —— 友人に「学校新聞に携わる」ように伝える

↓ ＊話してみよう！

If my friend wanted to make friends at a new school, I would tell him to _____.

R1 many people
e.g., two - my friends

—— [R1] たくさんの人に会える
[e.g.] 2人の友人が，学校新聞に携わり，記事作成のため全部活の学生に会った
全学年の学生と話す → 多くの友人ができた

↓ ＊話してみよう！

First, it's a great way to _____ at school. _____,
_____ worked for _____, and met
_____ in _____ while working on stories.
They _____ students in every grade, and _____
more _____ than I did, including younger and older students.

R2 different topics
e.g., I vs friends

—— [R2] 様々な話題について話せる
[e.g.] 私：スポーツする→部活仲間＝同じ話題
しかし
学校新聞に携わった友人：様々な記事を作成 → 話題豊富 → たくさんの友人ができた

↓ ＊話してみよう！

Also, you can _____ every day. _____ played sports,
so everyone in my _____ basically _____.
_____, _____ working for the newspaper _____,
so they always had _____ to _____. In this way,
they _____ many students.

Model Answer (125 words)

If my friend wanted to make friends at a new school, I would tell her to **join the school newspaper**.

First, it's a great way to **meet many people** at school. **For example**, **two of my friends** worked for **my school's newspaper**, and met **different students** in **every club** while working on stories. They **talked to** students in every grade, and **made friends with** more **people** than I did, including younger and older students.

Also, you can **talk about different topics** every day. **I** played sports, so everyone in my **club** basically **talked about the same stuff**. **However**, **my friends** working for the newspaper **created different stories**, so they always had **different things** to **talk about**. In this way, they **made friends with** many students.

訳 私の友達が新しい学校で友達を作りたいならば，学校新聞に携わるように伝えるでしょう。最初に，（学校新聞に携わるのは）学校で多くの人に会う良い方法です。例えば，2人の友人が私の学校新聞に携わっていて，新聞記事を作成する際にすべての部活の学生に会いました。全学年の学生と話をし，先輩や後輩も含めて，私よりももっと多くの学生と仲良くなりました。

また，毎日異なった話題を話すことができます。私はスポーツをしていたので，同じ部活のメンバーは基本的には同じ内容を話しました。しかし，学校新聞に携わった友人は異なる記事を作成していたので，話すべき異なる内容を常に持っていました。こうやって，多くの学生と仲良くなりました。

知っておくと便利!

日々の学習で「言いたい内容を日本語で考え，それを英語に変換して完璧な原稿を作る」癖をつけてしまうと，実際の試験でも日本語から英語に変換する癖が残ったり，原稿を思い出そうとするあまりに，「不自然なポーズ」が入り，「話し方（Delivery）」の点でマイナスの印象を与える可能性が非常に高くなります。原稿はあくまでも「英語」で「ざっと」作成する程度に留め，「実際に発すること」に多くの時間を費やすようにしましょう。また，どうしてもポーズが入りそうな場合は，「Well...（えっと…）」，「Hmm...（えっと…）」「Let me see...（そうですね…）」などの「つなぎの言葉」を長めに発すると，不自然なポーズが入る頻度がグンと減ります。

練習問題 ②

では，音声を使って発声演習を行います。CDに続いて「音まねシャドーイング」をしましょう。次に，もう一度CDを流して，強く発された箇所に印をつけてみましょう。

Model Answer A (126 words) 🎧 88

If my friend wanted to make friends at a new school, I would tell him to play a sport.

First, you can spend a lot of time with the same people. For example, I moved to a new school when I was in eighth grade, and I joined the football team. We practiced after school every day, so I spent more time with the members than anyone else. I made friends with many of them, and we're still good friends now.

Also, everyone is working toward the same goals, and this is helpful when you build a friendship. For example, my football team was always preparing for the next game, so even when we lost, we still bonded because we were trying to do our best.

Model Answer B (125 words) 🎧 89

If my friend wanted to make friends at a new school, I would tell her to join the school newspaper.

First, it's a great way to meet many people at school. For example, two of my friends worked for my school's newspaper, and met different students in every club while working on stories. They talked to students in every grade, and made friends with more people than I did, including younger and older students.

Also, you can talk about different topics every day. I played sports, so everyone in my club basically talked about the same stuff. However, my friends working for the newspaper created different stories, so they always had different things to talk about. In this way, they made friends with many students.

練習問題 ③

発音の強弱が書き込まれたスクリプトを参照しながらもう一度CDを流して，「音まね＆意味取りシャドーイング」をしましょう。次の演習につなげるためにスクリプトを覚えられるまで何度も繰り返し行いましょう。

Model Answer A (126 words) 🔊 88

If my **friend** wanted to **make friends** at a **new school**, I would **tell** him to **play** a **sport**.

First, you can spend a **lot of time** with the **same people**. For **example**, I **moved** to a **new school** when I was in **eighth grade**, and I joined the **football team**. We **practiced after school every day**, so I spent **more time** with the **members** than **anyone** else. I made **friends** with **many** of them, and we're **still good friends now**.

Also, **everyone** is **working** toward the **same goals**, and this is **helpful** when you build a **friendship**. For **example**, my **football team** was **always preparing** for the **next game**, so **even** when we **lost**, we **still bonded** because we were **trying** to **do** our **best**.

Model Answer B (125 words) 🔊 89

If my **friend** wanted to **make friends** at a **new school**, I would **tell** her to **join** the **school newspaper**.

First, it's a **great way** to **meet many people** at **school**. For **example**, **two** of my **friends** worked for my school's **newspaper**, and met **different students** in **every club** while **working** on **stories**. They **talked** to **students** in **every grade**, and made **friends** with **more people** than **I** did, including **younger** and **older** students.

Also, you can **talk** about **different topics every day**. **I played sports**, so **everyone** in my **club basically talked** about the **same stuff**. **However**, my **friends** working for the newspaper created **different stories**, so they **always** had **different things** to **talk** about. In **this way**, they made friends with **many students**.

知っておくと便利!

Model Answer Bでは、「理由→具体例」に移る際に、冒頭で「For example」という表現を使わず、すぐに個人的な経験談の話に入っています。「For example」という表現を毎回使わなくても、具体例に入ったことがきちんと分かるように話せば、聞き手には自然な流れに聞こえます。ここでは、「I played sports」の「I」を少し強く長めにして、ピッチを少し高めに発すると、個人的な話題に移ったことが聞き手にきちんと伝わるようになります。

練習問題 ④

音声を使わず、サンプルメモA、サンプルメモBのみを参照し、先ほど読み上げたスクリプトを思い出しながら、45秒で話してみましょう。

Question

Your friend is changing to a new school and wants to make friends. What advice would you give him or her? Use specific details in your explanation.

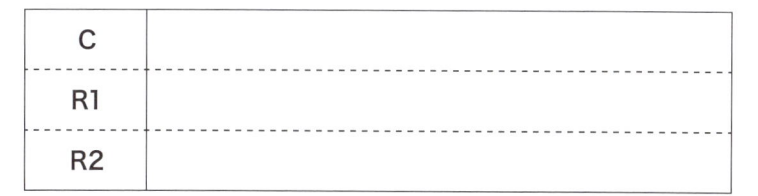

サンプルメモA

C	play a sport
R1	a lot of time e.g., 8th grade - my football team
R2	same goal e.g., my team - bond

サンプルメモB

C	join school newspaper
R1	many people e.g., two - my friends
R2	different topics e.g., I vs friends

練習問題 ⑤

最後に、以下のQuestionに対して、15秒で準備をして、45秒で話しましょう。「最後まで語り続ける」「堂々とした印象を与える」ことを意識して行いましょう！

Question

Your friend is changing to a new school and wants to make friends. What advice would you give him or her? Use specific details in your explanation.

C	
R1	
R2	

お疲れさまでした！ スピーキングの全レッスンが終わりました。レッスン前と比べて話し方の質が上がり、何より「自信を持って楽しく話す」状態に近づけたのではないかと思います。これからも演習を重ねてくださいね！

リーディングパッセージの基本を知ろう！

1 パッセージの構造

リーディングのパッセージの多くは，3〜8個の段落から成っています。基本的には，以下の図のような構成になっています。

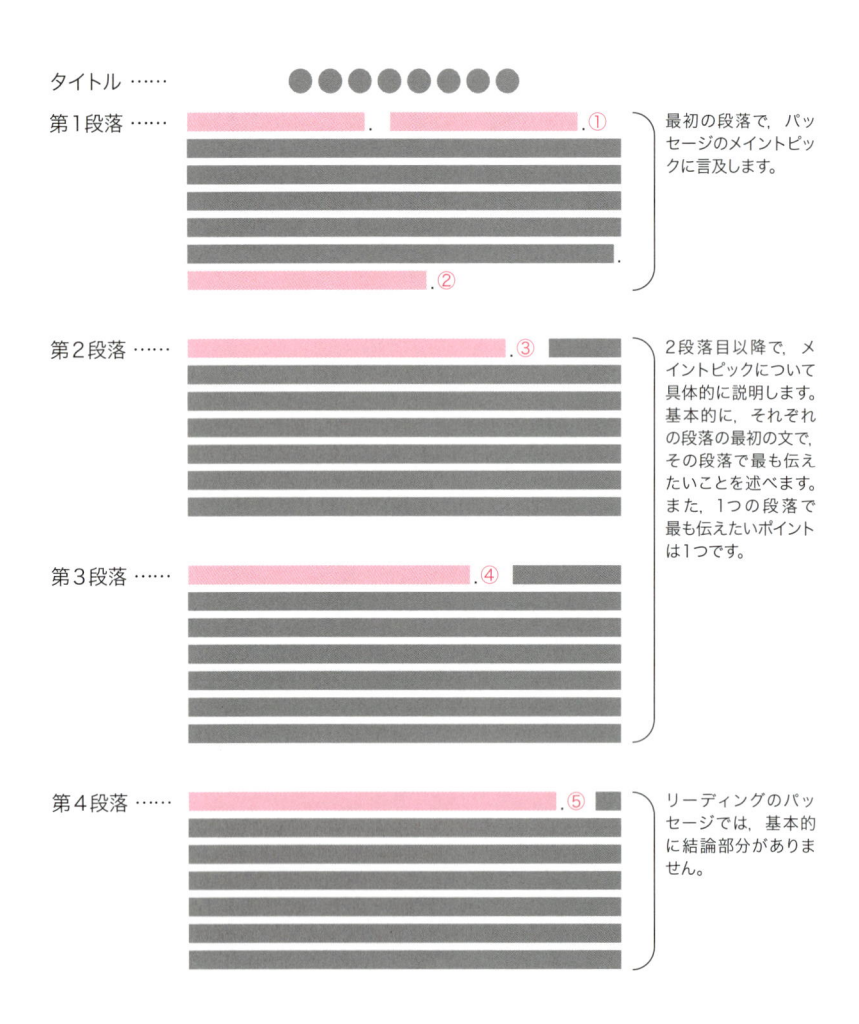

タイトル ……

第1段落 …… ① 最初の段落で，パッセージのメイントピックに言及します。

②

第2段落 …… ③ 2段落目以降で，メイントピックについて具体的に説明します。基本的に，それぞれの段落の最初の文で，その段落で最も伝えたいことを述べます。また，1つの段落で最も伝えたいポイントは1つです。

第3段落 …… ④

第4段落 …… ⑤ リーディングのパッセージでは，基本的に結論部分がありません。

❷ 「2-L-1」

このような構成で書かれているパッセージに対して，「2-L-1」と呼ばれる以下の部分を中心に読んでいくと，パッセージ全体に書かれている主張内容が把握しやすくなります。

- 2 …… ①＝第1段落の最初の2文
- L …… ②＝第1段落の最終文
- 1 …… ③〜⑤＝第2段落以降のそれぞれの第1文

❸ 論理展開

パッセージの論理展開にはいくつかの典型的なパターンがあります。次のような論理展開のどれか，または，これらを織り交ぜながら，パッセージの筆者は自分の考えを主張します。

A 抽象→具体

初めに抽象的な主張をして，その後でその内容が分かりやすくなるように，具体例を取り上げます。

B 対比・比較

初めに A について説明し，次にその対比・比較として B について説明します。2つの対照的なものを並列的に説明することにより，それらの差異や共通点が分かりやすくなります。

C 因果関係・理由

初めに物事が起きる原因を説明し，その後でその結果を説明します。この逆もあります。初めに結果を説明し，その後でその原因を説明します。

D 列挙・追加・順番・時系列

3つ以上のカテゴリーや項目を，列挙または追加して並列的に説明します。また，物事の順番や歴史的出来事を時系列に並べて説明します。

4 論理マーカー

論理がどのように展開されているかを分かりやすく示す言葉を論理マーカーと呼びます。代表的なものを以下にまとめています。これらの言葉に気をつけて読むことで，論理の流れがつかみやすくなります。

A 抽象→具体マーカー

前置詞 (句)	such as ～「例えば～など」
副詞 (句)	for example「例えば」　for instance「例えば」 in other words「言い換えれば」　specifically「具体的に」 that is「すなわち」　that is to say「すなわち」
その他	:（コロン）

B 対比・比較マーカー

接続詞	but「しかし」　yet「けれども」 while「だが一方」　whereas「だが一方」 although「～だけれども」　though「～だけれども」 even though ～「たとえ～でも」
前置詞 (句)	in spite of ～「～にもかかわらず」 despite「～にもかかわらず」 rather than ～「～よりむしろ」 unlike「～と違って」 instead of ～「～の代わりに」 contrary to ～「～に反して」 as opposed to ～「～とは対照的に」
副詞 (句)	however「しかしながら」 nevertheless「それにもかかわらず」 meanwhile「その一方」　conversely「逆に」 in [by] contrast「対照的に」　instead「その代わりに」 by comparison「比べると」 on the other hand「他方では」 on the contrary「それどころか」

C　因果関係・理由マーカー

接続詞	because「〜だから」　since「〜だから」 for「というのは」　so that「それで」
前置詞（句）	because of 〜「〜のために」 on account of 〜「〜の理由で」 due to 〜「〜が原因で」 owing to 〜「〜のおかげで」 as a result「その結果」 as a result of 〜「〜の結果」
副詞（句）	so「それで」　therefore「それゆえに」 hence「それゆえに」　thus「それゆえに」 accordingly「それゆえに」　thereby「それによって」 consequently「その結果として」 in consequence「その結果」 for this purpose「このために」
その他	(in order) to *do*「〜するために」

D　列挙・追加・順番・時系列マーカー

接続詞	and「そして」　before「〜より前に」 after「〜した後に」
副詞（句）	also「また」　too「〜もまた」 as well「〜もまた」　besides「その上」 furthermore「さらに」　moreover「さらに」 what's more「さらに」　in addition「加えて」 likewise「同様に」　equally「同様に」 by the same token「同様に」　first「最初に」 second「第2に」　third「第3に」　next「次に」 then「次には」　afterward「その後に」 subsequently「その後に」　finally「最後に」 previously「以前に」

キャンパス用語を覚えよう！

キャンパス用語（アメリカの大学・大学院での研究生活や私生活の中で頻繁に使われるボキャブラリー）を知らないがゆえに，会話問題の内容を理解できないという場合があります。そこで，以下に頻出のキャンパス用語をまとめましたので，確実に覚えて会話問題に備えましょう。

❶ 学校内の施設・寮など

check out	（図書館で本を）借り出す
dorm/dormitory	寮
room and board	寮費と食費
bulletin board	掲示板
student center	学生センター
auditorium	講堂，大講義室
gym/gymnasium	体育館
lab/laboratory	実験室
lab coat	白衣
on campus	大学構内で
off campus	大学外で

❷ 学生・職員など

undergrad/undergraduate	学部生
grad/graduate	大学院生
academic adviser	クラス履修などのアドバイザー
dean	学部長
faculty/faculty members	教授陣，教授会　cf. faculty and staff　教職員
grant	助成金

❸ 履修登録など

be/get accepted to ～	～に合格する
transfer	転入する
scholarship/financial aid	奨学金

bulletin	大学案内の冊子
required subject	必修科目
elective subject	選択科目
liberal arts	一般教養科目
double major	2分野の専攻
placement test	クラス分けテスト
registration office	履修登録課
registrar	教務（成績登録）課
add a class	追加履修登録をする
drop/withdraw	履修取消をする　cf. withdrawal 履修取消
prerequisite	ある科目を履修するために必要な必須科目
tuition	授業料　cf. tuition and fees 授業料＋その他の費用
account	預金口座
deposit	予約金，預金
check	小切手
audit	聴講する
auditor	聴講生

4 授業・試験・卒業など

semester	2学期制の学期
quarter	4学期制の学期
mid-term (exams)	中間試験
final (exams)	期末試験
term paper	学期末レポート
field trip	野外研究旅行
grade point average/GPA	総合成績平均値(Aは4, A-は3.67, B+は3.33など)
paper	論文
essay	小論文
thesis	学位論文
bibliography	文献目録
quotation	引用
plagiarism	盗用

submit/turn in ～/hand in ～	～を提出する
due	期限になって
deadline	締切
credit/unit	単位
degree	学位
bachelor's degree	学士（4年制大学卒業）
master's degree	修士（大学院卒業）
diploma	卒業証書
commencement/graduation ceremony	卒業式
alumni	卒業生
drop out	退学する
kick out ～/expel	～を退学させる

さらにこれらも知っておこう！

make-up exam：	追試験。正当な理由で受験できなかった学生に対して行われます。
office hours：	教授が学生の面談や質問に応じるために設定した時間帯のこと。この時間帯であれば、いつでも研究室を訪ねられます。
pop quiz：	抜き打ちテスト。授業中に理解度を測るために予告なしで行われます。
probation：	学業不振者に対しての警告で、退学の猶予勧告を指します。一定期間後に退学、除籍処分になることがあります。
R. A. (= Resident Assistant)：	寮の相談係（寮長）。住んでいる学生が務めることもあります。
R. A. (= Research Assistant)：	研究助手として教授の実験や研究の手伝いをすること。通常は大学院生が担当します。
statement of purpose：	出願書類のひとつ。出願の動機、出願までに成し遂げた準備、出願するプログラムの必要性や、将来の目標と計画などをまとめるエッセイです。
T. A. (= Teaching Assistant)：	授業助手。キャンパス内での仕事のひとつ。大学院生が奨学金や報酬を受ける代わりに、学部の授業を教えたり、教授の手伝いをしたりすることです。